2019年湖北省高等学校优秀中青年科技创新团队计划项目（T201944）资助

习得时代的快乐英语教学法

王淼　著

WUHAN UNIVERSITY PRESS
武汉大学出版社

图书在版编目(CIP)数据

习得时代的快乐英语教学法/王森著. —武汉：武汉大学出版社，2020.8
ISBN 978-7-307-21663-1

Ⅰ.习…　Ⅱ.王…　Ⅲ.英语课—教学研究—学前教育　Ⅳ.G613.2

中国版本图书馆 CIP 数据核字(2020)第 128537 号

责任编辑:罗晓华　邓　喆　　　责任校对:李孟潇　　　版式设计:韩闻锦

出版发行：**武汉大学出版社**　(430072　武昌　珞珈山)
(电子邮箱：cbs22@ whu.edu.cn　网址：www.wdp. com.cn)
印刷:湖北金海印务有限公司
开本:787×1092　1/16　印张:18.5　字数:413 千字　插页:2
版次:2020 年 8 月第 1 版　　2020 年 8 月第 1 次印刷
ISBN 978-7-307-21663-1　　定价:50.00 元

王淼，女，硕士，副教授，湖北商贸学院外语外事学院儿童英语教育和学前教育专业负责人，儿童语言发展与教育研究所所长。从事高校英语专业教学近20年，曾主持校级精品课程1项，获校级教学成果一等奖1项。2019年湖北省高等学校优秀中青年科技创新团队“儿童英文能力发展研究”带头人，主持完成省级课题2项，参与完成国家级课题3项，出版学术专著2部，主编教材3部，发表教科研论文20余篇。湖北省本禹志愿服务队“湖北商贸学院爱阅（I Read）志愿服务队”负责人。近两年来，带领志愿队师生在社区及市图书馆举办了20余场儿童英文阅读推广活动。

前　言

在当今经济全球化和信息化的社会，英语成为全球使用最广泛的语言之一。在我国，从义务教育阶段到大学教育，英语都是一门重要的必修课。不少幼儿园也开设了英语相关的特色活动课或阅读课。此外，互联网技术的发展和大众阅读的推广，不仅使英语启蒙成为家庭教育的重要组成部分，而且也为人们提供了大量原汁原味的英语学习资源和互动学习平台，使中国语境下的英语习得成为一种可能。很多学者研究表明，儿童是天生的语言学家，只要有丰富、充足的语言环境，他们就可以自然而然地习得外语。在语言习得关键期，采用符合儿童认知水平和心理发展特点的学习和教学方法，能够极大地激发儿童学习外语的兴趣，达到事半功倍的学习效果。

那么什么样的儿童英语启蒙方法和教学方法能更好地促进儿童的语言习得，让儿童在没有太多压力和焦虑的情况下自然地学习呢？这是很多语言学家、教育学家、教师和家长们一直在思索、实验和探究的难题。作为一名从事高校儿童英语教育专业教师，同时也是一位母亲，笔者一直在探索促进中国儿童英语语言习得的方法。正当笔者十分困惑的时候，校外实习实训基地——荆州快乐 ABC 剑桥英语的“快乐英语学习法”吸引了笔者的注意。记得第一次去观摩现场教学时，笔者就被那里的教学氛围震撼了！近 30 间教室的每个孩子都沉浸在英语学习的快乐氛围中，他们自信满满地大声地说着英语，津津有味地玩着各种课堂游戏，时不时发出爽朗的笑声。这一切让我深刻领悟到了一个关键词：“快乐”。儿童只有在轻松、快乐的英语环境中才能更好地习得语言。虽然该机构的教学方法和教学手段不是最先进的，但这里却可以为孩子营造一个快乐、高效的英语学习环境。

其实很多年前，笔者就和团队的老师们在学校实训室里进行了基于第二语言习得理论和积极心理学的快乐英语教学实验，暨“儿童英语教育专业的实训项目”。实验对象是部分教职工子女。近五年，我们又开设了针对 3~5 岁儿童的英文童谣绘本班（语言启蒙）、5~7 岁儿童的自然拼读阅读班、8~12 岁儿童的英语分级阅读班和读者剧场班，构建了以阅读能力提升为主线、坚持听说领先的儿童英语启蒙教育。实验班的孩子们在快乐的英文环境里，对英语学习产生了浓厚的兴趣，语言能力得到了较大的提升，明显优于其他同龄的孩子。我们的教学实验也培养了一大批优秀的儿童英语教师。实验班的英语教学一般由实训项目组承担，在校内外指导老师的带领下完成了项目教学工作。一个项目组一般 5 人左右，由语言能力和教学能力较强的学生担任主讲，其他同学担任助教，每位同学都有非常明确的分工。实训项目一般是在具有丰富的儿童英语教学经验或相关培训经历的专业教师指导下完成的。此外，我们还会定期聘请小学名师、幼儿园园长、培训机构校长、优秀毕业生等作为校外导师参与实训项目的指导。

湖北商贸学院英语专业儿童英语教育方向是湖北省首个本科层次的专注培养幼儿园和小学阶段儿童英语教师的专业，在同类专业中享有较高的知名度。2018 年，学院获批一项全国教育科学规划课题教育部青年项目："中英文儿童绘本亲子阅读对家庭价值观的建构研究"。2019 年，获批一项湖北省高等学校优秀中青年科技创新团队计划项目："儿童英文能力发展研究"。2019 年底，由该专业师生组成的"爱阅（I Read）志愿服务队"因为在武汉市少年儿童图书馆"千字屋"儿童公益项目中的突出贡献，被授予"2019 年儿童阅读推广优秀志愿团队"称号。2020 年 8 月，被共青团湖北省委确定为 2020 年湖北省"本禹志愿服务队"创建团体。

本书是 2019 年湖北省高等学校优秀中青年科技创新团队计划项目（编号：T201944）"儿童英文能力发展研究"的阶段性成果，也是湖北商贸学院英语本科向应用技术型转型的中期成果。本书在创作过程中得到了湖北商贸学院儿童英语教育专业崔薰然、徐玮、沈蓉蓉、姜莉、余丹等老师的大力支持和帮助，特此表示感谢。本书可供幼儿园和小学英语教师、教育培训者、英语教育专业学生或其他对儿童英语启蒙感兴趣的人士参考使用。正文中的教学案例和游戏案例来源于真实的儿童英语教学或教学实训。附录中的童谣绘本教案、读者剧场教案是 2015 级、2016 级优秀学生在武汉市少年儿童图书馆的儿童阅读公益活动中的详细教案，选择的素材都是经典英文绘本或童话剧，可供其他学校英语教育专业师生在儿童英语教学实训中参考。由于作者理论水平有限，加之实践经验不足，书中难免会有纰漏之处，恳请广大读者批评指正。

王　淼

2020 年 9 月

目　录

第一章　习得时代的英语学习模式

第一节　二语（外语）习得的基本理论

一、二语习得与教学的相关概念

第一语言（L1）：亦称本族语（native language）或母语（mother tongue），指儿童学习的第一种语言。

第二语言（L2）：第一语言外的任何一种其他语言，包括第三、第四……语言，指在目的语环境中习得和使用的第一语言以外的语言。二语指一语学习之后的任何一种语言，不管它是第二、第三、第四或第五种语言。

目的语（target language）：指正在学习的语言。

外语（FL）：是母语以外的外国语言，是与本族语相对而言的。是在本国学习的目的语。

外语学习（foreign language learning）：在本族语环境中学习非本族语（如汉语为母语的人在中国学习英语，或者英语为母语的人在美国学习汉语），通常在教室环境中进行。

第二语言习得（second language acquisition，SLA，简称“二语习得”）：指学习本族语后学习另外一种语言的过程，有时指学习第三种或第四种语言。通常指在目的语环境中学习这门非本族语（如母语为德语的人在日本学习日语，或者母语为汉语的人在加拿大学习英语），可以在教室场景中进行，也可以在日常生活或工作场合中进行。优点是可以大量接触说这种语言的人，沉浸在目的语中。

胡壮麟等把外语习得分为“完全习得”（即学习者往往觉察不到自己在学习语言，只知道在用语言进行交流，因而其结果也是潜意识的）、“指导下的习得”（即通过教师在课堂中的传授获得知识）与“自学性习得”（学生通过书籍或其他途径的有意识的自学现象）。

二、二语习得研究综述

习得理论受乔姆斯基（Chomsky）的生成语言学理论（如婴儿与生俱来的语言习得机制和习得语言的临界期等）的启示而产生，最初指母语习得或第一语言习得，后来克拉申（Krashen）等人发展了第二语言习得（如移民在美国习得英语）和外语习得（如学日语的美国学生在暑假去日本旅游或参加短训班）。作为应用语言学的一个重要分支学科，第二语言习得主要研究人们学习第二语言的过程和结果，其目的是对语言学习者的语言能力和交际能力进行客观描述和科学解释。它对学习者的第二语言特征及其发展变化、学习者学习第二外语时所具有的共同特征和个别差异进行描写，并分析影响二语习得的内外部因素。其主要目标是描述学习者如何获得第二语言以及解释为什么学习者能够获得第二语言。

早期的第二语言习得理论是教学法的附庸，为服务提高教学质量而存在。1967 年 Larry Selinker 在其专著《语言迁移》里第一次提出中介语理论，第二语言习得理论从此有了自己的研究领域而开始成为一门独立的学科。当时的第二语言习得研究涉及三大领域，即中介语研究、学习者内部因素研究和学习者外部因素研究。20 世纪 70 年代初，Stephen Krashen 提出了第二语言习得的“监控模式”（The Monitor Model），该模式以“监控假说”（The Monitor Hypothesis）为核心；80 年代中期，克拉申对之进一步扩充修订，转为以“输入假说”（The Input Hypothesis）为中心，形成了输入假说理论。1985 年，克拉申在其著作《输入假说：理论与启示》中正式归纳出习得与学习假说、自然顺序假说、监控假说、输入假说和情感过滤假说这五个系列假说，总称为输入假说理论。

二语习得的社会文化视角形成于 20 世纪 80 年代，其中最被国内学者熟知的是苏联心理学家维果茨基的理论。社会文化理论的基本观点认为，认知视角下的二语习得研究忽视了学习者所处的社会文化环境对学习过程的影响，语言学习并不完全依赖于学习者对语言知识的内化，他们认为社会文化环境同样对语言学习起着非常重要的作用。对二语习得者来说，语言的发展产生于社会交往的过程中，在社会交往中语言学习者积极参与意义建构，并通过该过程习得第二语言。

21 世纪以来，二语习得的研究范围更加广泛，涉及语言学、心理学、教育学、社会学、心理语言学、社会语言学、语用学等，成为一门真正的跨学科领域。在研究视角上，目前儿童二语习得研究的主流是从个体心理和认知角度理解习得，将学习者视为社会人、将学习视为社会化过程，研究学习者的身份建立、对外语文化的认同，以及外语学习对母语文化观念的影响等（杨莉芳，2017）。将社会文化理论结合生态语言学而产生的生态学视角（van Lier 2004，2007）也为儿童二语习得研究提供了新的理论范式。生态学视角强调语言学习过程的流变性，并借由符担性（affordance）将语言学习者与学习环境的关系统一起来。

除了社会科学领域的研究视角以外，源于自然学科领域的理论也被应用到二语习得的研究中，动态系统理论（DST）就是一个典型的例子。动态系统理论又被称为复杂系统理论、混沌理论等。它源于经典力学，指的是一系列相互关联的变量按确定性规律随时间演化发生相互作用的系统，也被称为动力学系统。该视角下的语言发展既不是单纯的认知心理过程，也不是纯粹的社会文化过程，而是多重资源在多层次、多维度不断互动的动态过程。Larsen-Freeman 于 1997 年首次将动态系统理论引入，从混沌理论的角度出发比较全面地介绍了语言系统作为一种复杂自适应系统的特点，并明确指出了从复杂系统的视角来看待二语习得的重要性，为动态系统理论在二语习得领域的应用奠定了基本理论框架。Larsen-Freeman（1997）认为，二语习得是一个动态、复杂、非线性的过程。学习者的中介语的发展轨迹受制于一系列因素，如母语，二语，母语的标记性，二语的标记性，输入、交互和反馈的数量与类型，教学环境，语言学能，年龄，社会心理因素，认知风格，学习策略等。不是某一个因素而是诸多因素之间的交互对二语习得的结果产生深远的影响。① De Bot，Lowie 和 Verspoor（2007）认为，语言学习者是社会系统中的一个动态系统，该子系统包含许多相互影响的次一级子动态系统。系统中的各种资源可以相互取长补短。② Larsen-Freeman（2008）提出了一些研究方法，如改进的人种学方法（考察人类语境和交互作用中的真实人群）、动态的实验设计、纵向个案研究、微发展研究法、电脑建模、大脑成像等。

国内语言学界对于动态系统理论的研究起步较晚，最初都是对国外研究成果进行的综述性研究，最近几年有学者做过一些 DST 在二语习得领域的实证研究，但主要是基于成人的研究。沈昌洪（2008）认为，动态系统理论对于二语习得研究的最大贡献在于，它提供了一个融合二语习得中社会和认知层面的框架，并展示出这两个层面的融合最终促成了语言的发展。李兰霞（2011）从理论和方法论两方面，介绍了 DST 的发展背景、核心概念及相关研究成果。郑咏滟（2015）做了基于动态系统理论的自由产出词汇的历时发展研究。徐锦芬、雷鹏飞（2017）以动态系统理论为视角，对课堂二语习得进行研究，构建新视角下课堂二语习得研究理论框架，探讨评析课堂二语习得研究的方法。

三、克拉申的五大假说

克拉申（Krashen Stephen）是二语习得研究领域内最有影响力的学者，他所提出的语言习得理论，是近几十年来影响广泛、解释全面以及引发讨论最多的理论。他的理论主要由五个假说组成：

（一）习得—学得假说（The Acquisition-Learning Hypothesis）

克拉申认为，习得和学得是两个独立的过程，它们在心理过程、发生环境、知识性质和知识在大脑中的储存等诸多方面都各不相同，并且这两个过程也不能互相转化。“习得”是下意识（subconscious）的过程，类似于儿童获得母语的过程。习得者的注意力放在语言传递的信息上，而非语言本身的形式上。通过自然交际，习得者下意识地将语言进行内化，自然而然地获得语言能力。“学得”则是有意识（conscious）的过程，学习者将注意力放在语言形式上而非语言所传递的信息上，学习者通过听教师讲解语言现象和语法规则，并辅之以有意识的练习、记忆等活动，达到对所学语言的了解和对其语法概念的掌握。“习得”来的语言，储存在大脑的语言区；学得来的语言，则不在语

① Larsen-Freeman，D. Chaos/Complexity science and second language acquisition [J]. Applied Linguistics，1997，(18).

② De Bot，K.，W. Lowie，M. Verspoor. Dynamic Systems Theory Approach to Second Language Acquisition [J]. Bilingualism：Language and Cognition，2007：7-21.

言区存储。

表1-1 **“习得”与“学得”的区别**

	习得	学得
获得方式	自然交际 关注语言传达的意义	对语言的正式学习 关注语言形式
心理过程	下意识，内隐学习	有意识，外显学习
知识类型	隐形的语言知识 难以用语言表达的程序性知识	显性的语言知识 可以明确阐述的陈述性知识
储存方式	大脑左半球语言区	在左半球，不一定在语言区
功能	用于语言的自动加工，是语言理解与生成的主要源头	主要用来监控语言的加工过程，用于语言输出的监控和调整

（二）监控假说（The Monitor Hypothesis）

“监控”即注意、留心、纠正语言的形式。克拉申认为，“习得”使人获得真正的语言能力，二语学习者通过“习得”的知识生成语言输出；“学习”起到的作用有限，主要是让人有意识地判断和调整自己的语言形式，注意自己的语言是否正确。这种判断、留意、调整的过程就是监控的过程。

监控既可能发生在语言输出之前，也可能在其之后。但是，它能否发挥作用还得依赖于三个先决条件：

1. 有足够的时间，即语言使用者必须要有足够的时间才能有效地选择和运用语法规则；
2. 注意语言形式，即语言使用者的注意力必须集中在所用语言的形式上，也就是说，必须考虑语言的正确性；
3. 知道规则，即语言使用者必须具有所学语言的语法概念及语言规则知识。

根据监控的程度，二语学习者分为三类：

1. 监控过多者，即过度关注语言形式，结结巴巴，词不达意；
2. 监控不足者，即不受外界干扰，对语言错误的纠正只凭感觉；
3. 监控合理者，即以不影响交际为前提运用监控手段。

人们在进行口头表达时，一般注意的是说话的内容而不是形式，没有时间去考虑语法规则。因此，在说话时，如果过多地考虑语法规则，不断地纠正自己的语法错误，说起话来就会结结巴巴，妨碍交际的进行。在书面表达时，情况就会好得多，因为作者有足够的时间去推敲字句，斟酌语法。

（三）输入假说（Input Hypothesis）

输入假说也是克拉申语言习得理论的核心部分。克拉申认为，只有当习得者接触到“可理解的语言输入”（comprehensive input），即略高于其现有语言技能水平的第二语言输入，而习得者又能把注意力集中于对意义或对信息的理解而不是对形式的理解时，才能产生习得。这就是克拉申著名的“i + 1”公式。“i”代表习得者现有的水平，“1”代表略高于习得者现有水平的语言材料。根据克拉申的观点，这种“i + 1”的输入并不需要人们刻意去提供，在习得者能理解输入且有足够的量时，这种输入将被自动提供。

克拉申认为，理想的输入应具备以下几个特点：

1. 可理解性（Comprehensible）

理解输入的语言材料是语言习得的必要条件，不可理解的（incomprehensible）输入对于习得者而言，只是一种噪音。

2. 既有趣又有关（Interesting and Relevant）

要使语言输入对语言的习得有利，必须对它的意义进行加工。输入的语言材料越有趣、越关联，越有利于学习者在不知不觉中习得语言。

3. 非语法程序安排（Not Grammatically Sequenced）

语言习得的关键是足量的可理解的输入。如果目的是“习得”而不是“学得”，按语法程序安排的教学不仅不必要，而且不可取。要有足够的输入量（sufficient i+1）。要习得新的语言结构，仅仅靠几道练习题、几篇短文是不够的，它需要连续不断的有内容、有趣味的广泛阅读和大量的会话才能奏效。

（四）情感过滤假说（Affective Filter Hypothesis）

这个假说认为，有大量的可理解输入的环境并不等于学生可以学好目的语，第二语言习得的过程还受许多情感因素的影响。语言输入必须通过情感过滤才有可能变成语言“吸收”（intake）。

克拉申认为，影响习得语言的情感因素是：（1）动力。学生的学习目的是否明确，直接影响学习效果。目的明确则动力大，进步快；反之，则收效甚微。（2）性格。自信、性格外向、乐于置身于不熟悉的学习环境、自我感觉良好的学习者在学习中进步较快。（3）情感状态。主要指焦虑和放松。焦虑感较强者，情感屏障高，获得的输入少；反之，则容易得到更多的输入。

（五）自然顺序假说（Natural Order Hypothesis）

该假说认为，人们对语言结构知识的习得是按一个特定的自然顺序进行的。在语言习得的过程中，一些语法结构会先于其他语法结构被学习者掌握，而且这种先后顺序与学习者的年龄、母语背景及学习条件等无关。例如，在儿童和成年人将英语作为第二语言学习时，掌握进行时先于掌握过去时，掌握名词复数先于掌握名词所有格。无论有没有课堂教学的指导，这种顺序都是不变的。

克拉申认为，自然顺序假说并不要求人们按这种顺序来制定教学大纲。实际上，如果我们的目的是帮助学生习得某种语言能力，就有理由不按任何语法顺序来教学。

四、二语习得的几个关键问题

（一）儿童二语习得关键期的研究

二语习得是指人们在习得了第一种语言之后所进行的第二种语言的学习。在中国，第二语言主要指英语。随着语言学习关键期假设理论的发展，越来越多的家长开始重视儿童的外语学习，希望儿童能够在最佳的时间里轻松地学好并运用语言。为什么儿童在出生后的短短几年就能轻松地掌握自己的母语呢？这是因为儿童大脑中有一种特殊的语言习得机制（LAD），能在有限的语言输入条件下，生成无限多的句子。这种机制是人脑由遗传得来的，是人脑特有的理解和创造句子的机制。它有着独特的运作模式，并受到一些高度抽象、概括的语法规则（即普遍语法）的支配和调节，正是由于这种先天的语言习得机制，儿童才得以自然地习得语言。此外，后天经验对于语言的习得也十分重要，没有接触过语言，是不可能拥有语言能力的。例如：十几岁的“狼孩”回到人类社会很久仍然不会说话，就是因为缺少了必要的客观条件，即“经验”。狼孩大脑中本具有人类的语言习得机制，这是与生俱来的。如果在正常的环境中成长，他（她）们会和其他儿童一样迅速习得母语。但是他（她）们在童年时期是和狼群共同生活的，没能在关键期内接触人类语言，因此狼孩慢慢学会了像狼一样嚎叫，却一点都不了解人类的语言。语言环境对儿童语言习得的重要性还表现在非母语国家的儿童在目标语环境中生活一段时间之后就能比较轻松地习得该语言，具备较好的语言表达能力和沟通能力。但是非母语国家的成人很难快速地在目标语环境中掌握此语言。由此可见，在关键期内对儿童施以语言教育有着重要的意义。

1959 年，神经学家 Penfield 和 Roberts 提出二语学习须在较小年龄开始，因为随着年龄增长脑可塑性会减退，Lenneberg（1967）借用动物行为研究领域的用语“关键期”来解释人类语言学习。关键期假设（Critical Period Hypothesis，CPH）的核心思想是，在语言习得过程中存在着一段时间，在该段时间内，语言的习得最为容易，而超过这段时间，语言习得能力就会受到限制（DeKeyser，2012）。

关键期假设在一语习得领域已得到广泛认可（Pinter，2011），但在二语习得情境下是否成立仍然存在争议。朗（Long）总结多人的研究，得出以下结论：儿童在 6 岁前学习第二语言，发音准确性较高。儿童喜欢声音、节奏和故事，对于他们来说学习语言是一种很自然的事情。开始学习第二语言时的年龄与语言的熟练程度是非常相关的，有调查显示，如果儿童在敏感期内开始学习第二语言，那么他对该语言的熟练程度与其母语的熟练程度大致相同。这主要是因为越早学习第二语言，双语使用者的大脑分工结构就越接近单语使用者。① 有研究表明，如果儿童在 5 岁以前学习第二语言，第二语言则会

---

① 刘菊．基于认知神经科学的儿童二语习得关键期研究［J］．外国语文，2013（6）：81.

和母语储存在大脑的同一区域。12岁以后才学外语的人，大脑中两个语种在负责说话的语言区中是分开的，可明显分辨两个不同的语言分区。在使用其中一种语言时，该语种语言区是活跃的，而另一语种的语言区是关闭的。美国麻省理工学院（MIT）的一项研究成果表明，儿童可以在17~18岁达到对一门外语的精通，但是10岁以后才开始学习外语的儿童几乎不可能达到近似母语者的熟练程度。这也进一步证实了儿童二语习得关键期的存在。

10岁以前开始学习英语，可以更多采取接近母语习得的学习方法，要符合儿童语言能力的发展规律。实证研究表明，年龄因素对语言发展的各方面存在不同影响。从传统的语音、语法和词汇分类来看，年龄因素对语音习得影响最大，儿童二语学习者在语音习得方面的优势最为明显，这既体现在当下的学习成果上，也反映在终极语音水平上（Hirsh et al.，2003；Abrahamsson，Hyltenstam，2009）；年龄因素对语法的影响次之，各语法结构的习得速度随习得年龄增长而有不同程度的下降，其中越是隐性的结构受年龄因素的影响越显著（DeKeyser，2000；McDonald，2006）；而词汇习得受年龄因素影响相对较小（Abrahamsson，Hyltenstam，2009）。总的来看，习得年龄小对语言学习效果有正面影响。①

认知神经科学研究发现，语法和词汇学习可能具有不同的敏感期，第二语言的词汇学习基本不受年龄的限制，而语法学习可能随着年龄增加而难度增大。② 幼儿学习第二语言的最好方式是沉浸在该语言环境中，先打开听觉通路。最紧要的并非词汇记忆，而是对一门语言的语感、语韵和语法的掌握。家长或教师应该在儿童语言发展敏感期内更多地通过听觉刺激促进儿童第二语言语感的建立和其对语法的熟悉，更多地鼓励儿童说外语以强化其第二语言的运用。因此，在外语教学的过程中，教师应当为儿童提供自然真实的语言输入，让儿童在课堂、生活中通过与语言的接触，潜移默化地习得外语。

（二）习得与学得

20世纪60年代，英国结构主义学派创始人乔姆斯基提出，每个正常的社会人都有一个固有的、与生俱来的掌握自然语言系统的能力，即语言习得机制（Language Acquisition Device，LAD），这是语言“习得”理论的雏形。“习得”与“学得”概念是美国语言学家克拉申首次提出的。他认为，“习得”语言是潜意识过程，是人在自然的语言环境中无意识掌握了语言，儿童习得母语就是这样的过程。在“习得”中，学习者没有意识到自己在学习语言，他们在潜移默化中形成自然而然的语感，它是一种不明显的、非正式的、自然的、潜意识的学习。“学得”语言是有意识的过程，是人有意识地通过他人讲授语言形式和语言内容以及辅之以有意识的针对性记忆、练习等，达到对语言的掌握。“学得”通常被认为是“二语”（除母语外的语种）学习的主要方式。在

① 杨莉芳．儿童二语习得个体差异影响因素研究：发现与启示［J］．外语研究，2017（6）：98.
② 刘菊．基于认知神经科学的儿童二语习得关键期研究［J］．外国语文，2013（6）：81.

“学得”中，学习者非常明确自己在学习语言，这是一种有意识的对语言规则的学习，语言学得是明显的、正式的、系统的和非自然的学习。

习得的注意力主要集中在语言的功能和意义方面，集中在语言如何有效表达思想以及语言所表达的信息（语言的内容），而不是语言的形式上。语言知识的获得，往往是潜意识的。而学得，其注意力往往集中于语言的形式方面，要求学习者有意识地、系统地掌握语音、词汇、语法等，在很大程度上忽视了语言的意义。习得的方法，主要靠在自然的语言环境中的交际活动，没有教学大纲，没有课本，也没有真正意义上的教师；学得则是在教师的指导下，通过大量的模仿和练习来理解、掌握和运用语言规则。

习得和学得并不是完全对立的。习得和学得同时并存，相互交叉，相互联系，相互转化。儿童期以习得为主。语言学习的不断完善与升级既包含了无意识的语言习得，又包含了有意识的语言学得。一个人仅凭无意识的语言习得或有意识的语言学得都不可能全面地、高质量地掌握一门语言。一些教学实验表明，规范的课堂教学（主要是“学得”）有助于加强语言的输入，并提高学习者的语言意识和语言成果（即“习得”）；另一方面，儿童习得母语时也存在有意识规范操练语言的时候。学得的知识会渗透到并最终内化为习得的知识，习得也需要学得方式的高位补充和提升，两者之间互相渗透、互有重叠、互为补充、互为转化。

（三）可理解性输入与可理解性输出

1. 克拉申的“可理性性输入假设”（Comprehensible Input Hypothesis）

“可理解性输入”是克拉申二语习得理论的核心观点，基本原则是“i+1”。“i”是习得者现有的语言水平，“+1”就是在现有的基础上加一点新知，以达到“可理解”的语言输入。可理解的输入量越大，习得的效果越好。

在我国，语言学习的主要途径是课堂教学，所以，让学生熟练掌握语言的基本前提就是在课堂中保证对学生进行足够的信息输入。为此，教师的首要任务就是根据教材选择最佳的输入材料，保证学生所需输入的数量和质量，同时注意输入材料的难度要略高于学生现有水平，这样才有助于学生的语言习得。

2. 斯万（Swain）的可理解性输出假设（Comprehensible Output Hypothesis）

虽然输入对语言的习得起着决定性的作用，但可理解的输出对语言的习得也有着不可忽视的促进作用。斯万的“可理解性输出假设”认为，只有当学习者确保他们的语言输出可以被理解时，才有助于语言的习得，由此给学生提供使用语言的机会是让学生真正习得语言的关键，并认为可理解的输出可以从三个方面促进语言习得。（1）假设验证功能。语言习得者可以通过语言输出来检验自己在语言学习过程中形成的有关语言形式和语言结构新假设。（2）注意触发功能。语言输出促使语言习得者意识到自己语言体系中的问题，进而触发对现有语言知识的巩固或对新的语言知识进行重新认识。（3）元语言功能。语言习得者使用语言在语言交际中对语言形式进行协商，因此，语言的习得是一个双边活动，仅通过语言输入来进行语言习得是不够的，习得者应该有使用语言的机会，输出是习得的结果，是学习语言的最终表现。

当前，在我国的学前语言教学中有重输入而忽略输出的趋势，语言的输入和输出极不平衡。根据语言习得输出假设，教师要充分利用有限的时间，尽可能地为幼儿创造使用和练习语言的机会。

语言的习得是一个长期的过程，输入是儿童学习语言的开始和基础，输出是儿童习得语言的目的，但不论是获得语言的输入，还是运用语言的输出，为更好地习得语言，最重要的因素还是学习者自身的态度，即学习者要积极主动地参与到这一过程中来，教师所起的只是辅助作用。教师除了在课堂教学中尽可能地让儿童获得语言知识，为儿童创造语言交际环境外，更为重要的是培养儿童自主学习的能力，让儿童掌握学习语言的方法，从而使其获得一种自我的、可持续的发展。因为语言的习得不是直接教出来的，而是在输入输出过程中通过学习者自己慢慢理解、反复练习、实际运用而获得的。

第二节　习得时代的家庭英语启蒙

3~12岁是英语学习的关键期。儿童3岁的时候，汉语虽然有一定的发展，但地位（汉语思维）没有完全确立，更容易接受另一种语言思维。12岁以前开始学习英语，可以更多采取接近母语习得的学习方法。① 儿童通常采用隐形学习方式习得语言。因此，在外语教学的过程中，教师应当为儿童提供自然真实的语言输入，让儿童在课堂、生活中通过与语言的接触，潜移默化地习得外语。习得时代，家庭应发挥更大的作用。网络时代，家长要善于利于各种资源，如英文童谣歌曲、有声读物、电视广播、电影、演讲、互动学习网站等，为儿童创设一个良好的习得英语的环境，并与儿童用英语交流，陪儿童看英文动画片、听英文故事，为儿童读原版绘本等。

一、5岁前“磨出英文耳朵”

与儿童习得母语一样，英语启蒙也是“声音的启蒙”。人的听力理解力超前于阅读理解力。② 最初的英语启蒙不是学习，而是聆听。老师和家长应该为儿童创造一个良好的听英语的环境，让儿童能基本听懂简单的生活用语和指令，建立语音和实物图像之间的关系，培养英语思维，积累至少1000个听力词汇，3000个为好。“磨耳朵”是英语语音输入积累的总称。磨耳朵既包括精听也包括泛听。

（一）“磨耳朵”的目的

幼儿阶段“磨耳朵”，主要有三个目的：第一，通过听，熟悉英语特有的语音语调和韵律节奏，增强语感；第二，听辨单词中的单个音素，培养音素意识，让儿童明白，英语单词是由字母或字母组合表示的发音组成的；第三，通过听和看，获得“可理解性输入”，积累英语听说词汇。除了让儿童感受英语的语音语调和韵律节奏，老师或家

---

① 曹文．英语，儿童这样学！［M］．外语教学与研究出版社，2013：18.

② ［美］吉姆·崔利斯．朗读手册（最终修订版）［M］．陈冰译．新星出版社，2016：2.

长还要有意识地通过肢体语言、情境、图片或视频，让儿童感受和理解语义，获得“可理解性输入”，逐步积累听说词汇。①

（二）“磨耳朵”的素材

原版儿歌、童谣、动画片、绘本音频、儿童有声报纸、有声杂志等都属于“磨耳朵”的素材。

不同的素材作用不同。儿歌、童谣有利于培养韵律节奏，锻炼其听力辨音。6 岁以下的儿童的心智性吸收能力较强，可以边听边玩。不要求其听懂每一句歌词。只要喜欢听，语音就会不自觉地进入儿童的大脑。除了儿歌、童谣外，其他“磨耳朵”的音频应该是可理解性的输入。*Mother Gooose*，*We Sing*，*Super Simple Songs* 等专辑里都包含了大量经典的英文歌谣，非常适合“磨耳朵”。

动画片和绘本吸引儿童的不是语音，而是人物和故事情节。动画片和绘本因为有情境对应，语音信号和场景画面很好地被结合，儿童通过整句输入对应上画面，再遇到相同场景的时候就会有迁移，重点培养听力理解能力。家长或者老师可以将儿童们特别喜欢的绘本故事或动画片转成音频来给儿童“磨耳朵”。可以参考一些书单为儿童选择绘本，如廖彩杏、吴敏兰书单等。除此之外，还可以选择一些原版的有声儿童报纸杂志（如 *High Five* 等）来“磨耳朵”，这里面有大量的正式语言，有利于后期对儿童写作能力的培养。“磨耳朵”的音频一定要音质优良，语言纯正地道，给儿童美的听觉感受。

（三）“磨耳朵”的时间

幼儿具有大自然赋予的语言学习能力。美国华盛顿大学的 Patricia Kuhl 教授研究指出，每个婴儿刚出生时都可以分辨世界上所有语言的发音，同时，他们还能对不同发音方式进行最大限度的模仿，但这种能力在婴儿 6~12 个月大的时候急剧下降。

世界英文启蒙圣经《朗读手册》也建议父母，从孩子一出生就进行语言启蒙，给儿童念故事书，或听音频，进行大量的语音输入。1 岁宝宝每天半小时英文儿歌、童谣、亲子阅读的愉悦生活，到三四岁的时候也能有几百小时的积累了。0~3 岁的宝宝，时间最充裕，小宝宝躺在摇篮里可以大量听，可以每天大量循环 5 首左右的经典儿歌，持续一周以后再调整歌单。3~6 岁的儿童，建议一天播放 3~4 次，几首曲子循环播放，每天总时间尽量在 1 小时以上，持续一周以后再调整歌单。6~12 岁的儿童，需要准备一个专门的播放器来“磨耳朵”。可以利用吃早餐、上下学路上、晚饭后、洗完澡之类的碎片时间，还可充分利用外出从事散步、爬山等安静活动的时间“磨耳朵”。

（四）“磨耳朵”的方式

“磨耳朵”有不同的方式，心不在焉地泛听和认认真真反复地精听，都属于“磨耳朵”的范畴。

---

① 刘宝胤．英语爱“拼”才会赢［M］．外语教学与研究出版社，2015：5-6.

“磨耳朵”需要精听与泛听相结合。泛听的主要目的是感知韵律节奏。“磨耳朵”的第一步就是听儿歌。不管是牙牙学语的婴幼儿，还是启蒙较晚的儿童，都可以从儿歌里感受语音语调，掌握韵律和语感。放儿歌不同于做亲子阅读，不必要固定时间。有时候，越是在儿童自然、放松的状态下播放，越能引起意想不到的效果。刘宝胤（2015）建议，听儿歌“磨耳朵”分成三步：第一步，只听儿歌，不看画面，纯听力输入，感知语音和节奏；第二步，一边听儿歌，一边看画面，理解听到的内容，实现重要词汇的音、义结合；第三步，熟悉一首儿歌后，只听儿歌，不看画面，边唱边做动作。从长期效果来看，早期泛听的量越大，后期的习得效果越好，并且儿童年龄越低，这种现象越明显。由于儿童的辨音能力随着年龄增长呈逐渐下降趋势，所以积累素材越早，辨音能力越强。同时，应尽量使用不同的资料来“磨耳朵”。不同资源的使用可以减少枯燥，提升兴趣。

精听就是可理解的输入，可以选择学过的绘本故事或者看过的动画片作为精听的内容。在泛听的同时，需要同步进行动画片和绘本的情境对应，避免单独进行过长的韵律节奏训练，从而影响整体的听力理解水平甚至输出水平。精听不以听懂100%为目的。某个听力材料在目前的状态下可能只有50%的理解，但随着听力时间的增加，以及听力辨音和听力理解能力的提升，儿童对这个听力材料的理解也会加深。听英语歌谣“磨耳朵”半年到一年后，家长可以和儿童一起观看动画片。对于看过很多遍的动画片，可以关闭画面让儿童只听不看。家长可以和儿童进行角色扮演，或者给动画片配音。“磨耳朵”过程中的亲子互动会提高儿童的理解能力。3~6岁是英文亲子阅读的重要时期。家长在亲子阅读中的的主要角色是陪伴者、引导者和互动伙伴，这有助于让儿童在轻松愉快的氛围中体验英文故事的乐趣，引导音图结合和内容理解，并养成良好的阅读习惯。亲子共读过的绘本的音频是很好的“磨耳朵”的素材。

二、自然拼读 Phonics——独立阅读的敲门砖

（一）自然拼读法的简要介绍

自然拼读法（Phonics）是自然形成的一种发音规则，它主要教授英文字母（letter）与语音（sound）间的对应关系，是美国、加拿大本土儿童的必修课程。在初级英语中70%的单词在拼读时都是有规律可循的。一旦掌握了这种发音规则，不必去翻查字典就能够顺利地将单词读出。一旦儿童们学习了这种不用音标的发音规律，就可以很快学会拼读不认识的单词，提前进入阅读领域，使英语学习变得简单、快乐、有趣。

Phonics 教学在美国已经有百年以上的历史了。适当的 Phonics 教学，一直被认为是最有效、最直接的教授母语阅读的方法。美国学者 Adams（1990）在 *Phonics Instruction for the Nineties* 里指出，出现在初级阅读材料中的词汇，其语音和字母间的对应关系相当稳定。儿童通常能从出现频率最高的 37 个音组中，拼出大约 500 个最常使用的词汇。

（二）国际音标（IPA）和自然拼读法（Phonics）的区别

国际音标如同中文的拼音系统，是另外形成的辅助系统，它是为母语不是英语的学习者所服务的。整个系统完整，尽管规则相对抽象，但对非母语系学习者有很大帮助。不过，学习一套全新的符号及其发音规则，对于小学高年级学生或初中生而言并不容易。

自然拼读法（Phonics）属于英语拼字系统的内在机制，经过百多年来的发展和完善，成为英语母语儿童的必学课程。自然拼读法更注重英文字母和其发音的对应关系，有助于迅速提升英语阅读能力。英语为母语的学习者有口语优势，在发现字母和发音的对应关系后，只要能把字的音念出来，就很容易联想到该字的意思，能直接认字或拼字。中国儿童虽然没有母语背景，但自然拼读法在帮助儿童认字、拼字、提高阅读能力，及从小教授正确英语发音方面仍然具有巨大的积极意义。

总的来说，这两种学习方法对中国学习者都是不可或缺的，只是适用的年龄段有所不同而已。只掌握音标，会造成现在很多中国儿童面临的碰到生词就无法开口的现象。事实上，除了字典，很少有英文原版书会标注音标。对于儿童来说，无法发音会严重破坏其阅读的流畅性，进而影响其学习兴趣。而只掌握自然拼读法，随着学习的深入，特别是脱离初级英语范围后，儿童会发现越来越多的单词无法直接用自然拼读法拼出，从而产生和不少英语为母语的儿童一样的阅读困难现象。英语发展千百年来，不断吸收各语种词汇，而中国儿童缺乏口语环境，发生读音差错不足为奇。若能先引入易学实用的自然拼读法，然后再系统学习国际音标，将使儿童受用终身！

（三）学习英语自然拼读法的两大前提

自然拼读法（Phonics）作为英语母语国家儿童学习阅读的方法，贯穿在其学习阅读的整个初级阶段（从学前班到三年级）。英语为母语的儿童在使用自然拼读法生成阅读能力之前已经完成了两件事，一个是真实场景表达的积累，另一个是语音和音素意识的培养。对于英语为母语的儿童而言，英语就是他们交流的语言，他们从出生开始就接触使用各种各样的表达，并做大量阅读积累，养成阅读习惯，到6岁学习自然拼读，已经积累了6年。语言是音、形、意三位一体，在积累期完成音和意的对应，使儿童听到音之后头脑中就形成代表其意义的画面，经历某一场景就想到表达的音。待儿童指读敏感期或拼读意识到来后，就可以引导儿童关注文字，此时如果学习拼读，儿童根据拼读规律读单词将不再是只知道音和形，而是完成了语言的音形意三者的完整习得。在英语作为外语的环境下，儿童没有英语语言环境，首先缺的就是真实场景下地道表达的积累。所以英语启蒙首先就要把这一块补起来。现在英语启蒙资源非常丰富，如歌谣、原版绘本、原版杂志、原版动画片等。从场景表达的积累来看，原版绘本和原版动画片是两大优质资源。其中动画片积累口语表达（易输出），绘本除了用于积累口语表达，更重要的是提供标准化的语言（标准化语言也是日后儿童写作的基础），培养儿童的阅读习惯，等等。积累期的绘本阅读形式多见于亲子共读，亲子共读帮助儿童培养阅读习惯，增进阅读兴趣，更重要的是帮助儿童理解绘本中的场景表达。绘本共读需要长期、大量、题材广泛，难度上要循序渐进，并使儿童养成规律的听绘本音频（亲子共读过）的习惯。而动画片对儿童来说理解起来更直接。将儿童看过的动画片的音频再播放给儿童听，对其在场景表达的理解积累方面大有益处。

学习自然拼读的另一大前提是英语语音和音素意识的培养。简单地说，语音音素意识就是儿童对英语的音的分辨能力。语音意识是指对头韵、尾韵等口语语音单位的区分能力。音素意识则涵盖更细致微小语音单位的区分辨别能力，包括单词首音、尾音，含有对某一特定音的辨别，对音素进行归类、拆分、加减法，等等。英语为外语的儿童的语音音素意识的培养还是离不开原版资源，歌谣和韵律节奏好的有声书是最佳选择。在儿童积累以及接触大量韵文的基础上，还需要做专门的音素辨别训练，如辨别语流中的押韵词；辨别单词首音、尾音以及特定音；做音素拆分、混合、加减练习，等等。这种音素辨别力的培养也是为儿童以后阅读流利度和精准度的提升打好基础。

除了以上两大前提外，学习自然拼读还应考虑到儿童的年龄，英语为母语的儿童正式学习拼读要5岁以后，更何况英语为外语的儿童。在积累足量的前提下，英语为外语的（EFL）的儿童6岁后学习拼读比较合适。

（四）英语母语国家儿童自然拼读学习路线

自然拼读法（Phonics）作为英语母语国家儿童学习阅读的重要工具，从幼儿园一直到小学三年级，通常要经过六个阶段的系统学习，直到儿童能够自主阅读。

第一阶段（3~4周岁）

开始了解字母及其发音最基本的元素，如口头分割和合成简单熟悉的单词，教会儿童如何将字母与其发音联系起来，发现和探索单词与声音的关系，分辨不同的发音，对押韵和前韵有基本的认识。

第二阶段（4~5周岁）

学习基本字母的发音，让儿童从口头合成与分割单词过渡到书面合成与分割单词（认字）。学完这些字母，儿童能够读出简单的VC，CVC单词，并且能够运用磁铁字母拼写或书写这些单词（写），这一阶段还要学习高频词和捣蛋词（不符合发音规律的词），如the，to，go，no，慢慢引导儿童开始自主阅读，体验自主拼读带来的自信。

第三阶段（5~6周岁）

学习其他字母组合的发音。这一阶段的主要学习内容为口头/书面合成于分割单音节单词，口头/书面合成于分割双音节单词，句子（如The cat is fat.）的朗读和书写，捣蛋词朗读与书写，书写简单短文。

第四阶段（5~6周岁）

不教新的内容，巩固儿童已知的知识，帮助他们阅读和拼写紧邻辅音单词，如trap，string，milk。这个阶段尤其重视写作部分，如书写各种形式的句子，并构成小短文，拼写高频词、捣蛋词，掌握各种标点符号的使用，为学习写作打下坚实的基础。

第五阶段（6~7周岁）

增加和拓宽儿童的音素知识，学习字母组合发音规律，如 ai 在 rain 中的发音、ay 在 day 中的发音、a 在 cake 中的发音都是一样的，可是字母组合不一样。

第六阶段（7~8 周岁）

当儿童踏入小学三年级，会花一个学期的时间重新复习第五阶段的学习，检验儿童是否能够自信拼写高频词和捣蛋词，能否利用拼读规律正确拼读新单词。到了三年级下学期正式开始第六阶段，目标是让儿童成为流利的阅读者和自信的写作者。这个阶段侧重学习过去式、前缀后缀、多音节单词的拼写等。

（五）中国儿童自然拼读学习路线

1. 准备阶段

形成音素意识：能听辨单词中的音素，并对音素进行分割、组合、替换等操作；能识别 26 个字母的字母名、字母形、字母音，不要求儿童认识书面上的单词；听带视频的英语儿歌，看简单的英语动画，进行听力积累。

2. 起步阶段

熟练掌握单辅音和 5 个元音字母的短元音；会用两种模式拼读基本的 CVC 单词，一种是单个音素的拼读，如 b-e-d，另一种是首音和押韵音的拼读，如 b-ed；学习具有相同押韵音的词族，加大基本的 CVC 单词的拼读量，提高拼读单词的速度；掌握第一级别的 sight words（Dolch Sight Words）；使用以 CVC 单词写成的英文绘本进行拼读朗读练习。

3. 加速阶段

学习辅音字母组合，如：bl，pl，br，pr，ch，sh，nd，nk 的音形对应规则；掌握含有辅音字母组合的简单单词的快速拼读，如 clap，flag，glad，desk，bank 等；继续学习具有相同押韵音的词族，加大含有辅音字母组合的简单单词的拼读量，提高拼读单词的速度；掌握第二、三级别的 sight words；使用含有辅音字母组合的简单单词写成的英文绘本进行拼读朗读练习。

4. 攻坚阶段

学习长元音的音形对应规则；学习含有 magic“e”的单词，如 lake，game，kite，bite 等；学习 r 控制的元音的音形对应规则，如 ar，ur，ir，er，or 等；学习其他元音字母组合（包括双元音，二合元音字母）的音形对应规则，如 oi，oy，ou，ow，ea，oo 等；掌握含有元音字母组合的单词的快速拼读，如 bird，horn，shark，scarf，teeth 等；学习非重读音节的元音的音形对应规则，如 salad，seven，melon 等；熟练掌握第四、五个级别的 sight words；使用含有元音字母组合的单词写成的英文绘本进行拼读朗读练习。

5. 提升阶段

学习特殊发音规则，如：不发音的辅音 hour，honest，listen，castle 等；学习多音节单词的音节划分和拼读；学习构词法知识，比如复合词、前缀、后缀、同义词、反义词、名词复述、第三人称单数动词的词尾、形容词和副词的比较级和最高级；使用大量故事类和非故事类英文读物进行拼读朗读的实践。

6. 超越阶段

把有形的拼读规则内化为无形的阅读技能，实现瞬间解码和拼读；从大声的、有感情的拼读朗读阶段过渡到自主的、流畅的持续默读阶段。

（六）不同年龄段开始英语启蒙的中国儿童的自然拼读教学方法

1. 3~4 岁开始英语启蒙的中国儿童

中国儿童在以英语为外语的环境中，如果英语启蒙早，从 3~4 岁开始“磨耳朵”，即听英语儿歌、看英语动画、读英文绘本，按照二语习得的方式，在听力敏感期和语言敏感期积累了大量听说词汇，到 6 岁左右开始学自然拼读，那么他们的学习路径就与以英语为母语的儿童类似。听说词汇的积累和对音素的敏锐感知，将为他们学习自然拼读和发展读写能力带来极大的帮助。对 3~4 岁开始英语启蒙的儿童来说，自然拼读是从已知的听说词汇开始的。他们听到熟悉的单词之后，将单词切分成首音和押韵音，即 onset 和 rime，然后将它们组合在一起，拼读出单词，比如/k/-/at/→ cat，/b/-/ed/→ bed。

2. 5~6 岁开始英语启蒙的中国儿童

如果儿童到了 6 岁还没有进行英语听力的积累，没有对英语语音的感知，不了解字母音，从未有过英语“磨耳朵”方面的训练，可以通过三条学习路径的改变来弥补。

（1）自然拼读的准备阶段和起步阶段合二为一

把自然拼读准备阶段的听说词汇积累、辨音和字母识别与起步阶段的字母或字母组合的音形对应起来，同步进行。比如，老师向儿童展示 apple，ant，alligator 的图片，把这些单词读给儿童听，告诉儿童这些单词的首音是/a/，字母 a says /a/；向儿童展示 ball，banana，boy 的图片，把这些单词读给儿童听，告诉儿童这些单词的首音是/b/，字母 b says /b/；向儿童展示 cake，cat，car 的图片，把这些单词读给儿童听，告诉儿童这些单词的首音是 /k/，字母 c says /k/。

这个看似简单的过程实际上包含了三个学习步骤：第一，完成一些常用听说词汇的积累，重点掌握这些词汇的音和义；第二，听辨单词首字母的字母音，一般来说，一个单词的首音较尾音和中间音更容易被儿童抓听到；第三，完成字母形与字母音的对应，即字母 a says /a/，字母 b says /b/，字母 c say /k/。这时候儿童的听说词汇积累、辨音和字母识别在同步进行。

（2）单词的识别顺序从“音、义→形”改为“形、音→义”

举个例子，儿童从未磨过耳朵，不知道 cat 指的是猫，也就是说，儿童既没听过这个单词的音，也不知道它的意思。此时教师可以从 26 个字母的字母名和字母音教起，首先教儿童 c says /k/，a says /a/，t says /t/；然后教儿童连音成词，将单词拼读出来，即/k/-/a/-/t/ → cat；最后出示猫的图片，让儿童知道 cat 指的是猫。这时候的学习顺序是：先学字母形，再学字母音，最后学相关单词的词义，即形、音→义。在这个年龄段启蒙，儿童依然对声音和语言有很高的敏感度，家长不用担心儿童启蒙晚跟不上，但形、音→义的学习顺序，明显不如音、义→形的学习顺序符合语言学习规律。

（3）音素切分和组合方式发生变化

5~6岁的儿童在听说词汇为零的情况下，先把单词划分为单个音素，再把它们组合在一起拼读出来，比如/k/-/a/-/t/→cat，/b/-/e/-/d/→bed。当他们学习了一定量的单词后会发现，原来cat，pat，mat，fat等单词具有相同的押韵音，它们属于同一个词族；儿童学习词族之后再看见bat，就会自然而然联想起以前学过的发音规律，从而脱口而出bat的发音。

3. 7~8岁开始英语启蒙的中国儿童

对7~8岁才开始接触自然拼读的儿童而言，情况与前面两个年龄段有所不同。这个年龄段的儿童大多已学过了26个字母的字母名和字母形，以“看—听—读”的整体识别方式，学会了一些简单的单词，但没有音素意识，不了解单词是由单个音素构成的，不知道字母音，也不会拼读。

这个年龄段的儿童的特点是其认知能力明显强于前两个年龄段的儿童，所以在学习自然拼读的过程中，可以越过识别字母名和字母形的阶段，直接学习字母音和基本单音节单词的拼读和拼写。这个年龄段的儿童由于具有良好的认知能力，经过短期学习，在拼读单词方面就会明显进步。儿童会有醍醐灌顶的感觉，发现原先记不清的单词，拼起来竟然这么容易和有趣。但是，这个年龄段的儿童的中文母语优势已经非常明显，因为幼儿期缺少英语语言的整体输入，他们学英语已明显带着中式思维。

而且，如果没有在英语启蒙期养成阅读英文绘本的良好习惯，儿童会更愿意看中文故事书，而排斥看英语故事书。如果家长能够敏锐地察觉到这一现象，及时地引导儿童用自然拼读带动阅读，儿童在英语阅读方面进步会非常快，这也算是对英语启蒙稍晚的补救。同时，家长还要持续对儿童进行听力输入，因为在儿童对英语驾轻就熟之前，“听”一直都非常重要。

千万不要再错过对这个年龄段儿童的拼读、朗读、阅读，特别是阅读兴趣的培养！因为如果当儿童再大些时还不会基本的拼读知识，又没有阅读英语的兴趣和习惯，那时家长再抓英语阅读，会发现儿童的阅读能力和阅读内容明显不匹配。也就是说，对于与儿童的年龄和认知能力相匹配的英语读物，儿童由于没有储备听说词汇，也不会对单词进行解码，而读不懂，没兴趣；对于与其语言能力相匹配的英语读物，儿童又会觉得是写给小小孩的，太幼稚，也没兴趣。

总之，如果儿童在7~8岁才开始进行自然拼读启蒙，家长一定要认识到儿童学习路径的特殊性与培养英语阅读能力和兴趣的紧迫性。

4. 9~10岁开始英语启蒙的中国儿童

一般情况下，大部分9~10岁的儿童已经学完了自然拼读的基本规则，进入从拼读朗读阶段过渡到持续默读阶段，从读英文绘本阶段过渡到读章节书阶段。

实际上，9~10岁的儿童，即使没有学过自然拼读，其通过校内、校外的各种途径也已经有了一定的词汇量，对单词的拼读或多或少有了一些潜在的感知。因此，针对这个年龄段儿童的自然拼读教学可通过对音形对应规则进行系统梳理的方式进行。比如，让儿童读出已学过的单词，如cake，computer，cut等，告诉他们c后面接a，o，u时一般发/k/；让儿童读出 rice，pencil，bicycle 等单词，告诉他们 c 后面接 e，i，y 时一般发/s/。

也就是说，教这个年龄段的儿童学习自然拼读，不再采用低年龄段儿童那种从字母到音素再到一些代表单词的直接、系统的方式，而是通过对已学过的单词进行归纳梳理，从而使儿童可以直接解码拼读陌生单词。对这个年龄段的儿童来说，帮助他们扩充词汇量，学会推测词义的最有效方式是学习构成法，比如前缀、后缀、复合词等。构词法是自然拼读中不可或缺的内容，非常适合 9~10 岁有一定词汇积累，但在扩充词汇量方面遇到瓶颈的儿童。

一般来说，9~10 岁依然没有系统地学过自然拼读的儿童，在英语阅读方面或多或少会显现出问题，比如，对英语阅读不感兴趣，这主要是因为没有从小培养其英语阅读习惯，导致其拼读能力弱，没有形成自主阅读的能力。同时，阅读内容和阅读能力不匹配的状况也会更明显。系统地梳理自然拼读知识和掌握构词法将有助于解决儿童在英语阅读方面的问题。

值得一提的是，这个年龄段儿童的认知能力已经明显提高，抽象思维能力越来越强，这时学习音标作为补充，对帮助儿童识记不符合拼读规则的单词是有益处的。

三、儿童家庭英文阅读

（一）家庭亲子阅读的误区

1. 把绘本当成教科书，机械教条地教与学

绘本不是教科书，如果将绘本当成教学书让儿童机械教条地来学习，儿童会失去对阅读、对英语的兴趣。兴趣是英语启蒙的基本，有兴趣，儿童才会有内驱动力，才会主动养成良好的习惯，才会主动地高效学习。有了兴趣，整个英语启蒙中儿童都是主动的。家长扮演的角色不是老师，而是阅读的分享者和英语启蒙的科学引导者。亲子共读中，家长应该放下功利心，与儿童建立情感连接，一起分享故事，读画面，聊书。这样的亲子共读收获的绝对不仅仅是语言。

2. 让儿童一句英文一句英文地跟读

不建议跟读，有三个原因。一是英语启蒙要为儿童提供语境下的整体语言输入，儿童和妈妈共读完绘本之后，可以让儿童整体来听并加以吸收。一句一句地跟读，儿童会将精力和注意力都放在英语的单个音上，影响整体吸收，且影响儿童的整体理解。二是跟读很无聊，有的儿童会讨厌这种方式，进而讨厌学英语。三是跟读需要更多的时间，很多应被高效利用的时间都浪费在了跟读上。

3. 共读绘本的时候，妈妈读一句英文，给儿童翻译一句中文

儿童英语启蒙要形成英文思维。简言之，就是将英语的音与其表达的画面（场景）直接联系起来，让儿童听到音，头脑中就有相应的画面，经历某个场景需要输出的时候就会直接想到英语的表达，省去中间翻译的环节。这种思维让儿童语言信息加工速度变快，无论是阅读还是输出都快速自然。

4. 跟着妈妈读，妈妈读一句儿童读一句

跟着妈妈一句一句地读，如果妈妈的英语不纯正，跟着妈妈读，儿童的英语可能会乡音无改。除了语音语调，还有韵律节奏，儿童需要不断输入原汁原味的英语，才能慢慢建立韵律节奏感，为以后有感情的流利阅读打基础。

5. 家庭阅读的绘本，一定让儿童学到一字一句地读完

有不少家庭，在阅读的时候，让儿童一本学会后（从头读到尾），再进行下一本，这就违背了英语启蒙方式的特性。绘本不是教材，儿童应该根据兴趣选择阅读，家长助力分享。英语启蒙应该是听说读写的跟进，积累的时候应该是多输入，多听。可以从和儿童一起共读的绘本中选取儿童特别喜欢的进行整体“磨耳朵”，儿童语言吸收能力和我们对语言吸收的认知不同，因为成人和儿童本身思维方式就不同。有的儿童吸收了，但因为某些原因离复述还有一段距离，所以虽然吸收了但没说出来，家长会误以为儿童没学会。也有儿童吸收了会主动复述，这样家长就知道儿童吸收了。不管怎样，要为儿童提供完整的音频，针对性地“磨耳朵”，相信儿童的吸收能力。不要强迫儿童阅读。

6. 儿童学英语就应该认文字，不认字就没法学英语

英语启蒙第一个阶段是积累，即儿童要有大量的听的输入。儿童的阅读发展一般是先图后文，当其对英语的音有了一定的辨别力，有了音素意识后，注意力会很自然地转向文字。

绘本又叫图画书，既然是图画书，图画才是最主要的要素。此外，图画书的文字与图画搭配，起到了相互诠释的作用，如果丢掉图画，就像丢掉了一条腿。从语言学习的角度来看，图画为儿童提供了很好的理解问题的途径。很多图画书，儿童仅仅通过看图就能理解内容；之后再听音频，儿童就能将英语与画面结合起来。这个过程有助于儿童形成英文思维。

7. 点读笔替代亲子共读，阅读是儿童自己的事情

点读笔不能替代亲子共读，亲子共读是有情感的传递、互动。点读笔比较机械，但我们可以合理利用：亲子共读完以后，再用点读笔点读完整音频，效率会很高；等儿童语言发展到需要听读的时候，可以自己点读来听读。

阅读不是儿童自己的事情（家长陪伴越久越好，见《朗读手册》）。从儿童语言发展角度看，儿童自己读，只能读积累到的内容，点读笔点读也只能理解自己积累到的，而亲子共读就不同了。亲子阅读可以读语言更丰富的绘本，可以帮助儿童有更深刻的理解。

（二）儿童家庭英文阅读的路线图

0~2 岁的儿童喜欢通过不同的感官来发现探索周围的世界，在阅读中他们喜欢通过触摸来辨别不同的材质，也喜欢听不同的声音和重复的音节，0 岁以下的儿童甚至喜欢啃书。父母可以选择色彩丰富但是字较少的绘本念给儿童听。

硬板书或者撕不烂的书，黑白绘本和一些带玩具的触摸书都是不错的选择。父母可以用夸张的声音和表情来描述书中的内容，鼓励儿童用手去触摸、翻动书页。对于 0~2

岁的儿童，大人可以边指着图片边重复词汇，放慢语速，也可用双语来解释词汇，例如“这是小狗；小狗，英语是 puppy”。

2~4 岁的儿童可以开始认识一些简单的字母或者字。父母通过鼓励儿童用手指指着书上的字念一念，用肢体动作和表情帮助儿童记住词语的意思，有助于让儿童逐渐有字、词、句子的概念。也可以指导儿童去观察标点符号和标点符号对语气的影响。2~4 岁的儿童除了阅读一些经典的绘本以外，也可以尝试看一些非虚构和知识性书籍。这个阶段是儿童语言能力迅速发展的关键时期，父母挑选书籍的时候可以适当选择句子较长的，或者有重复句型的绘本。

另外，应该选择插图内容比较贴近儿童生活的书籍。充分地利用配图鼓励儿童进行仔细观察，让儿童指着图片说出物品或者人物的名称，试着和家长一起重复书中的单词或者短语，家长也可以做一些肢体动作帮助儿童记忆。阅读的时候，要注意在每一页适当地停留一会儿，让儿童有足够的时间来观察、品味书里的内容。

4~6 岁的儿童可以跟着家长朗读，也可以和家长分角色朗读来增加阅读的趣味性。在儿童遇到不会读的字或者发音困难的字的时候，可以帮助儿童观察字形或者字母来练习发音，或者问儿童这个字这样读是不是符合文意。在这个阶段，家长也可以适当地加入一些语义的练习，让儿童注意不同词语的用法和这些词在语境里的变化。

6~9 岁的儿童可以尝试涉猎更多形式的读物，比如报纸、无字书、漫画、人物传记，或者诗集。此时儿童对语言的操控能力更为成熟，在亲子共读中家长可以更多地给儿童表达自己的理解和思想的机会。6~9 岁的儿童已经具备一定的独立阅读能力，但是亲子共读可以更大程度地提高儿童的识字率和词汇量，特别是在儿童遇到不认识或者不理解的词汇的时候，父母可以通过举例来为儿童分析词汇的意思。复述也是一项可以提高儿童自我表达和语言能力的活动，父母不妨在读完每一页后停一停，让儿童试着自己复述已读过的内容。

9 岁以上的儿童会逐渐形成自己对书籍的偏好，他们的阅读范围已不仅限于纸质书了，他们可以阅读电子书或者在网站上浏览文章，等等。此时家长应该尊重儿童的选择，不能因为觉得“闲书”对儿童的学习没有帮助就打击儿童阅读的兴趣。但与此同时，家长也要和儿童设立好阅读的界限，抽出时间和儿童共同讨论阅读的内容。

在同 9 岁以上的儿童进行亲子共读时，父母要活用前面提到的各种阅读方式来引导儿童组织自己的语言、确切地表达自己的想法。阅读中遇到的成语或俗语是非常好的学习资源，家长可以让儿童在小本子上记录下每天学到的有趣的词语或者有挑战性的词语。

亲子共读不仅是促进亲子感情和沟通的绝佳纽带，也是能够潜移默化影响儿童阅读水平、思考能力和扩展知识面的教育活动。

（三）精读与泛读

泛读的目的有两个，一个是获取背景知识（prior knowledge），另一个是获取有意义的词汇（meaningful vocabulary）。国内的儿童和二语的儿童相比，有一个非常大的区别，即前者缺乏各种不同场景下的表达积累，且该种积累无法在生活中通过交流获取。因此我们要保证输入的地道性（语言表达的地道，且符合语言背后文化习惯），最便捷最科学的方式就是原版本阅读，即阅读原版绘本以及其他原版读物，而不是来自非英语国家的分级阅读教材。在保证儿童获取的输入是承载着真实场景的语言表达后，日后输出的地道性才得以保障。所以，国内儿童进行英文原版阅读的主要目的之一便是积累有意义的词汇。那为什么要做大量泛读？因为通过大量泛读儿童才有机会将获取的有意义的词汇加以真正的吸收、转化，以备应用。研究表明，对于一个词汇，儿童需要在不同的场景下接触十次以上才能真正理解吸收。如果阅读范围过窄，儿童没有机会多次接触同一词汇，就难真正理解该词汇。

泛读的另一目的是获取背景知识（prior knowledge），背景知识和儿童的语言理解能力发展相互促进。对于国内的儿童来说，非常重要的一点是理解英语语言所承载的背后文化习惯。通过原版阅读，儿童可以接触到英语国家的多元文化，有助于儿童语言理解能力的发展。但事实上，在国内儿童开始学习英语的时候，其认知能力理解能力已经有了一定发展，而英语语言能力满足不了其认知的需求。那么解决的方案是，借助中文阅读来促进英文阅读理解，尤其是主题阅读的时候，借助中文阅读获取相关主题的背景知识，非常有助于儿童英文理解能力的发展。因此说，国内 EFL 儿童英语启蒙阅读始于泛读。泛读基础上的精读才能达到通过英文阅读实现全儿童教育的目的。

语言是思维的外壳，思维才是语言的本质。儿童学习语言的最终目的不是要会说几句英语、读懂原版读物、看懂原版电影，而是通过阅读培养儿童创新能力、思辨能力等高层次思维能力。高层次思维能力（Higher Order Thinking Skills）是以美国教育心理学家 Benjamin Bloom 为代表的专家所提出来，其内容包括分析、评估、综合、总结、创新的能力。相对于低层次的以记忆知识为主的大脑活动，高层次思维能力才是对儿童成长有价值的内涵。儿童英语启蒙中，泛读基础上的精读（深度阅读）才能达到这一教育目标。建构主义心理学家皮亚杰提出，我们要培养“道德自主”的儿童。所谓道德自主，即儿童能够综合多方因素，对事物作出评判。这一教育理念也正体现在深度阅读中对儿童评判思维能力的培养上。创造性思维是儿童思维能力培养的最高层次，如做主题演讲、写论文等。这是高层次思维能力培养中最难培养的一项。另外，要进行这些高层次的思维活动，大脑中的各种连接是基础，因此又回到儿童的背景知识，此时精读和泛读应同时进行，泛读的目的慢慢由主要获取有意义的词汇过渡到通过阅读获取信息（背景知识）。丰富的背景知识是儿童进行更深入的阅读理解的保证。在教学实践中，老师在设计教案的时候需要把这些能力培养目标考虑进来，给儿童主动思考的机会，而不是让其一味接受。比如，分析故事人物特征，分析事件发生的原因，分析人物关系变化，多问 why questions 引导儿童推理，同时将写作创作、演讲活动结合到阅读活动中来。

深度阅读属于语言运用范畴，其前提是儿童具备一定的语言能力。所以，对于我们国内 EFL 的儿童来说，正确的阅读路径应该是先广泛再深入。泛读是儿童语言能力发展的保证，而通过精读实现语言教育的最终目的——高层次思维能力的培养，才是语言教育的根本。

第三节　积极心理学视角下的“快乐”英语教学

积极心理学理念最早由美国心理学家塞利格曼（Martin E. P. Seligman）和西卡森特米哈伊（Mihalyi Csikszentmihalyi）提出，是一个全新的心理学研究领域。在其于2000年出版的著作中两位作者提出，“我们相信致力于发掘人类积极意义的积极心理学即将崛起，它将为我们构建积极的个人、家庭、社会提供一个科学的理念和有效的措施”。① 积极心理学的目标是寻找并培养天才，并且使正常人的生活更加充实有意义，而不仅仅是治疗精神疾病；它的出现并不是要代替传统的心理学，而是使其变得更加丰富和完整；它更重视使用科学的方法去探求积极的意义。积极心理学诞生后，越来越多的心理学家加入到这一研究领域当中，该学科逐渐形成了席卷全球的心理学思潮，初步应用于社会学、经济学、教育学等诸多领域。将积极心理学应用到儿童英语教学中，可以为英语教学理论和研究方法提供思路；将最前沿的积极心理学成果融入到教学过程当中，可以为当前教学中的问题提供一种全新的思维方式和认知视野，是对儿童英语教学理论研究维度的拓展。

一、积极心理学的产生和发展

心理学自从创建以来，主要面临两项使命：（1）治疗人们精神和心理上的疾病，使普通人的生活更幸福充实；（2）发现并培养具有非凡才能的人。但是在第二次世界大战之后，人类受到了前所未有的创伤，在战后阴影和经济低迷的背景下，心理学逐渐放弃了其使普通人的生活更幸福和培养天才的任务，而把重心转移到治疗人的精神或心理疾病上。战后心理学的内容更多关注抑郁、焦虑、死亡、离婚等负面的情绪和行为，使得心理学走向了消极的方向。随着战后经济、社会的高速发展，在世界上患心理疾病的人非但没有减少反而出现了成倍增长。人们逐渐发现人类的幸福并非建立在对问题的修补和疾病的治疗这一基础上。不管是对社会还是个人来说，实现发展靠的应该是其内部拥有的积极力量的积累，而非仅仅针对对消极问题的修正。因此从20世纪五六十年代起，心理学研究者逐步开始探索和研究人的积极方面，把人作为一个整体来研究，研究正常的人，而且关注如生命、信念、尊严、热情等人的高级心理活动，激发人类的潜能，达到实现自我价值的最高境界。心理学家逐渐开始寻求促进心理健康的积极因素而不单单只停留在心理疾病的治疗上。

到了20世纪90年代，随着物质文明的飞速发展和精神领域的巨大进步，许多社会问题并未因为科技的发展而得到解决，物质的进步并不和人的幸福指数成正比，人的心理生活质量仍需要进一步提高。人们对幸福生活的标准已经不仅仅限于物质的满足。如

① Martin E. P. Seligman, Mihalyi Csikszentmihaly. Postitive Psychology: An Introduction [J]. *American Psychologist*, 2000, 55 (1): 5-14.

何更好地追求人生的价值和幸福，是传统的心理学无法解答的问题。1998 年在美国心理学家塞拉格曼等人的推动下，积极心理学研究的三大组成部分被最终确定。2000 年，塞利格曼和西卡森特米哈伊共同在《美国心理学家》上撰写发表了《积极心理学导论》一文，在文中介绍了积极心理学的缘起、目标、内容及意义，同一期的《美国心理学家》还发表了一个由几篇文章组成的专辑，这些文章详细介绍了积极心理学的组成部分，即积极的情绪体验、积极的人格和积极的社会组织。随后《美国心理学家》和《人本主义心理学》等杂志都设置了积极心理学的研究专辑。由此，积极心理学的研究思潮在全世界迅速展开。

二、积极心理学的主要观点

（一）积极的情绪和体验

积极的情绪和体验是积极心理学研究的一个主要方面。积极心理学认为，积极情绪不只是一时的，它将长期对个体造成影响。积极情绪是值得培养的，而不仅仅是作为结束状态本身，还应作为一种手段来实现长期的心理增长和改善。积极情绪是个人成长和社会连接的载体；通过建立人们的个人和社会资源，积极的情绪使个人变得更好，使他们拥有更好的未来生活。积极情感不仅是人类蓬勃发展的标志和最佳福祉，并且也创造着繁荣。

心理学家研究积极情绪的产生并把主观幸福感和快乐作为重点探讨的主题。主观幸福感是指个体自己对于本身的快乐和生活质量的幸福感指标的感受，相关研究集中在生活事件和人格因素对于主观幸福感的影响。快乐这种积极情绪也是积极心理学的重点研究方向之一。心理学家比较了快乐的和不快乐的人，发现他们在认知、判断、动机和策略上都有所不同，并且这种不同经常是自动化的，当事人并未意识到。

（二）积极的人格特质

人格是心理学研究的重要内容，积极心理学也不例外。但是积极心理学与传统人格的研究不同的是，以往的学者在研究时将注意力过多地放在了问题人格上，并且过分关注了人格的独特性，而积极心理学则将视角投向了人类普遍的、共同的积极人格特质。积极心理学相信在每一个人的内心深处都存在两股抗争的力量：一股力量是消极的，它代表压抑、侵犯、恐惧、生气、悲伤、悔恨、贪婪、自卑、怨恨、高傲、妄自尊大、自私和说谎等；另一股力量是积极的，它代表喜悦、快乐、希望、负责任、宁静、谦逊、宽容、仁慈、慷慨等。这两股力量谁都可能战胜谁，关键是看个体自身到底是在给哪一股力量不断注入新的能量，在给哪一股力量创造适宜的生存心理环境。

积极心理学通过塑造个体的人格而影响其生活，积极的人格特征中存在两个独立的维度：（1）正性的利己特征（positive individualism，PI）；（2）与他人的积极关系（positive relations with others，PR）。前者是指接受自我、具有个人生活目标或能感觉到生活的意义、感觉独立、感觉到成功或者是能够把握环境和环境的挑战，后者则指的是当自己需要的时候能获得他人的支持，在别人需要的时候愿意并且有能力提供帮助，看重与他人的关系并对于已达到的与他人的关系表示满意。积极个性特征中引起较多关注的是乐观，越是乐观主义者，他们就越积极，面对困难时，也会积极地面对，暗示自己能够克服与解决。

（三）积极的组织系统

环境是影响情感和个人特质的一个重要因素。因此，积极心理学提倡的除了情感体验、人格外，第三个支柱便是积极的组织系统。在积极的机构和制度下，个人能更大程度地实现自我发展和积极的人格塑造，并促进个体产生积极的情感体验。积极的组织系统的概念下有很多范畴，可以是国家、政治、宗教、学校、社区、家庭。不论是什么机构，如果他们的目的是建立一个有意义的生活，那么这个机构中的个体在追求这一结果的过程中也会产生一种满足感和生活的信念。积极教育就是指教育要以学生外显和内在的积极力量、积极品质为出发点，以增强学生的积极体验为主要途径，最终达成培养学生个体层面和集体层面的积极人格，促进学生的良性发展。

三、积极和快乐的儿童英语课堂

积极心理学视角下的儿童英语课堂就是要创造积极的英语学习氛围，用学生的积极学习情感和教师的积极教学体验共同构建快乐的英语学习过程。

（一）学生的积极学习情感

儿童情感处于不稳定状态，容易受外界环境的影响和支配，有易激动、自控力弱等特点（如受到表扬就洋洋得意，受到批评就抑郁不高兴），其对情感的调节能力也相对较弱。而这个阶段的儿童接触最多的环境就是学校和课堂，因此教师的评价、同学的关系、学习内容的接受程度都在很大程度上影响了他们的情感变化，使其产生复杂的情感体验。教师的评价对于这个阶段的儿童尤为重要。当儿童喜欢某位教师时，也会连带着喜欢他所教的学科，并克服种种困难把这门功课学好，即“亲其师，信其道”。因此英语教师要特别注意培养儿童对英语学习的积极情感体验。

面临完全陌生的英语学习，学生会产生完全不同的两种情感体验。积极的情感有高兴、满足、荣誉感、自豪、兴趣和爱，等等。在这些情感的作用下，儿童在英语课上会表现出学习的主动性，积极回答问题，乐于识记单词，与老师形成良好的互动，形成很强的英语学习动机和兴趣。浓厚的学习兴趣对于儿童的英语学习有很大的帮助，可以提升儿童的英语学习效果，进而提高其英语学习的信心。充满信心的儿童在英语学习活动中，敢于使用英语与人交流，不怕犯错误，因此能得到更多的机会来练习并提高语言运用能力，从而更积极主动地学习，形成英语学习的良性循环。而消极的情感有焦虑、担忧、胆怯、呆板、漠然、逃避，等等，表现在缺乏学习英语的兴趣，注意力不集中，做小动作，与周围的同学打闹或上课不发言等方面。造成消极情感的原因是多种多样的，有可能是儿童不理解教师布置的任务，或是由于任务过重、过繁，枯燥无味的学习内容让儿童丧失了对英语的兴趣，久而久之造成心理上对英语学习的逃避。带有消极情感的学习者往往不敢练习，缺乏练习又会导致语言运用能力的降低，这会极大地影响其自信心，从而进入学习语言的恶性循环。

针对儿童的认知水平，教师在课堂上提出的问题要与学生的认知能力相符。从思维发展阶段来看，儿童正处于以形象思维为主，并逐步向抽象逻辑思维过渡的阶段，不过这种抽象思维在很大程度上仍然与感性经验相联系，具有很大的形象性。因此针对这一年龄阶段的儿童，教师可创设问题情境，帮助其更直观地感受英语学习。例如创设情境，帮助儿童建立与其日常生活经验相关的联系，促使他们以积极的状态情绪去思考问题。另外，初次接触外语学习的学生，在面对陌生的单词和与第一语言完全不同的语法态式时容易产生胆怯、不安、缺乏信心的消极心态。因而教师应注意调动学习者的外语学习积极性，避免消极情绪的产生，主动将学生的消极心态转变为积极心态。教师可根据学生的外语水平，布置适度的学习任务。例如，让年龄较小的儿童画画、唱英文歌曲、听录音并跟读，教师通过表扬和赞赏激发学生学习英语的动力。对年龄较大的孩子，教师可布置朗读、抄写或者简单写作等练习。这样循序渐进的难度会让儿童在学习中越学越有信心，打好基础并形成良好的学习习惯。

（二）教师的积极教学体验

教师与学生的接触最多，因而教师的一言一行会在无形中影响学生的发展。教师不仅要负责教授学生知识，更要为学生树立正确的人生观价值观，帮助学生成人成才。只有教师表现出积极的生活态度，用一种积极的心态对待教学，才能使学生产生心灵上的共鸣，以积极的心态学习并克服学习中遇到的各种困难。

1. 积极的工作态度

教师不仅要向学生传道授业解惑，而且还肩负着培养学生优良品质，引导学生树立正确价值观和辅导学生心理健康的重任。在与学生的朝夕相处中，教师的心理状况会直接影响对学生的日常教育。儿童自身特点决定了他们自控能力还较差，如果在学习中遇到瓶颈，或者遇到枯燥乏味的教学内容，他们很容易失去对英语学习的渴望；儿童集中注意力的时间非常短暂，虽然儿童在初学外语时能够积极投入，但他们也很容易受到外界各种不定因素的影响而分散学习注意力；儿童不善于把握语言的系统和逻辑，也缺乏独立学习外语的自制力，对教师的依赖性较强。基于儿童学习外语的困难，儿童英语教师需要以积极的心态投入教学工作。而积极心理学认为，创造积极的精神，提供积极的机会，肯定积极的价值，才能在感受积极的过程中，学会创造积极，给予积极，最终获得一种实实在在的积极力量。因此儿童英语教师在运用积极心理学观点的过程中，也可以解决教学压力，调剂自身产生的职业倦怠。

2. 积极的教学手段

如前所述，儿童注意力易被各式各样的事物所吸引，他们的注意力也不容易长时间保持，因此教师使用的教学手段和方法将对最终的教学效果起到非常重要的作用。儿童英语教学中最常见的教学方法有全身反应教学法、浸入式教学、情境教学法、视听教学法、直接法等。积极探讨教学思路，灵活运用多种教学方法能增强语言学习的趣味性，让儿童在轻松愉快的环境中学习。

教师的语音语调和肢体语言也会在很大程度上影响儿童英语教学。首先，在课堂上，教师的站姿和体态会显示出其精神面貌，只有教师朝气蓬勃，课堂才会轻松活泼。其次，在课堂上适当运用肢体语言对儿童是非常必要的。大大的赞许，鼓励的击掌，真诚的拥抱，都能给予儿童莫大的鼓励。肢体语言不仅拉近了学生和教师之间的距离，还表达了一种尊重、激励和信任，这种潜移默化的评价方式更具亲和力，更能搭起学生和教师沟通的桥梁。当学生说错或者不知道答案时，教师多点头、多微笑，诸如此类的体态语可以降低儿童的挫败感。丰富的表情还会让学生体会到教师上课的热情，也会使教学变得更加生动和富有趣味性。儿童英语教师要善于运用表情来点燃学生学习英语的激情火种。表情是情绪的外显，不同的表情传递的信息有很大的差异，学生在倾听教师传递知识的同时，也会注意观察教师的表情。表情可以配合言语传播知识信息，使教师更充分地展示教学内容。表情也有双向作用，不仅使学生更加积极，而且通过反馈，教师也能强化积极的上课体验，良性循环使得教学过程更加愉悦。儿童对于教师有着超其他阶段所具有的情感依赖性，因此教师保持积极的教学态度对于儿童学习积极性、主动性的提高有着重要的作用。除了表情和肢体动作外，丰富的语音语调也尤为重要。教师在课堂中的表情、动作、语音语调的变化可以刺激学生的听觉、视觉，更有利于学生全方位地接收到教师传递的正能量信息，并相应地与之互动，达到最积极的教学效果。教师通过这些努力，在课堂中可以传递积极信号，营造积极气场，教学效果也会事半功倍。

3. 积极的师生关系

在传统教育中，教师和学生的地位是不对等的，学生的学习自主性、学习乐趣和创造性思维会受到一定程度的压制，长此以往不仅学生对教师产生畏惧感，有问题不敢提出，有异议不敢讨论，教师也将会忽略学生的心理需求，造成学生一定程度的学习心理障碍。以往教师采取的以批评为主或惩罚的教育方法，极易使学生产生自卑心理。经常的批评和惩罚会导致学生失去学习兴趣和动力。而在充满信任和赞赏的环境中，学生则更容易对学习形成积极的学习心理，受到教师启发和鼓励后的学生随着心态的改变，行动也会越来越积极。

积极心理学趋向一种平等、民主、和谐、健康的师生关系，在这样的关系中教师和学生可以良好地沟通。教师不仅是某个科目的老师，也是学生身心成长的老师，学生能体会到来自老师的正能量和支持。积极心理学强调每个人身上都有不同的积极品质，要对这些不同的积极品质进行认可并且挖掘其最大的潜力。传统教育则更重视共性的培养而忽略了个性的发展，对学生的要求基本上是整齐划一，教师总是只看到学生身上的缺点而忽略其本身的优点。要清楚地看到学生的差异，就要从认识不同学生的气质个性入手。心理学上将不同气质个性分为四类，分别是胆汁质、多血质、粘液质、抑郁质。胆汁质的人易于冲动，并且性格急躁耐性差；多血质的人活泼热情，擅长于交际和展示自己，灵活机智、有较强的适应能力；粘液质的人内向且沉默寡言，沉着稳重，注意力集中并有很好的持续性；抑郁质的人敏感孤僻，反应慢但稳定专注，做事小心谨慎。不同性格特点的学生在学习时可能会方法各异，教师应该尊重这些学生的学习方法，把全体学生的普遍参与与发展不同个性有机结合起来，营造一种生动活泼的学习氛围，使每个学生都能找到适合自己的英语学习方法。

第四节　“互联网+”时代的在线英语学习

儿童的语言习得需要真实的语言环境和大量原汁原味的语言输入，仅靠线下有限的课堂教学和家庭启蒙是远远不够的。“互联网+”时代孕育了大量在线少儿英语教育平台。这些平台不仅具备在线教育的不受时空限制、课堂可回放、个性化学习、学习效果可追踪等优势，许多平台还原版引进或使用了英美国家的课程体系或直接采用了英美外教真人授课的方式，为中国儿童习得英语提供了更便捷高效、更纯正地道的语言输入和输出的环境。

一、儿童英语在线教育平台的类型

目前的儿童英语在线教育平台主要分为三类，即直播平台型、录播平台型和系统模块型。直播平台型可分为外教真人互动和中教直播课两种。录播平台型可分为非互动式录播课、互动式录播课两种。系统模块型可分为人工智能型和非人工智能型。

（一）直播平台型

直播平台型儿童英语在线教育以直播的模式进行真人互动教学，以一对一或者一对多的模式进行线上课堂互动。平台还会给每个儿童安排至少一位助教进行课前技术支持或知识准备、课后复习和作业、学习情况反馈等工作。直播平台型主要有外教直播课和中教直播课两种。以 VIPKID 和哒哒英语等为代表的外教直播课多采用英语母语国家的课程体系和教材，直接对接美国或英国的课程标准，快速提升儿童的英语口语交际能力和阅读能力，为儿童进入国际学校或留学做准备。中教直播课主要是依据教育部的《义务教育英语课程标准》，进行学校课堂教学同步的互动课程，提前学习或者巩固学校课本上的知识点，为学校考试或升学做准备。目前比较受欢迎的中教直播平台有作业帮一课、新东方和学而思网校等。

（二）录播平台型

录播平台型产品可分为非互动式录播课和互动式录播课两种。非互动式录播课类似成人学习英语的微课或慕课，多为对某个知识点的讲解。其中大部分课程由于缺乏良好的体验感及互动性，并未得到许多儿童的青睐。互动式录播课凭借其优质有趣的教学内容、游戏化的内容学习模式以及生动多样的交互方式受到很多家长和儿童的喜爱。叽里呱啦是目前最受欢迎的 0~8 岁儿童英语启蒙录播平台。叽里呱啦设计了一系列符合学龄前儿童认知和情感需求的动画教育 IP 形象，并制作了大量情境式、生活化的动画短视频内容，让儿童更加自然地接触语言、学习语言，并且不少学习资源是免费的。另外，其独创的“视频互动课堂”，“真人+教育IP”的教学视频和多维度智能互动技术的结合，让儿童可以在观看有趣的教学视频的过程中通过在屏幕上点选、拖拽、书写、录音等方式自主参与到课程中，提高了儿童学习的趣味性、互动性和学习效果。

（三）系统模块型

系统模块型在线英语平台往往是基于英美国家的课程标准研发的一套完整的针对中国儿童的英语学习体系，通常由几大学习模块组成，囊括字母识别、自然拼读、阅读理解、听说会话、语法修辞等必备语言知识和技能。该类平台一般分为几个难度等级，涵盖从零基础到英美国家六年级或以上儿童的语言水平，能够一步步引导儿童进行循序渐进的学习，可对接TOEFL Primary、剑桥少儿英语考试（YLE）等国际语言能力测试。系统模块型平台可分为非人工智能型人工智能型两种。大数据与人工智能技术正在教育领域落地，涌现出自适应学习、虚拟助教、智能评测等诸多创新服务。在线少儿英语学习正逐渐迈入“智慧学习”的时代，出现了以美国想象力英语（Imagine Learning）为代表的人工智能自适应互动英语教学系统。人工智能自适应系统通过在比人脑更“聪明”的智能化超大数据库里进行详细分析与比对，精准判断儿童已经掌握的学习内容并预估出儿童还未掌握的学习内容，智能化生成专属于每一个儿童的后续课程，实现因材施教，100个儿童就有100种课程。另外，该系统能为儿童建立独有的学习轨迹和成长曲线，随时随地掌握儿童的学习进度和效果，切实提高每一个儿童的英语能力。后进生通过较长的学习时间和学习轨迹，也有机会达到与优等生相近高度的英语水平。

二、两种最受欢迎的在线英语学习模式

（一）线上真人外教直播课的教学模式

“一对一”与“一对多”外教直播模式强调真人互动，可以为儿童提供一个真实交际的机会。近年来，VIPKID、哒哒英语、51talk等英语在线学习平台的服务覆盖了从教学内容的设计、互动教学效果的保障，以及个人学习路径的规划，到优质教学服务的提供，得到了很多家庭的青睐。《2018年中国在线青少儿英语教育白皮书》（以下简称“白皮书”）数据显示，截至2018年12月31日，我国在线青少儿英语“一对一”付费用户已经突破100万人次，预计2019至2022年将以每年30%速度增长，预计到2022年市场份额将超过线下。据调查显示，外教质量是家长选择教育平台的重要参考指标。其次家长看重的是教学质量和儿童兴趣，用户口碑、品牌市场占有率、课程体系也在家长考量主因之列。近八成中国家长倾向于选择口音纯正、教学方式活泼的北美外教。家长认为，好外教会让儿童英语学习取得事半功倍的效果，是提高儿童英语水平的关键因素。而在线教育模式也让具有全球顶尖名校学历背景的外教走进中国家庭。

以VIPKID为例，外教直播课程的教学模式是：课前预习视频+外教“一对一”互动课程+课后线上游戏化作业/线下复习手册。

【课前】

每节课都会有课前预习视频，每个视频时长一般在 7~8 分钟，由真人和动画结合，用充满趣味的故事情节，带儿童预热课程、了解所学主题，使儿童在“一对一”的正式课堂时间里，能更专注于知识的深度理解、运用和拓展。

视频的结构包括：社会科学 & 自然科学（话题词汇、句型）、语法，自然拼读，高频词，数学，等等。

【课中】

25 分钟的纯北美外教“一对一”课程，提供“母语式”的语言环境。和外教高频次的互动，锻炼儿童在不同的学科和情境中学习英语。讲故事和对话的浸入学习方式，让老师针对儿童的个性特点和知识水平，因材施教地进行授课。

【课后】

游戏式互动复习题。儿童们可以通过多种有趣的游戏方式来进行知识复习。儿童通过回看视频、完成练习来掌握每堂课的知识点。系统会自动检查儿童的回答是否正确，省去家长督促和检查儿童作业的时间和精力。

每节课程结束后，家长可以通过课程回放录像，查看儿童的上课情况以及外教老师的反馈，还可以在手机上查阅孩子的学习报告。

（二）人工智能自适应系统的在线英语学习模式

传统课程中的老师很难了解每个儿童学习过程中具体的薄弱环节，难以做到对每个儿童因材施教。在传统学习模式下，不同学习内容之间的跳转逻辑是线性单一的，学生即使已经掌握了某一块内容，还是需要花费时间去学习；学生有问题也不能得到即时的反馈和帮助。人工智能自适应学习致力于通过人工智能技术检测学生当前的学习水平和状态，并相应地调整后面的学习内容和路径，帮助学生提升学习效率。

进入学习系统之前会有一个摸底测试，系统测试从易到难，充分了解儿童已有的英语水平，从而为儿童匹配合适的学习内容。通过图示、视频、录音、游戏、互动触摸等教学内容，结合真实场景进行教学，营造纯正英语语境；采用人性化纠错，不简单以对错判定结果，更注重激发儿童的学习信心；在独具特色的学习过程中使儿童体验到英语的真正价值，塑造儿童自学能力、逻辑思维能力与社交能力。系统实时测控学生英文水平，根据学生完成课程的情况，自动生成后续课程，为儿童建立独有的学习轨迹和成长曲线，随时随地掌握儿童的学习进度和效果。精确记录每段学习轨迹，实现精准辅导课程。

自适应系统还具备强大的数据化教师后台，精确记录学生每段学习轨迹，实现私人精准辅导课程。以 Imagine Learning（想象力英语）为例，后台报告系统提供了四种强大的功能支持，分为：Interactive Tools（教师干预工具），班组报告，个人报告和移动端报告。老师可在后台选择不同的学生分组和时间段，根据知识点模块，批量查询未掌握知识点的学生，或单独查询某一学生未掌握的知识点，让教学管理更加精准、高效。后台为每一个需要帮助的学生提供了有针对性的课程解决方案，教材资料可以直接打印输出，真正提高老师的教学效率与质量。系统一键生成全面的个人学习报告／班组学习报告，教师后台精确显示每个学生的学习状况及薄弱部分，已掌握内容与未掌握内容一目了然。当学生遇到困难，系统会自动为老师准备好针对性的辅导课程。家长通过其官方微信公众号进行“学习报告”账号绑定，即可轻松查看儿童的学习进度（包括学习时间、所掌握知识点与未掌握知识点、学习录音等），了解儿童真实的英语水平。

第二章　快乐英语教学法概述

第一节　快乐教学的相关研究

“快乐教学”，是基于“快乐”的理念，“充分调动师生的积极性，使教师乐教，学生乐学，在师生融洽合作的气氛中，使全体学生得到和谐全面的发展的教学”。① 快乐教学的实质，就是“让学生在健康、和谐、民主、融洽、愉快的教育情境中，生动、活泼、主动地得到发展”。② 在教育目标的导向上，它是以提高学生的整体素质为核心实施的知识教育、智能教育、情感教育、意志教育相融合的人格教育，着眼于学生的全面发展；在教育内容的安排上，注重德、智、体、美、劳五育的全面展开；在“教”与“学”的关系上，形成一种融洽、合作的师生关系；在教育的形式上，建立起以课堂教学为主，学科课程与活动课程、显性课程与隐性课程相结合，以及学校与家庭、学校与社会相沟通的新形式。

一、国内外研究现状

（一）国内研究史

早在春秋时期，我国古代大思想家、教育家孔子就提出了快乐教育的思想。“学而时习之，不亦说乎？”学习知识并经常温习，这是件快乐的事。“知之者不如好之者，好之者不如乐之者。”学习的最高境界就是乐在其中。继孔子之后，许多教育家进一步将孔子的快乐教育思想发扬光大。南宋大理学家朱熹曾说过“教人未见意趣，必不乐学”。这句话说明了兴趣对学习的重要意义。当学生对学习感兴趣时，就会把学习当成一件快乐的事情。

北宋思想家张载在《经学理窟》曾提到过：“学至于乐，则自不自已，故进也。”就是说，如果一个人乐于学习，对学习有浓厚的兴趣，心中充满喜悦，那么进步就会很大。明朝著名的教育家王阳明也曾说过“今教童子，必使其趋向鼓舞，心中喜悦，则其进自不能已”，说明了如果能调动学生的积极性，学生就会不断取得进步。清末著名改良主义家梁启超提出趣味教学思想，主张学生“乐知”，强调联系实际，使学生有所发

① 冯克诚，刘以林．愉快教育教学的基本理论．中国少年儿童出版社，1996：15.

② 冯克诚，刘以林．愉快教育教学的基本理论．中国少年儿童出版社，1996：19.

明，推行“自动、自主、自治、自立”教育法。这些论述精辟地说明了学生的快乐感受在教学中的重要性。

蔡元培认为教育要适应受教育者身心发展的实际，要尊重儿童的个性。他指出“最重要的是引起学生读书的乐趣”。鲁迅也曾积极推进教法改革，他倡导“以孩子为本位”，教师必须“知道孩子的世界”。朱自清、叶圣陶、黄培炎、陈鹤琴等现代教育家也都提倡快乐教学，提倡让学生在乐此不疲中养成读书学习的习惯。陶行知指出，“儿童应该是快乐的，而现在中国的儿童是非常痛苦的，我们应该引导儿童把地狱敲碎，让他们自己创造出乐园来”。陈鹤琴先生则在自己创办的学校里积极开展实验研究，提出了凡是儿童能够想的应当让他们自己想，积极鼓励胜于消极制裁，教学游戏化故事化，为快乐教育积累了宝贵的经验。

（二）国外研究史

国外关于快乐教学的研究历史已久，许多教育家、思想家等都提出了快乐教学的思想，并主张在教学中运用快乐教学法。古希腊思想家苏格拉底（公元前469—前399）的快乐教学思想来源于他对学习兴趣重要性的认识：“教育不是灌输，而是点燃火焰”。在教学中他善于引导学生自己去发现，让学生在探索中体会到学习的快乐。16世纪法国伟大思想家蒙田（1533—1592）在他的《论对孩子的教育》中谈道，要让教室里充满快乐，教室应该是孩子们玩乐的地方。17世纪捷克伟大的民主主义教育家夸美纽斯（1592—1670）认为，在教学中应该寻找一种教学方法，吸引学生自觉主动地学习，这样教师教得轻松，学生学得快乐。19世纪英国著名教育理论家赫伯特·斯宾塞（1820—1903）提出了“快乐教学法”，并指出它能够解决课堂中教师教学的苦闷。他还指出，教师在学生心理愉快的状态下展开的教学更有效。

苏联教育家斯卡特金强调教师的教学方法要灵活，教师要清楚地了解学生的需要和特点，了解学生已有知识的基础。教师要用多种方式呈现教学内容，使学生不再感到负担，让学生在欢乐中学习。20世纪中叶，苏霍姆林斯基创立了快乐学校。他主张教师注重学生的发展，关注学生内心成功的体验和快乐的感受。他强调学生学习中快乐体验的重要性，快乐能使学生发现美、感受美。

二、理论基础

快乐教学的研究是基于科学的研究，它是在一系列科学理论的指导下开展的合理的符合学生身心发展规律的研究，具有科学价值和推广意义。

（一）人本主义心理学

人本主义心理学的代表人物是马斯洛（1908—1970）和罗杰斯（1902—1987）。马斯洛的需要理论提出人的需要包括生理需要、安全需要、社交需要、尊重需要和自我实现需要。该理论强调要尊重人的需要，满足人的需要。在基本的生理需要得到满足后，人有了心理上、精神上的更高需要。人本主义理论应用在教学中的启示是：我们要了解并尊重作为教学对象的学生的情感和心理上的需要，并努力通过教学活动使这些需要得到满足，从而促进学生不断健康发展。

人本主义心理学注重情感在学生学习中的重要作用。积极的情感，如愉快、自信、惊喜等能促进学生的学习。消极的情感，如恐惧、紧张、沮丧等会阻碍学生正常的学习活动。快乐教学法重视情感在学习中发挥的重要作用，并努力发挥积极情感在教学中的正向作用。教师使学生在快乐的心境下更好地学习，努力促使学生有效地参与课堂活动，并引导学生将对英语的喜爱发展成一种持续的兴趣。在快乐的英语课堂中，教师要充分尊重学生的需要，并不断满足学生实现自我价值的需要。对于学生来说，当其需求得到实现的时候，就会体会到快乐。学生的快乐不仅仅来自学习成绩的提高，学习中教师关注的眼神、教师鼓励的语言和积极的评价、和同伴之间默契和谐的关系，以及经过自己不断努力而获得成功时的自我价值的肯定等，都会使学生感到快乐。

（二）教育学基础

快乐教学的教育学基础，就是充分相信学生、信任学生、尊重学生、要求学生，使之成为自主能动学习的主人。马卡连柯曾经说过要更多地尊重学生，也要更多地要求学生。苏霍姆林斯基认为教育的理想就在于使儿童成为幸福的人，因此他非常注意培养学生的精神生活，并把自己的学校称为快乐学校。罗杰斯主张以学习者为中心，马斯洛认为人的本质是自主、乐观、积极的，教育应促成人的自我完善、自我实现。由此可见，快乐教学理念备受教育学家的推崇。究其原因，不难发现，快乐教学更好地体现了教师主导学生主体的思想，它提出的主动性原则能充分调动师生双方的积极性，让教师更智慧地教，让学生更主动地学，达到教育教学的高效益，坚持教师为主导，学生为主体的教学观，从而从根本上改变传统观念影响下的师生关系，让师生民主平等相处，让教与学的过程更富有情意。

提倡快乐教学是教育思想的一种转变，是对应试教育的彻底改革，是向素质教育的有力迈进，能更好地贯彻教育人才观、质量观、教学观与学生观，是符合时代要求的先进的教学理念。

（三）多元智能理论

多元智能理论是由美国心理学家加德纳提出的，该理论一经提出就得到了教育界的广泛关注。加德纳提出了语言智能、逻辑智能、空间智能、节奏智能、运动智能、人际交往智能、自我反省智能、自然观察智能等。多元智能理论应用在教育上的意义是：不同的个体拥有不同的智能结构，对待学生个体的差异要有正确宽容的态度。没有绝对的差生，只是智能强势和发展的水平不均衡而已。因此，在教学目标的达成上不能要求所有学生都能实现教师教学预想，不能“一刀切”。要注意引导学生积极参与课堂活动，尊重学生个体的选择和爱好。要允许学生有充分的思考时间、练习时间，允许课堂中学生小小错误的牵绊，“等一等”“停一停”可能是对学生最大的尊重。

在教学设计时尽量使教学手段灵活多样，以适应不同学生学习的需要。教师要善于发掘教材中不同的智能发展元素，促进学生多元智能的发展。在教学中教师要正确评价学生，激发学生的潜能，促进学生不断反思和进步。注意评价的多元化，实现形成性评价和终结性评价相结合。要注意发挥评价的作用，促使每个学生在原有的基础上都能有所进步，有所提高。

（四）社会学基础

自20世纪80年代以来，为了解决应试教育导致的学生厌学、负担过重、活动缺乏科学性等一系列教育问题，为了适应社会主义现代化建设的需要，我国开始了对快乐教育的探索与实验。快乐教育的兴起，实现了由“应试教育”向“素质教育”的转轨。它以全面提高学生素质为目的，打破了传统升学教育观，根据科学的人才观和质量观探索新的育人途径，在学生身心全面发展的同时也促进了其个性的发展。

快乐教育是科学的符合规律的教育。它“创造地运用教学动力规律，挖掘教育活动的欣赏性因素，使教育活动具有内在的吸引力，用教育过程的美，用教育结果的成功来激发学生的内动力”，“努力改善学生的学校生活，使课堂教学和课外活动、校外活动形成有机的整体”，“巧妙运用师生关系规律，用爱来温暖学生的心，用尊重来获得学生的敬重，用合作、平等的交流来加强师生的理解和协作”，它还“利用教学认识规律，抓住学生身心发展的特点，实现教学方法的多样化和教学结构的优化”。① 快乐教育力图扭转教育活动缺乏科学性的局面，努力追求教育活动的整体优化，具有社会必然性，体现了时代精神，代表了教育发展的方向。

三、特征与原则

（一）快乐教学的特征

1. 新颖性

快乐教学的新颖性是指教师要注重选择新颖、奇妙的教学内容和教学方法吸引学生的注意力，唤起学生学习的兴趣。快乐的英语课堂中，教师要激发学生的学习兴趣，寓教于乐，设计新颖、有趣的教学活动，让不同类型的学习者有充分表现的机会。

2. 适宜性

快乐教学的适宜性是指教学应着眼于学生的最近发展区，为学生提供带有难度的内容，调动学生的积极性，发挥其潜能，超越其最近发展区而达到下一发展阶段的水平，然后在此基础上进行下一个发展区的发展。教师应从学生的实际水平出发，注意教学内容的难易适度，容量适宜，合理设计教学层次，科学选择教学内容与方法。英语课堂上的语言输入应该是“可理解的语言输入”，即略高于学生现有语言技能水平的语言输入，注意力集中于对意义的理解而不是对形式的理解，才能促进语言习得。

---

① 向玉琴. 愉快教育理论与实践的探索. 高等教育出版社，1996：92-96.

3. 审美性

快乐教学是美的教学，它注重优化教学内容与方法，重视师生融洽和谐的情感作用，追求教育教学整体的内在美，从而使学生在轻松和谐愉快的气氛中达到美的享受。从教师的角度看，他们在教育过程中充分运用了教育艺术，具有教育美。从教育本身来看，教育活动成了一个艺术佳作，具有内在的可欣赏性。从教育结果看，师生在教育中共同获得了教育艺术的愉悦。

4. 科学性

快乐教学的科学性是指教师要遵循教育规律，在科学理论指导下对教学内容选择提炼，精心组织教学，科学使用教学方法，使学生掌握知识，形成技能，发展能力。

（二）快乐教学的实施原则

1. 科学性原则

一方面是指教师向学生传授知识和技能、发展学生综合能力、培养学生良好品德要立足于科学，因材施教；另一方面也指教师在运用快乐教学法时，不能流于表面形式的快乐，而要科学准确地处理教材，拓展广度，挖掘深度。

2. 整体性原则

所谓整体育人，就是以提高学生的整体素质为目标，对学生进行品德、知识、身体、心理全方面的教育，使学生的人格得到和谐健康的发展。

3. 主体性原则

所谓主体性原则，是指在教育教学过程中，充分培育和发展学生的能动性、自主性和创造性，指导激励学生自主学习，促进学生主体发展。

4. 内驱力原则

所谓内驱力，就是由心理或生理方面的需要引起，并推动机体从事满足这些需要的行为的内部唤醒状态。因此，教师要充分调动学生的能动性，充分挖掘学生的学习需求，引导学生形成稳固的、高尚的、正确的学习动机。

5. 审美性原则

快乐教学的审美性原则要求教师把教育教学活动视为一种审美对象、一种艺术劳动的创造过程，寓教于乐，寓教于美，让学生在学习中得到美好的体验。

第二节　快乐课堂的儿童英语教学法简介

一、全身反应法（Total Physical Response）

全身反应法是美国心理学家詹姆斯·阿谢尔在20世纪60年代后期创立的一种外语教学法。阿谢尔创立该教学法的依据是儿童习得母语的表现。儿童学习语言是从听开始的，儿童学习讲话也发生在听别人讲话之后。儿童对成年人的指令一般是先做动作的反应，然后才作出语言的回答。例如：妈妈对孩子说："Go and get me a book." 孩子不是先回答妈妈，而是先去拿书，回来才对妈妈说："Here you are, Mom."阿谢尔认为，学习外语与儿童习得母语有相同的地方，因此可以借助儿童学习母语的方式去学习外语。这种教学法体现出了一定的行为主义心理学的传统观念，强调通过口语刺激引起行动的反应。不过，全身反应法还吸收了其他的心理学、教育学理论。这一教学法允许学习者在学习外语的起始阶段不开口，只用身体动作来表示是否理解了所学语言。由于强调在理解的基础上学习外语，也有人把这种方法称为"理解法"（comprehension approach）。采用先听后说的方法，使目的语在学习者的大脑中留下印记，这个主张来自"记忆痕迹论"（Trace Theory），即追溯记忆连接的频率越高，强度越大，记忆联想就越强，也更可能被唤起。在全身反应法中，阿谢尔肯定了情感因素在语言学习中的作用。母语是在自然环境下习得的，儿童没有紧张感，因此在教学习者学外语时也要降低他们的紧张和焦虑。那么，一种对语言输出不做过高要求并且带有游戏性质的教学方法可以创造出一个轻松愉快的语言环境，有效提高学习者的兴趣和动力，促进外语学习。在外语教学的过程中可以强调学习者通过做动作来解释意义，而不是研究抽象的语言形式。

（一）特点

1. 强调语言必须通过理解获得。听力理解技能是发展口语表达及其他语言技能的基础，对话一类的练习被推迟至儿童具备听力理解能力之后，通常是120个学时之后才开始。

2. 教学强调语言的意义，而不是语言的形式。关注学习者对语言意义的理解和掌握。

3. 主要教学活动是祈使性听令活动，祈使句中的动词是语言的中心内容。目的语的大多数语法结构和数以百计的词汇项目，都可以通过教师熟练的祈使性指令来习得。

4. 降低学习者的紧张感。教师要创设轻松愉快的学习环境，增强学习成效。

5. 课堂活动以教师为主。教师是导演，决定教学内容和教学步骤。学生的任务是听和做，是听众和演员。学生不能控制、左右课堂教学内容。

6. 对待母语的态度。教师应当采用父母对待儿童的办法，开始时要容忍错误，随着学习者学习程度的提高逐渐有限度地纠正错误，切忌纠错过多。

7. 教材。全身反应法往往没有定型的教材，主要依靠教师的声音、行动和手势指挥活动，充分利用教室已有的实物进行教学，在一段时间后，引入图画、其他实物、幻灯、图表等，创设家庭、超市、海滩等情景。

（二）优缺点

1. 优点

全身反应法自问世以来，在外语教育界引起了很大的反响。一方面，它对基本句型的重视以及教师为中心的课堂体现了传统的教学理念；另一方面，它倡导通过语言和身体动作的协调来教授外语，体现了大胆的创新。把语言转化为让学生乐于接受的喜爱的肢体语言，有助于学生更好地理解授课内容。课堂活动有利于营造良好动的课堂氛围，缓解学生的紧张情绪。利用学生的无意记忆和形象记忆让学生在循环反复的练习中学习语言，做到听中学、说中学、做中学、玩中学。全身反应法还通过直接建立“动作”和“声音”在大脑的联系，实现学生对语言的快速理解，帮助学生建立外语思维，同时也有利于学生的长时记忆和听说能力的提高。

2. 缺点

全身反应法也有一定的局限性，它的有效性还需要更多的教学实践来证明。它主要适用于初级阶段的外语教学，因为身体动作很难表达抽象的事物和复杂的句式时态；它主要适用于活泼好动的青少年，而不适用于成年人；全身反应法教学中包含大量的游戏活动，对于课堂教学管理有着较高的要求。阿谢尔本人也指出，全身反应法的使用应当同其他方法结合起来。

（三）活动设计（步骤）

全身反应法的主要教学活动是发命令和对命令作出反应。最初，教师向学生发出指令，学生对发出的指令作出反应。例如：听到教师说“Everyone, touch your mouth”时，每个学生都会去摸自己的眼睛；听到“Tom, run to the blackboard and write your name”时，Tom会跑到黑板前写下自己的名字。教师在发出指令时，会用恰当的语音语调并伴以姿势和面部表情，使人得到一种愉快的感受。在学生能理解指令和对指令作出正确反应的基础上，学生也可以模仿教师向其他同学发出指令。其他同学也会对其指令作出反应。口头操练结束后，学生们学习阅读和书写。当然，阅读和书写的都是口头练习过的祈使句。

教学步骤基本上可以分为五步：

1. 教师说出指令并做示范动作，儿童一边听一边观察；
2. 教师说出指令并做示范动作，然后让儿童跟着做；
3. 教师说出指令，不示范动作，儿童按照教师的指令去做；
4. 教师说出指令，不示范动作，让儿童复述指令、完成动作；
5. 让个别儿童说指令，教师和其他儿童一起做动作。

（四）案例

Happy Town（*Book* 3）

Unit 4 My Body

目标句型：I can touch my ...

目标词汇：leg, shoulder, head, arm, feet

教学步骤：

Step 1: Sing *Hello Song*

Step 2: 教师通过动作引入目标词汇（leg, shoulder, head, arm, feet）

Step 3: 教师播放歌曲 *Head and Shoulders*，同时边唱边做动作

Step 4: 带领学生们一起唱，并配上动作

Step 5: 围圈坐下，教师引入目标句：I can touch my...

Step 6: 教师用目标句型说出目标词汇，然后学生根据教师说出的句子来做动作

Step 7：请一个学生到圆圈中间说目标句，然后学生们根据句子来做动作（此游戏可反复多次）

Step 8：大家一起唱 *Head and Shoulders*，同时边唱边做动作

Step 9：Sing *Goodbye Song*

二、直接法（Direct Method）

直接法是指通过运用外语本身进行外语教学的方法。在教学中，教师不用母语，不进行翻译，也不作语法分析，直接把外语和它所表达的事物联系起来，教师通过各种直观手段让儿童直接学习外语，直接理解外语，直接运用外语。基于联想主义心理学的直接教学法产生于19世纪末20世纪初的欧洲，它认为联想是学习和记忆的基础，外语学习与母语学习一样，都是形成习惯和自动化的过程，应当注重语音，注重语言与情景的联系。直接教学法鼓励学习者直接用目标语思维，而无需借助母语作为媒介。

（一）特点

直接教学法的突出特点是注重建立语言文字与所表示的实际物体、行为、事件之间的直接联系。因此，在课堂教学中直观教具、模仿、简笔画等被广泛采用。直接教学法主要有以下特点：

（1）直接法主张听说领先，以口语教学为主，先听说，后读写；认为掌握口头运用目标语的交际能力是外语教学的首要目标；重视语音、语调和口语教学，务求把学习者的发音练得很准确。

（2）避免使用母语，将目标语与客观事物直接建立联系。教学过程中完全用外语进行教学，把外语声音形式同客观表象直接联系，不经过母语这一“中介”，不依赖母语翻译，丢掉“心译”过程。

（3）采用句子本位原则，以整句为单位，注重对句子的完整理解和表达，不孤立地教授单词和语法规则。

（4）强调控制及模仿练习，让儿童靠直觉感知，靠直觉模仿，进行机械操练和记忆背诵，以求养成一种语言习惯。

（5）为了帮助理解，教师广泛采用各种直观手段，如实物、图画、动作、手势、表情和游戏等来解释词义和句子，使外语词的发音和它代表的语义直接联系起来，培养儿童把外语与客观事物直接建立起联系和直接用外语思维的能力。

（6）强调运用目标语表达的准确性，有错必纠。

（二）优缺点

1. 优点

（1）采用各种直观教具，广泛运用接近实际生活的教学方式，有助于培养外语思维；

（2）强调直接学习和直接应用，注重语言实践练习，学生学习积极性高，学习兴

趣浓厚；

（3）重视口语和语音教学，能有效地培养学生的语言运用能力。

2. 缺点

（1）排斥母语，使学生对一些抽象和复杂的概念难以理解；

（2）没有明晰的语法解释，导致学生的表述中语法错误较多；

（3）直接法对教师外语水平的要求很高；

（4）直接法完全照搬儿童习得母语的办法，只偏重经验和感性认识，对儿童在外语学习中的自觉性和监控性重视不够。

（三）活动设计（步骤）

直接教学模式以行为训练为主。行为训练的重要概念就是塑造、模仿、练习、回馈和强化。

1. 塑造

老师在确定学生学习的期望结果之后，把课题分解成许多步骤，或是连续性的渐进动作，有利于学生学到新的知识或技巧。

2. 模仿

指学习者通过模仿老师来获得知识与技巧。对学生而言，在一些情形下，相较于独立学习，学生模仿别人的行为更能有效地学得技巧。

3. 练习

在练习的早期阶段，教师用组织与结构化的方法引导学生通过每一步骤。在这一个阶段，错误应该被订正且正确的行为应该被强化。学生能够正确地完成这些技巧的85%至90%之后，即可在定期的指导下独立练习，直到能正确且完全独立地完成这一课题。

4. 反馈

反馈应该越明确越好，但应避免使用消极的话语。当教师对学生说“那是一件愚蠢的事！”或“为什么你跟不上班上其他人？”等批评且带有一定讽刺性的话语时，儿童会受到刺激，产生相反心理。进行练习时，学生需要得到口头或成绩上的较正面的反馈。一开始，老师提供连续的反馈或再教一遍，随着学习的进步，反馈的次数可以变少一点。

5. 强化

强化是要一直持续不能间断的，也就是说，老师能随时做加强的动作或安排定期的补充及增强。在学习刚开始的阶段，学生有正向的响应或回答之后，老师应给予补充来将学生引导到正确的方向。有些学习者在学习之初的行为是正确的，但是他们仍需被鼓励才能持续往前。当学习进步的时候，定期的强化必不可少。

教学环节按照“讲一遍学习内容—幼儿重复—提一些问题—作一次小结”的顺序进行，这样的教学模式单调乏味，幼儿不会过于兴奋，课堂氛围处于一种“安静”的状态。单一僵硬的教学模式，提问偏于复习的内容，多为回忆型问题，只重视幼儿记住教师教了多少知识，不注重幼儿的接受与否，以至于幼儿根本就不感兴趣，只是一味的接受，不注重幼儿创造性自主性的发展。

（四）案例

Happy Town（*Book* 4）

Unit 1　Days of the Week

目标句型：What day is today? Today is...

目标词汇：Sunday，Monday，Tuesday，Wednesday，Thursday，Friday，Saturday

教学步骤：

Step 1：Sing *Hello Song*

Step 2：教师用图卡引入目标词汇

Step 3：老师通过教学视频中的情境对话，引入目标句型

Step 4：学生模仿并反复练习目标词汇和目标句型

Step 5：老师提问，学生之间相互提问，学生提问，练习目标句型

Step 6：学生两两一组，到前面来展示目标句型

Step 7：一起学唱歌曲 *Seven Days of the Week*

Step 8：Sing *Goodbye Song*

三、视听法（Audio-Visual Method）

视听法是在直接法和听说法的基础上，利用视听手段形成的一种外语教学法。它是指在教学中综合利用图片、幻灯等电化教具、视听手段，创造情景，学习外语。由于利用视听手段创造情景是其主要特色，所以该方法又叫情景法（Situational Method）。视听法产生于20世纪50年代的法国，由法国圣克卢高等师范学院法语研究所推广形成，又叫“圣克卢法”或“整体结构法”，最初运用于成年人法语第二语言短期速成教学。当时大众传播工具的发展十分迅猛，人们开始在外语教学中广泛借助电教手段，如广播、电影、录像、幻灯片和录音等。通过运用声光电等现代化设备，把视觉感受和听觉感受相结合，把语言与形象相结合，从而建立起语言与客观事物的直接联系。视听法吸取了直接法和听说法的优点，并发展了情景视觉感知要素，形成了独特的幻灯情景视觉与同步录音听觉相结合的方法体系。

视听法的理论基础是结构主义语言学和行为主义心理学。视听法强调培养学习者的口语能力，主张外语教学要培养学习者听、说、读、写外语的能力，而不是要求他们掌握语音、语法、词汇等知识。视听法把外语教学过程归结为刺激—反应—强化的过程，相较于单纯依靠听觉或视觉，视听结合的方法理解、记忆和储存的语言材料要多得多。视觉形象为学生提供形象思维的条件，促使学生自然和牢固地掌握外语。听觉形象有助于习得正确的语音、语调、节奏，使学生获得遣词造句的能力。作为在欧洲大陆发展起来的外语教学法，视听法还在一定程度上受格斯塔心理学的影响，认为人对语言的认识具有整体性，而且人的视觉、听觉等感知能力也能对刺激形成整体反应，因此，外语教学需要从各个方位向学习者展示目标语，从而使学习者的感知能力得到整体运用。

（一）特点

1. 将语言和情景紧密结合，以情景为中心，充分利用视听手段，让儿童一面听声音，一面看图像，作出模仿反应，形成自动化习惯。

2. 强调对语言的整体结构感知，掌握句子结构的整体意义，采用整体教学。如：要求儿童听一段内容完整的对话，掌握它的语音语调和节奏等整体结构，然后再进行个别音素的训练。

3. 教学顺序是“对话—句子—单词—单音”，教学过程分为感知、理解、练习和活用四个步骤。

4. 排除母语的中介，通过实物、图片、手势等直观手段直接教外语，使情景的意义与所学的外语建立联系。

5. 坚持口语领先和句子本位的原则，日常生活情景对话是教学的中心，入门阶段常常要经过一个约60小时不见文字的听说阶段，以使儿童掌握正确的语音、语调和口语语感。

6. 广泛使用现代化技术设备，使儿童充分运用视觉感官和听觉器官进行学习。

（二）优缺点

1. 优点

视听法发扬了直接法、听说法的长处，是外语教学手段的一种创新。它改变了原有教学手段的单一性，丰富了教学手段，在教学中广泛使用现代化教学技术设备，使语言与形象紧密结合，在情景中整体感知外语的声音和结构。语言和情景的结合可创造逼真的环境，使教学更接近于交谈的自然形式。视听手段的运用，即情景视觉与录音听觉相结合，使儿童见其形听其声，调动左右脑的神经细胞，加快儿童学习外语的过程，有利于儿童的理解和记忆。强调口语和重视用外语教外语，有利于培养儿童的语言能力和用外语思维的能力。

2. 缺点

视听法的不足之处是与它的鲜明特点紧密相连的：过分强调视觉直观作用，忽视对抽象词汇和语法结构的处理和讲解；过分重视语言形式训练，忽视交际能力的培养；过分重视语言整体结构，忽视分析语言的有机构成；过分强调口语，忽视书面语的作用，学习者的阅读、写作能力得不到相应的发展。视听法没有得到广泛的应用，是因为它自身具有的局限性。一方面，它的理论基础与直接法和听说法相比没有很大变化，因此其主要教学原则也与二者高度一致。除了声像配合教学这一创新点这外，没有更多的建树。另一方面，视听法的教学目的是在短期内快速培养学习者外语口语能力，所以它以口语为主，排除母语和目的语文字等。这些做法显然不能适应长期的外语教学。理论基础和短期教学目的决定了视听法的成果最终只能作为一种配合外语教学的手段，而没能形成颇具影响的教学流派。

（三）活动设计（步骤）

教学过程可分为四个步骤：
1. 感知：通过边看边听来记忆
2. 理解：教师讲解，学生理解
3. 练习：学生模仿、重复、熟记、回答、练习
4. 运用：叙述课文、自由对话、评论课文、扮演角色

（四）案例

Happy Town（*Book* 3）
Unit 1　The Weather
目标句型：How's the weather today? It's ... today.
目标词汇：sunny，cloudy，rainy，windy，snowy
教学步骤：
Step 1：Sing *Hello Song*
Step 2：教师通过视频“天气播报”引入目标句型和目标词汇
Step 3：教师用图卡让学生学习目标词汇
Step 4：播放歌曲 *How's the Weather*?
Step 5：学生练习目标词汇及句型
Step 6：教师与学生进行目标句型的对话
Step 7：学生们组成两两一组，进行视频中天气播报的角色扮演，或是角色扮演，在见面时相互询问天气（角色扮演可以重复多次）
Step 8：大家一起唱歌曲 *How's the Weather*?
Step 9：Sing *Goodbye Song*

四、交际教学法（Communicative Language Teaching）

交际法又称功能法或功能—意念法，产生于20世纪70年代初期的西欧共同体国家。英国学者为创立交际法做出了杰出的贡献。交际法是人们深入研究语言功能的结果，标志着在外语教学中人们开始从只注意语言形式和结构的教学转向注意语言功能的教学。交际法视语言为交际工具。因此，外语教学的目的是培养学习者的交际能力。一个掌握了语言交际能力的人，不仅懂得语言的结构，而且还知道在什么时候、什么场合、对什么样的对象得体地使用语言。在语言教学中，学习者不但要学会结构，更重要的是要学会使用结构，掌握语言功能。强调交际中意义的传递、语言的使用是交际法的特点。交际法的语言学习理论依据可以从其实践中了解到。可将它们归纳为三个原则：交际性原则、任务性原则和意义原则。交际性原则认为，涉及真正交际行为的活动促进语言学习；任务性原则指出，使用语言来进行有意义任务的活动能促进语言学习；根据意义原则，对学习者有意义的语言能促进语言学习。按照这些原则，我们应让学生在真

正的交际活动中进行有意义的活动，完成一定的学习任务以达到培养语言交际能力的目的。

（一）特点

1. 以培养交际功能为宗旨，明确提出第二语言教学目标是培养创造性地运用语言的交际能力，不仅要求语言运用的正确性，还要求得体性。

2. 以功能意念为纲。根据学习者的实际需要，选取真实自然的语言材料，而不是经过加工后的“教科书语言”。

3. 教学过程交际化，交际既是学习的目的也是学习的手段，在教学中创造接近真实交际的情景并多采用小组活动的形式，通过大量言语交际活动培养运用语言交际的能力，并把课堂交际活动与课外生活中的交际结合起来。

4. 以话语为教学的基本单位。认为语言不是存在于孤立的词语或句子中，而是存在于连贯的语篇中。

5. 单项技能训练与综合性技能训练相结合，以综合性训练为主，最后达到在交际中综合运用语言的目的。

6. 对学习者在学习过程中出现的语言错误有一定的容忍度，不影响交际的错误能不纠就不纠，尽量鼓励学习者发挥言语交际活动的主动性和积极性。

7. 交际法强调以学生为中心，强调教学要为学生的交际需要服务，以语言功能为纲，根据学以致用的原则，针对不同专业的学习者安排“专用语言”的教学。

8. 主张采用多种教学手段，不应仅仅是一本教科书，而应该是“教学包”，即教师用书、辅导读物、磁带、挂图、录像、电影、电视等。

9. 让学生处于情景之中，身临其境地感受氛围，用英语进行交际，是交际教学的精髓。

（二）优缺点

1. 优点

（1）强调语言的社会性功能。

（2）强调语言交际的社会场合。

（3）强调以学生为中心的语言教学过程。

（4）强调文化的社会规则属性。

2. 缺点

（1）过分重视语言的功能而忽视语言的结构，可能使儿童在语言知识的掌握上较为薄弱。

（2）以功能为主实施教学内容，很难保证语法教学的体系性。

（3）对教师提出了更高的要求，如何科学系统地确定语言的功能项目比较困难。

（4）交际教学法教学评估困难。

（三）活动设计（步骤）

1. 要让学生有足够的语言输入，通过听觉和视觉大量感知语言材料，理解语言材料的意义、形式结构和交际功能。

2. 要让学生将输入的语言材料和相关知识在多种活动中反复操练、消化加工，使之进入长期记忆系统，内化入学生已有知识结构之中，转化成听说读写单项技能。

3. 让学生将贮存的语言材料和知识重新组织，在新的交际情景中以口语或文字的方式表达出来。

（四）案例

Happy Town（*Book* 3）

Unit 3　Clothes

目标句型：I like the …

目标词汇：white shorts，red shirt，pink dress，purple socks，black jacket，yellow skirt

教学步骤：

Step 1：Sing *Hello Song*

Step 2：老师介绍自己穿着，引入目标词汇

Step 3：请一位学生到前面来，在老师的引导之下，试着让学生们一起说说这位学生的穿着（尽量引导学生使用目标词汇）

Step 4：用图片学习目标词汇

Step 5：看视频（视频是一群孩子在商店里选择自己喜欢的衣服和颜色），引入目标句型

Step 6：围坐在一起，老师用图片让学生反复操练目标词汇和目标句型

Step 7：设置一个新的场景，学生要准备开一个派对，每个人都要选择自己喜欢的衣服和颜色，使用目标句型和目标词汇进行交流

Step 8：Sing *Goodbye Song*

五、任务型教学法（Task-based Language Teaching）

任务型教学法是在语言教学中使用“任务”作为教学核心单位的语言教学途径，是近20年来交际教学法（Communicative Approach）的一种发展形态。它把语言应用的基本理念转化为有实践意义的课堂教学形式。任务型教学法以多种语言模式作为其语言理论。任务型教学倡导者在研究任务及其分类时注意语言的结构、功能及其互动模式，如在决定任务的语言复杂度，斯克汉提出要使用结构作标准并注意词块教学的问题；而福斯特和斯克汉提出按三种功能的方式对任务进行分类；也有一些学者如皮卡主张按互动维度去区别任务的类型。任务型教学法还有自己的学习原则，即任务能提供语言习得所需要的语言输入、输出及互动；任务活动能激发学生兴趣及动力；学习困难也能通过协商来解决。

（一）特点

1. 以意义为中心，而不是以操作某种意义不大，甚至是无意义的语言形式为目的。

2. 任务的焦点是解决某一交际问题，这一交际问题必须与现实世界有着某种联系。这种联系不应是笼统的或是现实世界中某种活动的翻版，而应是具体的，并且贴近学生生活、学习经历和社会实际，能引起学生的共鸣和兴趣、激发学生积极参与的欲望。

3. 任务的设计和执行应注意任务的完成，即交际问题的解决。任务教学法强调学习过程，它通过引导学习者完成真实的学习任务来积极参与学习过程，培养学生运用英语的能力。

（二）优缺点

1. 优点

（1）完成多种多样的任务活动，有助于激发学生的学习兴趣。

（2）在完成任务的过程中，将语言知识和语言技能结合起来，有助于培养学生综合的语言运用能力。

（3）促进学生积极参与语言交流活动，启发想象力和创造性思维，有利于发挥学生的主体性作用。

（4）在任务型教学中有大量的小组或双人活动，每个人都有自己的任务要完成，可以更好地面向全体学生进行教学。

（5）活动内容涉及面广，信息量大，有助于拓宽学生的知识面。

（6）通过在活动中学习知识来培养学生的人际交往、思考、决策和应变能力，有利于学生的全面发展。

（7）在任务型教学活动中，在教师的启发下，每个学生都有独立思考、积极参与的机会，易于保持学习的积极性，养成良好的学习习惯。

2. 缺点

（1）课堂效率低，难以保证大班额课堂教学任务的完成。

（2）课堂的组织和任务的设计与实施过分依赖老师的教学能力和教学水平。

（3）课堂中学生的个体活动难以得到有效监督和控制，反馈效率低。

（三）活动设计（步骤）

任务由以下三个部分组成：

1. 任务的目标（Goals）。指通过让学生完成某一项任务而希望达到的目的。任务的目标可以是培养学生说英语的自信心，解决某项交际问题，也可以是训练某一项基本技能等。

2. 构成任务内容的输入材料（Input）。输入材料必须具有知识性，应以现实生活中的交际为目的，是学生在一种自然、真实，或模拟真实的情景中体会语言，从而学习语言而不是局限于教材。

3. 基于这些材料而设计的各项活动（Activities）。任务的设计由简到繁，由易到难，前后相连，层层深入，并由数个微任务（mint-task）构成一串“任务链”。在语言技能方面，遵循先输入后输出原则，使教学阶梯式层层推进。

任务型课堂教学的三个步骤：

1. 前任务（Pre-Task）：教师引入任务

2. 任务循环流程（Task-Cycle）

   a. 任务：学生执行任务

   b. 计划：各组学生准备如何向全班报告任务完成的情况

   c. 报告：学生报告任务完成的情况

3. 语言聚焦（Language Focus）

   a. 分析：学生通过录音分析其他各组执行任务的情况

   b. 操练：学生在老师指导下练习语言难点

（四）案例

Happy Town（*Book* 4）

Unit 3　Yummy Food

目标句型：What do you want to eat? I want to eat…

目标词汇：ice cream，hot dog，pizza，hamburger，bread

教学步骤：

Step 1：Sing *Hello Song*

Step 2：教师用图卡引入目标词汇

Step 3：观看视频（一家人去野餐，爸爸妈妈问孩子们要吃什么，孩子们做出选择），引出目标句型

Step 4：学生们分组，进行目标词汇和目标句型的练习，并设定情景，在餐厅里点餐

Step 5：每组学生展示各组的练习情况，用目标词汇和目标句型进行角色扮演

Step 6：老师和学生们一起去观看每个小组的展示，并进行打分、评价，表扬优点，也要分析存在的问题

Step 7：在老师的带领下，再次复习目标词汇和目标句型

Step 8：Sing *Goodbye Song*

六、沉浸法（Immersion Method）

沉浸式教学法的理论依据是在一个相对封闭的环境中，要求学生衣食住行全方位、全时间段只能使用目标语言，从而阻断母语的干扰，在短时间内形成目标语言的思维习惯，达到灵活运用目标语言的目的。要想真正掌握一门外语，应该先暂时忘掉母语。最好的语言学习状态，便是让学生在自然的生活状态下，平和的心态和状态中，不知不觉地忘掉自己强烈的学习目的性，只以沟通、交流、获取信息为目的，这样学生的进步便会快许多。沉浸式教学法使学生“浸入”在外语环境中学习各种学科知识，从而使单

一的外语学科教学与使用外语进行的各种学科知识教学相结合。

（一）特点

外语语言学习隐含在学科知识的学习中。学科知识以外语承载，是显性教育内容；外语以其他工具性作用成为隐性教育内容。

在沉浸式教学中，教师全程用英语授课，让学生沉浸在语境中。教师通过语言启发学生，通过声音、形象的重复过程让学生有想说英语的冲动。如此往复，教师带动学生开口说英语，学生通过不断的模仿最终达到敢于开口、习惯于开口说英语的阶段。

鼓励每个学生用英语与同学交流。在这个阶段，教师应注意充当好口译员的角色。不是每一个学生都能够用英语将自己的情绪和想法表达出来，在表达无力的情况下，学生倾向于安静和消极参与谈话。教师可以询问学生想要表达的内容是什么，接着帮学生翻译成英语，让学生不断学习、模仿。通过这样日积月累的学习，每位学生都能学到不少表达方式，而这些表达又和他们自身的生活息息相关，有利于学生记忆和运用。

教师可要求学生在课下多听录音，多听英文歌曲，多看英文电影，这样在家中也可以营造出一个沉浸学习的氛围。教师应对学生学习任务完成状况进行跟进，每日进行打卡，如要求学生记录“今天听了哪首英文歌”“今天跟读了几遍录音”等。外语不仅是学习的内容，而且是学习各种知识的工具。

（二）优缺点

1. 优点

（1）目标语授课

在整个教学活动中，老师始终以目标语面对学生，外语既是学习的内容，也是学习的工具。在课堂上，老师下达命令、布置任务、组织活动、提问学生都是讲外语。在课余时间，学生向老师提问或进行生活上的交流时，也都尽可能地使用外语。当然，这对教师素质和教学手段提出了较高的要求：首先，老师要不断提高自身的外语表达和交际水平，多用实用、地道的表达方式，多与外方教师交流等，才能够做好学生的样板；其次，要善于运用多样化的直观教学手段，如面部表情、肢体语言、图片影像等方式帮助学生理解，而不是借助于母语翻译法，尽可能地减少学生对母语的依赖性，为学生创造一个良好的外语语言环境。

（2）听说领先，活动性强

沉浸式教学法按照语言习得中的认知顺序、心理特点等，遵循母语习得的基本过程，即“听领先，说随后，再学习读写”，课堂上渗入的语言量和语言的丰富程度也大于传统的外语教学模式。因此，老师首先要有大量的语言浸入，通过丰富、充分的素材和活动，增加学生接触外语、获取外语信息的机会。其次，老师还要给学生创造大量用外语表达的机会，结合具体的教学内容，有目的、有计划地合理设计教学活动，让学生成为课堂教学的中心和主体，鼓励学生积极参与活动，多开口讲外语，在提高自信心的同时培养口语交际能力。

(3) 自然习得，口语交际无处不在

沉浸式教学法反对灌输式教学，在教学过程中教师要尽量避免有意识地教授外语，不鼓励学生死记硬背，例如对着单词表反复朗读抄写、背句型、背课文等，而是尽可能地去创造外语语言环境，鼓励其养成说外语的习惯，让学生在这种环境中自然而然地感受、理解并运用外语。学生不是单纯地模仿操练，而是要成为语言活动的中心，进行大量的、有实际意义的语言交际练习。

(4) 教学方法多样，学习过程有趣

沉浸式语言教学需要多种教学媒介来辅助，比如图片对于学习水果、动物、颜色等基本词汇有很直观的作用，观看视频对猜测对话内容、学习基本交流很有效，而进行一些文字游戏则可以帮助记忆理解词语等。

(5) 学习者年龄越小，效果越好

沉浸式教学能将英语教学活动渗透到幼儿的生活、学习、运动和游戏活动中，这对4~6岁处于语言敏感期的幼儿尤为适合。

2. 缺点

(1) 沉浸式教学法与国内传统教学法的矛盾不易解决

建立完善的模式体系，要使沉浸式的教学项目具有更长久的生命力，应该在不断探索的同时，对现有的教学模式进行优选、加工和改进。

(2) 合格的教学师资较少

沉浸式教学的师资要有足够的专业标准和足以承担更全面的课程任务的能力。教师需要多才多艺，能够整体驾驭课堂，灵活处理不同问题，而不是一味地传授本体知识。沉浸式教学应该丰富人才培养模式，可由中外联合培养或者国内高校合作培养相关专业的优秀人才。

(3) 学习效率相比较低

由于沉浸式语言教学重在创造真实的语言环境，并认为在这种真实环境下对语言的学习才是全面的，所以在教学过程设计上要求尽量多的有趣的教学活动，而不是采用传统的填鸭式的教学法。沉浸式语言教学法的课堂趣味是不错的，学生也学得开心，学得放松，但是学习效率却值得商榷，估计只能达到我国传统教学法效率的三分之一。

(三) 活动设计 (步骤)

1. 营造恰当的学习氛围，加强对英语的应用

在学习英语的过程中，小学生时常会受到中文思考方式的限制，这就对学习英语造成一定的干扰。为了改变这种状况，教师需要提供必要的环境支持和语言系统，促进学生在英语学习方面的进步，形成良好的英语学习思维。首先，教师可以在课堂中加入更多的欧美文化，用英语给学生讲述一些有趣的小故事或名言警句，使学生感受到学习英语的乐趣，吸引学生的注意力，为教学营造一个充满乐趣的氛围。其次，教师可以将学生分成小组，让学生以小组的方式学习英语、讨论英语，形成积极向上的学习氛围，使学生在潜移默化中加强对英语的应用。

2. 采取全英教学，引导学生运用英语进行交流

沉浸式教学法强调，通过环境来培养学生的英语思维，能够减少学生因母语而造成的学习干扰。因此，教师在课堂上要尽量采取全英教学的方式，引导学生用英语进行交流，逐渐渗透沉浸式教学法。对于小学生而言，全英教学具有一定的挑战性。对于教师而言，全英教学考验了教师的英语表达能力及对课堂的把控能力。全英教学具有一定的难度，所以在教学开始阶段，教师要结合相关教学内容，以简单的英语词汇与学生进行沟通，使学生产生学习兴趣，从而锻炼学生的英语发音，使其英语表达更加流利。

3. 培养学生自主学习，提高学生的学习积极性

沉浸式教学强调为学生创造恰当的学习环境，因此对学生的自主学习能力提出了很高的要求。教师要培养学生自主学习的习惯，使学生主动去探索知识，提高自身英语能力。为了进一步地提高学生的学习积极性，教师还可以将课堂与游戏结合，使课堂更有趣味。根据教学的内容，教师可以组织学生以角色扮演的方式进行互动，让学生在游戏中用英语进行交流，感受英语的价值。

4. 了解沉浸式教学的重要性，提高学生的认识水平

为了更好地开展沉浸式教学，教师要了解该教学法的重要性，提高对该教学法的认同感，不断提升自身的理论素养。教师要善于应用沉浸式教学法为学生营造语言学习环境，不断总结经验，从而提高教学效果。与此同时，教师要不断提高自身的口语表达能力，这样在进行全英教学时，才能够更深入地了解沉浸式教学法的精髓。

(四) 案例

教材：江苏译林版《牛津小学英语》(六年级上册)

教学内容：第一单元 The King's New Clothes

教学目标：

1. 掌握单词和词组：rich，clothes，king，clever，foolish，light，soft，beautiful，wearing，理解意思，能听懂，能读熟；

2. 了解 be 动词过去式和规则动词过去式的应用；

3. 能整体感知故事，有感情地朗读故事；

4. 使学生体验故事表演的快乐，明白为人要诚实，待人要真诚。

教学重难点：

1. 朗读与理解单词 clothes，foolish，wearing，clever，magic，point at，shout；

2. 在正确理解故事的基础上，有感情地朗读、表演故事内容。

教学步骤：

Step 1　问候：

大家一起合唱一首英语儿歌，用英语问候语简单问候。

T：It is a nice day! Good morning everyone.

S：Good morning Carol.

Step 2　Lead in：

教师利用图片或者简笔画，呈现一个单纯快乐的小男孩、两个骗子模样的成年男子和一个爱慕虚荣且愚蠢的国王，自然地引出课文中故事里的人物。教师可以要求学生用There is/are …和 He/She is …的句式来描述这几个人物。教师介绍本单元的目标词汇 clever 和 foolish。

如：

S1：There is a man. He is short and fat.

S2：There is a king. He is old and fat.

S3：There is a boy. He is cute and happy.

Step 3　说说做做：

教授规则动词的过去式。

教师可以准备一些表示动作和运动的单词卡片（这些动词必须是规则动词，如 shout，talk，walk，play，push，jump，look），让学生看图认读单词，并做出相应的动作。随后，教师顺势追问学生刚才做了什么动作，引出相关动词的过去式。教师还能利用多媒体呈现两组动词，一组为动词原形，另一组为动词的过去式。如：

T：(出示单词卡片 shout)

Ss：(学生做喊叫动作) Shout.

T：What did you do just now?

Ss：I shout.

T：(板书 shout 和 shouted) No. You shouted.

Ss：I shouted.

Step 4　练习：

师生问答活动，练习规则动词的过去式。教师做动作，呈现规则动词，学生则用动词的过去式描述。

如：

T：(做弹钢琴动作)

Ss：You played the piano…

Step 5　活动：

两人活动，操练规则动词的过去式。教师将规则动词的卡片全部呈现在黑板上，学生两人为一个小组，合作练习，一名学生选择一个动词做相应动作，另一名学生用过去式进行描述。

Step 6　新知呈现：

对比照片，讲授 be 动词的过去式 was 与 were 的用法介绍

Step 7　故事学习：

看图并讨论人物，导入故事。学生以两人或多人进行分组，自由讨论这些人物的性格特点和喜好。教师则设置一些问题，激发学生的思考。如：

What do you think of the king?

Does he look foolish?

What does the king like?

Can you guess?

What do you think of the two men?

Do they look honest? Would you trust them?

What do you think of the boy?

Does he look clever?

Step 8　听录音，排序图片：

呈现课文打乱的四幅图片，听录音后让学生根据课文内容排序。

Step 9　阅读课文，检测理解：

安排学生自由阅读课文，并完成学生用书第 8 页中的 True or False，检查学生对故事大意的理解程度。

对部分生词的讲解：clever，foolish，laugh，point at，shout

要求学生再次阅读课文，教师有针对性地设计一些问题，帮助学生更加全面、透彻地理解课文。

Step 10　分角色朗读：

出示故事中主要人物的台词，让学生根据人物性格特点进行模仿朗读。在自由朗读的基础上，再安排学生四人一组合作，分角色进行朗读。

Step 11　简述故事

Homework：

1. Design an ending for the story. *The king is back home...*

2. Read more English stories from the bookshops and the Internet.

七、自然法（Natural Approach）

自然法是指大部分依据在自然环境和非院校环境中习得外语的过程，是一种试图突破在学校条件下习得外语的方法。自然法由克拉申和特瑞尔提出。他们在研究儿童如何产生第一语言的基础上，区分了语言学习中自然“习得”和“学习”两个不同的概念。他们指出，学习第一语言对于幼儿来说，既是生存的需要，又与他们的现实生活紧密相连。儿童出生以后，生活在一个富有实际意义的环境之中，在日常生活和与父母的交流中，自然“习得”第一语言。“学习”指的是学生在学校里有意识地学习第二语言。课堂教学侧重于语音、语法、句型训练和听写、造句等。在学习外语中，用习得的方式比学习的效果好得多。因此，课堂环境应该尽量接近学生的实际生活。教师应利用学生学过的知识，设计和学生文化相近、便于他们理解的教学活动。在介绍新词汇、引进知识的时候，教师要尽可能结合周围实际环境。

（一）特点

克拉申把实施自然教学法的过程分成四个阶段：Pre-Production；Early Production；

Speech Emergence；Intermediate Fluency。

（1）Pre-Production

在第一阶段，教师在课堂上和学生自然地谈话，使用基本的词汇和句型，并且突出、重复重点词汇。教师通过身体动作和视觉提示，如图片、实物等，帮助学生理解。只要求学生能够听懂和执行简短的英语指令，做出非语言性的反应。许多学生开口之前要经过一个“沉默”的阶段，这是正常的。在这个时候，教师要有耐心，不要催促。

（2）Early Production

在第二阶段，教师自然地和学生谈话，选择使用简单的词汇和句子结构，继续注意学生是否能够对简单的英语指令做出正确的反应。此外，教师可以使用一般疑问句、选择疑问句以及特殊疑问句进行提问，要求学生用一两个单词或短语回答问题。学生应能听懂这些问题，并做出回答。

（3）Speech Emergence

在第三阶段，教师使用自然、简单的语言和学生谈话，用特殊疑问句提问，要求学生用短语或完整的句子作解释，表达自己的意见。教师应鼓励学生在实际生活中用英语表达思想、与人交流。

（4）Intermediate Fluency

在第四阶段，教师可以继续使用直观教具强化重点词汇。同时，教师可以选择一个题目或要求描绘一个情景，引导学生使用英语。在这个阶段，学生应能用英语随意交谈，广泛参加社交活动，并能在学术会议上用流利的英语答辩和讨论问题。

克拉申和特瑞尔强调，在语言发展的任何一个阶段，教师都不要把注意力放在纠正错误上面。学习第二语言过程中出现种种错误是很正常的。教师不要急于讲究精确的语音、语法，重要的是给学生创造一个不必常常为自己的错误紧张担心的学习环境。自然法涉及的范围相当广泛，和许多别的教学法都有关联，它的意义在于阐述了“习得”的理论，解释了“习得”和“学习”的区别，说明了英语教学循序渐进的阶段。其重点在于创造一个与儿童学习第一语言相近的环境，使学生能够自然“习得”，提高英语的流利程度和运用英语进行交流的能力。

（二）优缺点

1. 优点

（1）突出了以学生为中心的原则，重视情感因素，主张课堂气氛轻松愉快，体现了人本派教学法的特色。

（2）强调培养交际能力，教学过程交际化。

（3）吸收了其他教学法的方法和技巧，是一种综合的教学法，具有较强的适应性。

2. 缺点

（1）过分强调了习得的作用，而对课堂教学条件下有意识学习的作用估计不足。

（2）过分依赖尚未完全证实的“自然顺序”假说，对教授语言结构，让成人掌握语法规则的意义缺少认识。

（3）在非目的语环境中，特别是非本族语教师很难不断提供大量的、可理解的输入。

（4）并非每个学习者都能为自己的学习负责、决定学习的进度。

（三）教学设计要领

（1）反复再反复

井深大认为对婴儿进行模式教育，要多反复同样的东西。不依靠任何办法，只多次反复同样的东西，婴儿有时就会吸收全部内容。对于反复出现的东西，婴儿那种“死记硬背”的能力是远远超过大人的，对婴儿来说，记住某些东西既不费事也不痛苦，而且，对婴儿来说，并无难易之分，因此并不存在因为难而学不会的问题。

（2）无需进行说明

对于以模式识别的方法不断接受知识的婴儿来说，在学习或记忆方面是不需要讲道理的，婴儿记住妈妈的面孔或声音，也并非先说明“她是这样的”或等他理解以后才记住的。即是说，“记住”和“理解”要分别加以考虑，两者可以不同步，理解含义是将来的事。无论是具体东西的名称或抽象的词汇，由于不需要进行理解，也就无难易之分。对判断标准尚未形成的婴儿进行说明和讲道理反而不适合，因为婴儿或幼儿认识事物总是先入为主，若同时出现多种刺激，大脑就形成多处兴奋中心，印象就容易混乱，所以越解释越坏事。

（3）不急于求得结果

即不要急于见到教学效果。如给婴儿讲画书时，由于婴儿不会谈感想，所以大人会产生“他到底懂不懂”的疑问和不安，觉得给婴儿讲书似乎没有价值，认为是“对牛弹琴”。但是，在0岁教育中，即使进行“输入”，也不能马上看到“输出”。就像“记住”和“理解”要分别加以考虑一样，看到“输出”是未来的事。模式教育的效果，要等到相应的时期到来以后，才能真正开出花朵来。只要不断培养孩子的理解能力，理解含义的时期自然会来临。所以大人不应从旁进行强迫，而应听任孩子本身能力的发展。当成人与婴儿接触时，要相信婴儿旺盛的吸收能力，而不要急于寻求眼前的效果。要坚持“对牛弹琴”。

（四）案例

教材：外研版《小学英语》五年级

教学内容：What Time Does Your School Start?

教学步骤：

Step1：Greeting

1. Say hello to everyone
2. Review the new words of Module 8.
3. 复习动词词组：get up，go to bed，watch TV…
4. 复习时间（整点和半点）的表达：at eight o'clock，half past seven…

Step 2：Presentation

1. T：（问一名学生）I get up at half past six. What time do you get up?

Ss：I get up at….

（老师继续问一名学生同样问题）

T：Now，make sentences.

（老师做动作（go to bed，listen to music，watch TV，play basketball，play football），引导学生用 What time do you…? 造句）

2. T：（出示时钟 7：00）Look here! What time is it?

Ss：Seven o'clock.

T：What time do you get up? …

3. 请学生示范问答。

T：Now talk about you.

4. 两人练习对话：（课件显示）

T：Now practice in pairs.

A：What time do you go to bed?

B：I go to bed at 9 o'clock.

5. T：（问全班）What time do you go to school?

Ss：I go to school at…

T：What time does school start?（重复一遍）What time does school start?

（板书：What time does school start?

老师讲解：school 第三人称单数，要用 does。

For example：What time does he…?（板书）What time does she…?（板书）

全班齐读，大声操练，学生依次操练句子 What time does school start?

老师讲解：school 第三人称单数，动词 start 要加 s。

教读句子 My school start at eight o'clock. 全班齐读，小组齐读，两两操练。）

T：（再问全班）What time does school start?

Ss：My school starts at eight o'clock.

6. Look at the screen，please make sentences：（课件显示）

Step 3：New text

1. T：What time does your school start?

Ss：My school starts at eight o'clock.

2. T：Now answer my question…

3. Listen and repeat.

Step 4：Extension：Talking about your school life.

Homework：Finish your writing.

八、合作学习法（Cooperative Language Learning）

合作学习法是指学生在学习群体中为了完成共同的任务，有明确的责任分工的互助性教学方法。合作学习要求教学过程是一个信息互动的过程，而且还是一种目标导向活动。在教学目标上，注重突出教学的情意功能，追求教学在认知、情感和技能目标上的均衡达成。从合作学习的整个过程看，其色彩渗透于教学过程的各个环节之中，特别是在小组合作活动中，小组成员之间互相交流，彼此讨论，互教互学，共同提高，既充满温情和友爱，又像课外活动那样充满互助与竞争。在小组中，每个人都有大量的机会表达自己的观点和看法，倾听他人的意见，有机会培养良好的人际技能。当学生们在一起感觉合作融洽时，他们学到的知识和技能就会更多，也学得更愉快。由此可以实现认知、情感与技能教学目标的均衡达成。合作学习从教学主要矛盾的分析入手来建立其师生观，提倡教师当好“导演”，学生当好“演员”；从学生主体的认识特点出发，巧妙运用学生与学生之间的互动，把“导”与“演”进行分离与分工，把大量的课堂时间留给了学生，使他们有机会进行相互切磋、共同提高。在传统课堂上许多原先由教师完成的工作现在可以由学生小组来完成，教师真正成了学生学习过程中的促进者，而不再作为与学生并存的主体。在合作学习中教师要充当“管理者”“促进者”“咨询者”和“参与者”等多种角色，能促进整个教学过程的发展，使学生与新知识之间的矛盾得到解决，教师不再把自己视为工作者，而是合作者，教师与学生之间原有的“权威—服从”关系变成“指导—参与”的关系。合作学习法的倡导者认为：“在一个理想的课堂里，所有的学生都应能学会如何与他人合作，为趣味和快乐而竞争，自主地进行独立学习，合作学习并不排斥竞争与单干，在适合时宜时，竞争和个体活动能够增益于合作学习。”也就是说，合作学习在突出合作的主导地位的同时，并没有否认竞争与个人活动的价值，而是将它们纳入教学过程之中，使其兼容互补，相得益彰。

（一）特点

1. 培养合作精神

从客观上看，世界各国的教育都在强调合作，人类今后所面临的问题越来越复杂，要解决这些问题，光靠个人力量已很难实现。因此，当代教育必须重视培养学生的合作意识与合作能力，而学生大多是独生子女，相对缺少合作意识，而合作学习无疑是这种能力培养的最佳途径。由 4 人或 6 人组成的学习小组，要想在整个班级中取得优异成绩，就必须精诚合作，将个人融入这个小小的集体中，一切以集体利益为出发点。经过长时间的培养，学生的合作能力肯定会大大提高。

2. 培养交往能力

社会越发展，人际交往的重要性就越明显。在合作学习的过程中，学生增强了交往，形成了初步的社交能力，小组合作学习是同学之间互教互学、彼此交流知识的过程，也是互爱互助、相互沟通情感的过程。此过程促进了学生交往能力的提高，使学生既能“忘情”投入，又能规范、约束和指导自己的课堂行为。

3. 培养创新精神

释放学生的创造力是当今教育的重要目的之一。对于作为学习主体的学生来说，教学不应当是传道，教学必须是伴随着喜悦与感动的探究发现过程，或是伴随着惊异的问题解决过程。合作学习由于采用的是异质分组方式，每个学生的学习能力、学习兴趣、知识面宽度都不一致，因此在学习的过程中，学生间、师生间的互相启发、相互讨论，都会将另一些同学的思维导向一个新的领域，出现一些新的视角，提出一些值得争论的问题。可以肯定，这样一个知识不断生成、不断建构、具有创造性的过程，要比传授性教学更受学生欢迎，更有利于学生素质的提高。

4. 培养竞争意识

当今社会无处不存在着激烈的竞争。作为劳动力再生产基础的学校，就应该培养学生的竞争意识，使之成为具有较强的上进心、能够适应未来社会发展需要的人才。合作学习将整个班级分为若干个小组，在问题的讨论与解决过程中，组与组之间不可避免地存在着竞争。在这一过程中，学生的竞争意识会逐渐增强。班级可以被看作社会的缩影，在这个小社会中培养出的竞争意识，对学生们进入未来的大社会，无疑是大有裨益的。

5. 培养平等意识

在学校里，每个班级中都存在着歧视性、阶层性的结构，如性别的男与女、体力的强与弱、长相的美与丑、家庭的贫与富、能力的高与低，尤其是学习成绩的好与差等方面的差异与对立。这样一来，创建民主平等型集体的任务，尤显突出。在合作学习中采用异质分组的方式，将不同学习能力、学习兴趣、性别、个性的学生分配在同一组内，同学们可以相互启发、补充，不存在谁更行、谁更聪明的问题，大家都是讨论成员之一。这样，学生之间的关系会更平等，更民主，更有利于一个良好班集体的形成。

6. 培养承受能力

无论我们在学习中、生活中还是在工作中，失败的机会总是比成功的要多。失败是一种常见的挫折，它可以使一个人彻底消沉、忧郁下去，从此一蹶不振；也可以激发人的潜力，使其取得更大的成功。所以，一个人对挫折的心理承受力越高，其成就的事业也就越大。在合作学习的过程中，学生可以在组内真诚合作、公平竞争，在合作与竞争的过程中逐步完善人格，养成良好的心理素质。

7. 激励主动学习

合作学习能使学生把被动学习变为主动参加。在教学过程中，教师应放手把一些问题交由小组合作讨论，让学生主动参与学习。在合作讨论中，学生或多或少都会得到一些结论，这些结论的特别之处在于它们是学生在合作讨论中得出来的。如果问题没有完全解决，教师稍加点拨，学生会对方法、结论留下深刻的印象，因为这其中有他们自己的学习成果。

（二）优缺点

1. 优点

合作学习是培养学生的团队精神和协作能力的有效方式，有利于学生良好的学习习惯的养成。在合作学习中由于有学习者的积极参与，高密度的交互作用使教学过程远远不只是一个认知的过程，同时还是一个交往和审美的过程，合作学习可以促进学习的意义建构，促进学生高水平的思维和学习活动，而且学生看到同伴的成功后自身的自我效能感也能得到提高。

2. 缺点

（1）合作学习原本是“二战”后美国反种族隔离，实现各族和解的一项革新策略，其目的是遏止白人好竞争的个性，使来自不同阶级、种族、性别的学生拥有平等的学习机会，共同享用文化遗产与资源。但是，仅仅依靠合作学习缩小种族间的差别，幻想借教学组织形式的改变来调和种族矛盾，暴露出了合作学习的历史局限性及其理论策略的先天不足。

（2）合作学习并非放之四海而皆准的金科玉律，它有其适用的条件。首先，不是所有儿童都适合在小组中学习。儿童是具有丰富个性、不同文化背景的学习者，合作学习并不适用于每一个儿童。其二，不是任何一种合作学习策略均适用于所有的学科。其三，合作学习不适用所有的学习任务。一般来说，简单的知识技能教学任务无需小组合作学习。其四，运用合作学习不能缺少相应的物质条件，班级条件和规模会限制合作学习的展开。在我国中小学里，绝大多数班级规模较大、条件较好的城镇学校里每班人数一般有 50 人以上，教室空间小，噪音大，合作学习比较难开展。

（三）教学设计要领

1. 分组

开展合作学习必须分好组。每组人不能太多，以 5~6 人为宜，每组的成员构成很讲究，可以好中差平均搭配，但每一组要任命一个组长，组长必须学习成绩不错，组织能力较强，对工作非常负责任。另外还必须选好一位记录员，负责记录本小组的发言并整理加工出本小组的最后意见。只有做好这些准备工作，合作讨论才能进行，否则小组将成为一盘散沙，合作讨论就不可能正常深入地开展。

2. 讨论

讨论不是形式，不是游戏，每个小组，每位同学都要有明确的责任分工，每组内部要积极相互支持、配合，进行有效的沟通，建立并维护小组成员之间的相互信任。为了防止个别同学乘机偷懒玩耍，每小组的记录员将配有一个发言记录本。谁发了言，讲的是什么，谁没有发言，原因是什么，谁讲了一些和讨论无关的内容等，都有记录。教师要定期检查这个记录本。另外，每小组还必须一周一总结，对表现出色的小组和个人要进行表扬和鼓励，对表现欠佳的个人，教师要通过与其谈话了解原因。教师对待这些表现不够好的学生时，一定要讲究教育的方式方法，坚持只激励，不指责的原则，切不可简单、粗暴地处理，可根据情况委婉地批评和温柔地处罚。

3. 问题

问题是合作、讨论的中心。被讨论的问题的质量非常关键。一个有价值的讨论题应该具备四个特点：(1) 启发性。问题情境新，能激发学生的探究欲望，可以启发学生做由浅入深的思考。(2) 开放性。问题往往没有唯一固定的答案，可以从不同的角度运用不同的理论和具体知识加以探讨。(3) 难易程度的适宜性。问题要有一定的难度，肤浅的问题不值得讨论，但又不能难到让学生无话可说。(4) 思维过程的复杂性。学生在思考时需要综合运用发散思维与聚合思维、抽象思维和形象思维等多种思维方式进行反复论证才能形成一定的认识或结论。总之，问题一定要围绕教材中心内容，选取教材中的重点、难点、关键点。实践经验告诉我们，没有好的问题不要讨论，时间不充足不要讨论，学生能独立思考的问题不要讨论，讨论要从实际出发，不能流于形式而使讨论泛化和庸俗化，应该独立思考的问题就要让学生独立思考，不能动辄就来一番讨论，讨论的问题既要具有一定的难度，又要具有可辩性，不能造成差生听好生讲或整个小组的同学都默不出声的讨论氛围。

4. 氛围

教师为了让学生讨论热烈、深入、成功，必须尽最大努力营造民主、平等、轻松的教学情境，可根据讨论的需要，对学生的座位做适当的调整，如排成“环行”“交叉形”“心形”等，有利于学生的相互交流。为了最大程度地调动学生的积极性，教师可以在各小组间发挥“竞争”的功能，顺应青少年争强好胜、上进心强的心理特点，把竞争机制引进到课堂中来，以此刺激学生的积极性。

5. 点评

点评是对讨论的总结和提炼，可以深化讨论，并使讨论的观点结论系统化，教师必须重视。根据我们的经验，点评要注意四点：一是要简明扼要，突出解决学生在讨论中还没有明确的问题，对已解决的问题，进行必要的肯定；二是要有理有据，有些疑难问题上，教师阐明自己的看法，讲解自己对问题的理解，但要允许学生保留自己的看法；三是要以鼓励为主，充分肯定学生的热情，发现并彰显学生在讨论中闪现的思想火花；四是要应该着眼于学习评价和行为评价两个方面，发挥点评的导向作用，既要做方法的指导，也要做态度和行为方式的引导，还要评价学生在讨论过程中的行为，让学生懂得尊重别人的意见并得体地表达自己的意见。总之要让学生真正有所得，就必须发挥教师的点评作用。

6. 弥补

做好课后弥补，作为完整有效的分组合作讨论，这一环节应该说并非可有可无。毕竟课堂合作讨论的时间有限，而有些问题又不是五分钟十分钟就能讨论清楚的，因而往往一节课下来好多同学意犹未尽。这种情况下，教师应该：(1) 鼓励学生在课外互相交流探讨；(2) 鼓励学生课外来找教师进行双向交流；(3) 在问题比较多的情况下，由组长负责收集整理各小组的意见，教师再抽时间组织学生进行综合交流。

（三）案例

教材：高教版《小学英语》四年级下册

教学内容：What Time Is It？（Unit 2）

教学目标：

1. 能掌握四个动词词组：get up，go to school，go home，go to bed

2. 能掌握句型 It's time to…

教学重点：

本课时的重点是对四个动词词组的掌握。

教学难点：

本课时的教学难点是句型"It's time to…"，学生刚学过"It's time for…"，可能会把这两个句型混淆起来，应注意对这两个句型进行比较。

教学方法：

小组合作学习，创设情景，借助媒体手段。

教学步骤：

Step 1：Warm-up

1. 数学游戏：

两人一组，各自用英文数字设计五道 10 以内的加减法算式，让对方完成计算并合作订正结果。教师带领集体复习 20 以内英文数字的读和拼写。

2. 播放本单元 Let's Chant B 中的歌谣，让学生边听边做动作。

Step 2：Presentation

1. 玩时钟游戏：教师拨动钟表模型，问 What time is it？学生快速回答 It's…o'clock. It's time for…

2. 教学单词：get up，go to school，go home，go to bed

教师在黑板上简笔画出 6：30 的钟表图像，问 What time is it？引导学生说出 It's 6：30. 教师接着说出 Yes，it's time to get up. 并在图像旁边板书句子 It's time to get up. 然后利用媒体课件呈现 6 点半小朋友起床的情景图，让学生听短语 get up 的读音并让学生多次跟读。教师在学生会读的基础上让 4 人一组，在组内巩固单词的读音和汉语意思。练习的方法是，大家先分工每人画一张表示新授词组图意的简笔画，并在背面标上英文短语。然后由一位同学示图，其他同学根据图意抢答英文短语。出错最少者获胜，为组冠军。用同样的方法学习其余三个短语。

Step 3：Practice

1. 教师可采用 Let's do 的形式操练新的句型

如：教师发指令：It's time to get up. 请学生做起床、穿衣服的动作；教师说：It's time to go to school. 请学生做背书包、走路的动作，以此类推。要注意多让学生听句型：It's time to…为下一课时重点学习句型做铺垫。

2. 听音跟读，注意强调语音语调。

3. 我说你接：

两人一组，一人说上句，另一人接下句并做动作，然后互换。

如：S1：It's 6：30.

S2：It's time to get up. （并做起床的动作）

4. 小组内观察探究 It's time to+ …和 It's time for+…后面所跟单词的区别，让学生在合作中发现与掌握。最后教师强调 It's time to+动词，It's time for+ 名词。

5. Story Time

（1）看课件初步猜测故事内容。

（2）进行理解性问答。教师介绍一些关于“愚人节”的知识。要教育学生不能开过分的玩笑愚弄别人。

（3）尝试模仿跟读和分角色朗读。

Step 4：Add-activities

1. 做本单元 B 部分 Let's Learn 的配套练习。

2. 小组内合作制作一个作息时间表。

第三章　习得时代的快乐英语教学模式

第一节　快乐英语听说教学模式

Hedge（2000）引用了一些外国文献数据来证明听和说在人们日常交流中的重要性。在人们用于交流的总时间中，大约30%用来听，45%用来说，16%用来读，9%用来写。① 同习得母语的过程一样，儿童的外语习得也是从听说开始的。听的过程就是吸收信息并在大脑中处理信息的过程。说是思想的口头输出和表达，是外界信息经过大脑处理后在声音语言上的表达形式。培养儿童良好的英语听说能力，是促进其英语能力的发展的重要基础。

儿童的思维以具体形象思维为主，渐渐向抽象思维过渡，儿童英语听说能力的培养是主动接受"可理解性输入"的知识内容的过程，而不是被动地接受。儿童习得外语是在情境中通过身体接触、感官刺激等方式自然而然进行的。儿童对事物的注意是从无意注意占优势逐渐向有意注意占主导地位过渡的。只有色彩鲜明的教具和图片，旋律优美、节奏欢快的音频和视频，丰富多彩的课堂活动和游戏才能吸引儿童的注意，让他们在"快乐"的体验中不知不觉中听懂和说出。

一、快乐听说教学的基本原则

1. 创设真实或模拟的情境，营造英语学习的氛围

教师要充分利用教学中的语言材料，为学生创设栩栩如生的教学情景，如野餐、就医、打电话等，把刻板的教学融入丰富多彩的真实情境中，让每一个孩子都有用英语进行交流的机会。听说教学的情景可以通过真实的、学生熟悉的或好奇的情景来呈现，也可以通过图片、儿歌、童谣等来引出。也可以通过角色扮演使语言在行动和关系中活起来，使学生体会到最近似语言原意的交际情景。

2. 把游戏和表演融入听说教学中

德国教育家福禄培尔认为，儿童活动最显著的特征就是游戏，游戏可以表现出儿童的真实内心，使儿童能够独立自主地生活，在游戏中获取一种满足感，使自己的内心保持平和。儿童在游戏过程中，会借助语言倾听和表达，从而发展语言。在表演、游戏中

---

① Hedge, T. Teaching and Learning in the Language Classroom. Oxford: Oxford University Press, 2000.

练习听说，能使儿童的口、眼、耳、肢体、大脑都能够参与其中，提高了儿童学习英语的兴趣，加深了他们对语言的印象。游戏和表演中所涉及的语言材料要新颖、真实、地道，这样才能给孩子们留下鲜明、生动、形象和深刻的印象。

3. 在英文歌谣、故事中培养听说能力

儿童听说能力的培养是从儿歌或是童谣开始的。不管是英语儿歌还是英语故事，都可以激发儿童对学习英语的热情，同时还能增强他们的记忆力。义务教育英语课程标准（2011 年版）明确提出了小学英语歌曲歌谣的目标和要求：一级（3~4 年级）能学唱英语儿童歌曲和童谣 15 首左右；二级（5~6 年级）能学唱英语儿童歌曲和童谣 30 首左右（含一级要求）。很多经典的英文绘本如 *Wheels on the Bus*，*The Very Hungry Caterpillar* 都被变成了旋律优美的童谣，既有助于巩固绘本故事，也是很好的听力和跟读材料。

二、快乐英语听力教学

（一）快乐听力教学活动设计要领

儿童学习一门外语，主要是通过耳朵输入。听到的内容是他们的主要语言来源。当然，教师也可通过面部表情、动作、哑剧和图片尽可能多地为他们提供视觉支持。但是听者不能以重读的方式重听，所以当我们在说话、孩子们在听的时候，一定要把话说清楚，并且不断重复这些话。比如说，当老师给孩子讲故事的时候，不必要从头到尾不间歇地讲，可以停下来提问或者重复前面的句子。儿童的注意力持续的时间很短，在做听力练习的时候，不要让孩子们负担过重。

当我们在日常生活中与人交谈时，如果理解对方所说的话，我们通常会点点头，发表评论，或者以某种方式表明我们明白对方的意思。如果我们不明白，我们通常会马上要求对方重复或解释。我们很少等到谈话、故事等结束后，再开始回答我们所听到的问题。让孩子感觉愉悦的听力活动应试图让孩子们在倾听时理解，而不是在练习结束时检查理解情况。

听力练习中需要设计动静结合的活动。有的活动会唤醒学生，让他们四处走动，身体动起来，发出一些声音。有的活动会让他们平静下来，让他们专注于眼前的事物，创造一个和平的氛围。

（二）儿童英语课堂上的听力练习活动

1. “听和做”的活动

大多数的课堂语言都是一种“听和做”的活动。交流是双向的，学生理解或不理解信息，教师可以很容易地感受到。《义务教育英语课程标准》（2011 年版）提出，语言技能一级标准中的第一个技能就是“听做”：能根据听到的词语识别或指认图片或实物；能听懂课堂简短的指令并做出相应的反应；能根据指令做事情，如指图片、涂颜色、画图、做动作等；能在图片和动作的提示下听懂简单的小故事并做出适当反应。①

（1）四处走动

学生年龄越小，他们需要的身体活动就越多。除了在课堂上进行与做普通事情相关的活动外，你还可以要求学生做一些有点疯狂的事情——“stand on your head by the wall”（在墙旁边倒立），“hop forward three steps on your left foot，hop backward five steps on your right foot，and then jump forward seven steps on your two feet to the front of the blackboard”（左脚向前跳三步，右脚向后跳五步；然后双脚跳七步到黑板前）。这种类型的活动的好处是，如果孩子们理解了教师的指令，教师马上就会知道。可以通过这种活动检查学生对词汇、数字，拼写等的掌握情况。如果他们第一次不理解，仍然可以通过观察其他人来做这个活动。随着学生语言能力的提升，教师可以让他们担任“小老师”的角色。

（2）举起你的手

例如，当学生学习音素时，老师可以要求他们在听到某个声音或某个词时举手。或者，为了让他们冷静一点，小声说出从 1 到 20 的数字，当你漏掉一个数字时，让他们举起手来。“举起手来”的活动有多种用途。

（3）哑剧故事

在一个哑剧故事中，老师讲故事，学生和老师做动作。它提供了活动身体的机会，还给了老师一个与学生一起玩耍的机会。

以下是一个非常简单的哑剧故事示例：

“We are sitting in a boat，a small rowing boat. Let’s row. We row and row. Now what’s that? A bird. A big bird flying over the water. Now it’s gone. We keep rowing. Can we see the bird? No，no bird. This is hard work. Row，row. We’re tired. We row slowly. There’s the shore. Let’s go home now. We’re so tired that we are dragging our feet. We’re tired. We want to go to sleep. We lie down on our beds. We close our eyes，and.... shhhh.... we’re asleep.”

【译文】我们坐在一艘小船上，一艘小船。让我们一起划船。那是什么？鸟！一只大鸟飞过水面。现在已经过去了。我们继续划船。我们能看见那只鸟吗？不，没有鸟。这是一项艰苦的工作。行，行。我们累了。我们慢慢地划船。这就是海岸。我们现在回家吧。我们太累了，拖拖拉拉。我们累了。我们想睡觉。我们躺在床上。我们闭上眼睛，然后……嘘……我们睡着了。

（4）绘图

“听和画”是儿童英语课程中最受欢迎的一种听力活动。但绘画需要时间，所以保持图片简单。在“听和画”活动中，老师或其中一个学生告诉其他学生要画什么。这种活动对于检查目标词汇、介词、颜色和数字特别有用。

---

① 中华人民共和国教育部．义务教育英语课程标准（2011 版），北京师范大学出版社，2012：13.

图 3-1　Listen and Do

2. 倾听信息的活动

(1) 识别练习

可以做一些非常简单的识别练习，比如：

“Has anyone seen this boy? He has dark hair and big ears. He is wearing rubber boots and carrying a football. He has a striped jersey and short trousers. Put a cross by the right picture.”

【译文】“有人见过这个男孩吗？他头发乌黑，耳朵大。他穿着橡胶靴，带着一个足球。他有一件条纹运动衫和一条短裤。在右边画个十字。”

图 3-2　Identifying Exercise

(2) 倾听错误

教师可以用书中的图片，可以在读到的课文中故意犯错误。使用正确的文本和错误的图片也可以做到这一点，但需要更多的时间来准备。

(3) 排序

学生面前有许多课文配套的插图。打乱图片顺序。学生们听课文，把图片按他们认为正确的顺序摆放。

(4) 问卷调查

可以做一个问卷式的练习，包括一点写作或填写数字，比如关于学生一周的上网时间，浏览内容等。问卷调查是一种非常有用的语言练习。

（5）听后涂色

孩子们喜欢给图片上色，老师可以利用学生练习册上的任何图片来设计听力练习。与其让学生直接上色，不如把它变成一种语言活动，让学生根据英语指令来涂色。

（6）填补信息

学生可以填写一首歌、一篇课文或一个时间表中缺失的单词。儿童通常很擅长做这种练习。让一个小组的学生为班上其他人或另一个小组的成员做听力练习也是一项很好的语言活动。

3. “听并重复”活动

听和重复练习是很好的练习，让学生有机会了解语言的声音、压力、节奏和语调。并且，结合动作或物体或图片进行这种类型的活动也有助于建立单词和意义之间的联系。

（1）押韵

孩子们都喜欢押韵，无论是传统押韵或现代押韵，喜欢一遍又一遍地重复。押韵是重复的，它们有自然的节奏，它们有一种有趣的元素，可以玩语言。这是儿童的世界里重要的一部分，在他们的学习过程中扮演着重要的角色。《鹅妈妈童谣》（长江少年儿童出版社，2016 年）收录了很多经典的押韵的童谣。例如这一首：

Little Boy Blue, come blow your horn!

The sheep's in the meadow, the cow's in the corn.

Where is the boy that looks after the sheep?

Under the haystack, fast asleep!

卡罗琳·格雷厄姆的《儿童爵士乐圣歌》（牛津大学出版社，1979 年）中关于牙医的故事：

I love coffee.

I love tea.

I hate the dentist

And the dentist hates me.

我喜欢咖啡。

我爱喝茶。

我讨厌牙医，

牙医也恨我。

（2）歌曲

歌曲也是一种“倾听和重复”的形式，市场上有很多书里都有适合儿童的歌曲。

（3）重复练习

最常用的倾听和重复练习是老师或其中一个学生说些什么，其他人重复所说的话——可能是一个练习，可能是有特殊发音的单词，可能是使用木偶或玩具人物的简短对话，也可能是给别人的信息。

4. 故事教学

（1）听故事

听故事应该是每个孩子成长的一部分。教育学家和心理学家一次又一次地表明，故事在儿童的发展中，尤其是在语言的发展中，起着至关重要的作用。通过营造一个友好和安全的氛围，确保孩子们从听英语故事中获得最大的好处。建立一个讲故事的流程，创造一种氛围。如果可以的话，重新安排座位，老师和学生们坐在一起，可以有更多的眼神交流。孩子们感到舒适很重要。许多老师让年幼的学生坐在地板上，他们听故事时不必坐得笔直。如果处在放松和舒适的状态，那么学生将对即将听到的内容进行更开放的讨论，从讲故事中获益更多。老师甚至可以坐在一张瑜伽垫上，或者关掉教室的一些灯。

（2）讲故事

讲故事不同于读故事。讲故事一般不需要借助书。向各个层次的孩子讲故事意味着老师应该使语言适应他们的水平，可以重复，可以做各种手势和面部表情，而且大部分时间都与学生们保持眼神交流。

传统的童话，像《小红帽》和《金发姑娘》，都是精彩的故事。它们有一个清晰的结构，有一个典型的开始、中间和结束。大多数童话故事都有很好的故事情节。老师既可以讲自己国家的传统故事，也可以讲其他国家的故事。如果要讲传统的故事，最好先把故事讲一遍，然后按顺序写下来。

For example，*Little Red Riding Hood*

Setting：In a wood. Her grandmother's cottage.

Episodes：Little Red Riding Hood makes a lunch basket. She says goodbye to her mother. She skips and sings on the way. She meets a wolf. etc.

例如，《小红帽》

场景：在小树林里。她祖母的小屋。

情节：小红帽做午餐篮。她和她母亲说再见。她在路上边跳边唱。她遇到一只狼。等等。

这将使教师更容易记住要讲的故事。当然，如果教师有一个足够简单的版本，传统的童话故事也可以大声朗读。

（3）创编故事

另一种令人兴奋的故事讲述形式是教师与孩子们一起创编故事，讲述他们自己的故事。老师可以用提问的方式引导孩子。首先，设定场景："故事是什么时候发生的?""很久以前。""可以。在哪里?""鸡蛋。""从前在一个国家，有一个小镇叫鸡蛋?""小镇!""对了!""从前在一个叫鸡蛋的小镇上，曾经有过……"这给人一种分享故事的真实感觉，教师也无法判断故事将如何结束——但事实证明，通常情况下结尾都是非常不寻常的。在各个阶段和孩子们一起编故事可以帮助他们把自己的想法变成文字，并为他们自己的写作提供一个起点。

（4）读故事

教师可以大声朗读书上的故事，而不是讲故事。这和讲故事不同，在这种情况下，教师根本不改变故事。孩子们喜欢重复他们最喜欢的故事，而且他们经常能够一字不差地告诉你故事的内容——他们不喜欢改变。有时，在用心学习一个故事和能够阅读它之间有一个非常狭窄的分界线。所有年龄段的孩子都喜欢别人给他讲故事，教师或家长应该尽可能多地花时间给 8 到 10 岁的孩子朗读。

（5）独立倾听

在教室内创建一个英语角，让学生可以舒适地坐下读书或者看布告板等。如果可能的话，教师也可以在这里播放英语音频和视频材料，让孩子们安静地坐着听或观看。

此外，音乐和诗歌，或者一个短篇的轶事或故事，都可以在课堂上发挥作用。尽量把不同的声音引入教室。他们听到的越多，说和写的能力就越强。

三、快乐英语口语教学

（一）快乐口语教学活动设计要领

儿童使用母语表达情感和交流意图，探索语言并在语言中寻找乐趣，所以他们希望能用英语做到同样的事情。儿童认为外语也是一种自由表达思想的方式，但由于缺乏语言基础，表达受到了限制。如果想让儿童把英语当作一种交流方式，那么教师就不能限定儿童会使用哪种语言，不能决定他们会说什么或想说什么。当孩子们找不到英语单词时，他们通常会自然地插入母语。对于初学者来说，教师需要通过控制性和引导性的活动为学生找到语言的平衡点，同时让他们享受自然的谈话。

大多数学生很少有机会在教室外练习说英语，所以上课时需要大量练习。当学生进行控制性和引导性的活动时，教师希望他们能产出正确的语言。在这类活动中，学生多使用教师或教科书上的语言进行模仿和操练，如果犯了错误，应该立即纠正。然而，当学生们进行自由的口语交际活动时，教师要鼓励和引导他们说出他们想说的话，自由表达他们自己的想法，彰显自己的个性。活动的语言框架可以由教师或教材控制，但重点应放在交际内容上。在口语交际活动中，对于学生的语言错误不必要及时纠正，除非错误影响了交际活动的开展。

（二）儿童英语课堂上的口语练习活动

1. 口头呈现新语言的方式

（1）介绍学生

老师知道学生能做什么，所以他或她说："Listen to me, please. Maria can swim. Peter can sing. Benjamin can ride a bike. Paul can whistle. Carlos can draw."（请听我说。玛丽亚会游泳。彼得会唱歌。米里亚姆会骑自行车。保拉会吹口哨。卡洛斯会画画。）老师使用真实的句子，并伴有适当的动作和声音。

（2）使用吉祥物

向幼儿展示语言最成功的方式之一是通过木偶或班级吉祥物。让"某人"经常在身边，你可以和他谈论任何事情，任何事情，这是一个很好的方式，向幼儿介绍新的主题和新的语言。例如，如果你用凯蒂猫作为吉祥物，你可以用 Kitty 来提问。学生可以通过 Kitty 问："Kitty wants to know…你可以与 Kitty 进行对话。

For example:

- Kitty, can you swim?

- No I can't, but I can sing.

And Kitty then sings a song.

OR

-Kitty, do you like carrots?

-Ugh, no!

-What about fish?

-Yes! I love them!

一旦老师给出了模板，学生可以问 Kitty 各种问题，Kitty 可以提供各种答案。这样，Kitty 的名字、位置、身份、喜好等都将与孩子们联系起来，使她属于班上的每个人。大多数口语活动都是针对某个人的，并要求某个人做出回应，而有另一个虚拟的英语使用者在身边可以使各自交际情境更容易被理解。

(3) 图画

教师可以在黑板上使用非常简单的线条图，比如图 3-3 安德鲁·瑞格夫的《语言教师的视觉材料》(朗曼，1976 年) 中的这些线条图：

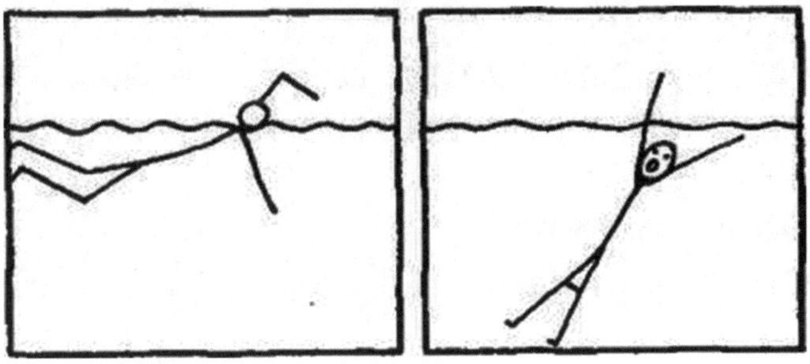

图 3-3 Blackboard Sketches

让学生用英语描述这些图画，或者根据这些图画来编故事。

(4) 剪影

教师可以在投影机上使用剪影 (如图 3-4 所示)，在上面系上一根线，它们就可以移动。让学生来编一个他们喜欢的故事，或者跟剪影上的动物或人物对话。

(5) 木偶

如图 3-5 所示，木偶不需要很复杂。可以是有眼洞的纸袋。教师可以用简单明了的图片来呈现新的语言；可以模仿或表演情景；也可以使用现实服装、电话、动物、玩具等。

图 3-4　Horse Silhouettes

图 3-5　Puppets

2. 控制性口语练习

有控制的练习与口头陈述是同步进行的，鼓励学生一听到新语言就开始尝试口头陈述是很重要的。在有控制的练习中，学生犯错误的可能性很小。

以下是两个例子：

（1）告知时间 Telling the time

学生甲问：What's the time? 几点了？学生乙回答：It's ...

图 3-6　Clocks

（2）What's he/she doing? 他/她在做什么？

学生甲问：What's he/she doing? 他/她在做什么？学生乙回答：He/She's ...ing.

这样的活动为口语训练提供了基础，但并不总是同时产生“真实”的语言。其目的是训练学生在一种情境或环境中使用正确、简单、有用的语言。学生可能要重复句子，改正错误，并重复同一件事好几次。

3. 指导性口语练习

指导性练习直接在控制性练习中进行，通常是成对或分小组进行。指导性联系通常会给学生一些选择，但语言的选择是有限的。

（1）几点钟了？

这个练习将跟随上面的控制练习继续进行。两个学生都有指针可移动的钟。情况可能是学生 A 的表停了，他或她想问学生 B 时间。这将语言置于语境中，可以成为一个小型对话。

Pupil A：What's the time，please?

Pupil B：It's five past ten.（Looking at the clock in the book and putting his or her clock to five past ten.）

Pupil A：Thank you.（Put his or her clock to the same time and compare.）

学生甲：请问几点了？

学生乙：现在是十点零五分。(看着钟，把钟拨到十点零五分)

学生甲：谢谢。(将其时钟置于同一时间并进行比较)

语言是一样的，但学生 A 永远不知道将来会是什么时候。由于学生 A 必须对他或她得到的信息做些什么，这也使得练习更有意义。

（2）链式作业

链式作业使用图片卡或单词卡。把所有的卡面朝下放成一堆。学生 1 拿起一张卡片，上面画有一些香蕉，转向 2 号学生，问他或她“Do you like bananas?”，学生 2 拿起下一张卡片，上面画有一些苹果，回答“No，I don't like bananas，but I like apples.”。学生 2 转向学生 3 说：“Do you like apples?”，学生 3 回答说：“No，I don't like apples，but I like...”这个活动可以用来练习学生当时正在学习的任何词汇或结构——不仅限于香蕉和苹果。

4. 对话与角色扮演

对话是一种很有用的方法，可以弥补指导性练习和自由活动之间的差距。当学生做好准备时，控制性的对话很容易地发展成更自由的活动。把学生分成两人一组进行对话是组织大型课程的一种简单方法。

首先，老师必须以最合适的方式呈现对话。老师可以使用他/她喜欢的木偶、泰迪、磁铁板或法兰绒板。涉及某种动作的对话是对幼儿最有效的对话。语调也非常重要。在学生们听了几次对话，且教师和一些孩子一起表演了动作后，教师和学生一起重复。然后让一半的学生和另一半的学生一起进行对话，再让学生两人一组来进行对话。

（1）使用物体

下面是两个对话，展示身体运动或物体如何使幼儿对话活跃起来，并赋予其有趣的交际目的。前一天，让孩子们在第二天要穿的衣服口袋里装一些不寻常的东西。在一段时间里，确保每个人都知道他或她口袋里的物体在英语中是什么。

— What have you got in your pocket? — I'm not telling you. — Oh, please? — OK. It's a frog.	— What have you got in your pocket? — I'm not telling you. — Then don't!

学生们可以选择他们想要遵循的对话。如果时间允许的话，教师也可以和学生一起完成一个或两个对话。

这种类型的活动适合 5~7 岁的儿童以及年龄较大的儿童。这些对话也有无限的发展方式，幼儿将很快取得进步。

（2）角色扮演

另一种表达对话的方式是角色扮演。在角色扮演中，学生们假装成其他人，如老师、售货员等。对于幼儿来说，应该从结构化的活动转向更开放的活动。

角色扮演的具体步骤是：

第一步，先认真学习一个简单的对话，然后成对表演。对于 5~7 岁的孩子，教师可以先做示范，和 Kitty 一起表演对话，让学生重复句子。对于大一点的孩子，教师可以邀请学生一起表演。比如这个对话：

A：Good morning. Can I help you?
B：Yes, please. I'd like an ice cream.
A：Here you are.
B：How much is that?
A：45p. Thank you.
B：Goodbye.
A：Goodbye.

下一步可以是练习上述对话，但换成不同的商品——一块巧克力，一瓶柠檬水，一包薯片等。当然，价格也必须改变。还需要清楚地告诉学生：当他们两人一组练习时，还可以谈论一些没有提到的食物。

在真正的角色扮演中，所使用的语言来自学生本身，因此学生必须熟悉角色扮演所需的语言。这种类型的角色扮演更适合 8~10 岁的孩子。教师可以口头给孩子们分配角色，但如果孩子们能够识字，给他们提示卡更好。

同样，可以开展更自由的口语交际活动，在实际情况下增加一点额外的内容，比如顾客抱怨价格，售货员试图出售快到保质期的薯片，柠檬水是错误的颜色，等等。

对话和角色扮演是有效的的口头交际活动，是因为：学生用第一人称和第二人称说话，文本通常是第三人称；学生学会问答；他们学会使用简短完整的语言并做出适当的反应；他们不仅使用语言，而且还使用语言的其他部分——语调、重音、面部表情等。

对话和角色扮演可以用来鼓励课堂上的自由聊天，谈论孩子们之间发生的小事情。起初，对话可能发生在老师和 Kitty 之间。但是，如果课堂气氛轻松，没有人太担心语法错误或者偶尔使用母语，那么即使是初学者也可以尝试用目标语来谈论事情，会让他们有很大的满足感。

5. 自由活动

在可能的情况下，使用有选择的控制性和指导性的活动，为孩子们说出他们想说的话提供良好的背景。自由活动具有以下特征：

• 他们关注的是信息/内容，而不是语言本身，尽管语言通常会受到活动本身的限制。

• 即使情境是人造的虚拟的，也有真正的交流。在某种程度上，教师在课堂上所做的一切都是人为的——这样做是为了让学生为他们在课堂外的生活做好准备。但是自由活动离现实生活又近了一步，让学生知道他们可以用外语交流。

• 自由活动将真正显示学生可以或不能使用语言。如果只进行指导活动，教师无法确定学生是否能使用语言。

• 自由活动关注的不仅仅是正确性，而是意义。错误并不重要，除非影响学生的理解。在自由活动中，我们试图让学生用自然流畅的语言。在这个阶段流畅比准确更重要。

• 教师在活动中的控制是最小的，但必须确保学生有足够的语言来完成任务。

• 氛围应该是非正式的、非竞争性的。所有学生都能“赢”。

• 活动中经常有游戏元素。

自由活动的范围是无止境的，从玩纸牌游戏到用英语进行小型谈话或提供个人或学校新闻，再到确定你的同伴早餐吃了什么。其中大多数活动基于信息沟原则——A 知道 B 不知道的事情，B 想了解这些信息。

（1）结对活动

在课堂上，通过让一半的学生背对着教师/投影/黑板，并确保所有背靠你的学生都有面对你的伙伴，很多配对活动可以非常简单地在课堂上完成。通过这种方式，你可以将信息提供给面向你的一半学生，然后他们必须将信息传递给那些看不到教师/投影/黑板的学生。

以下是一个适合年幼儿童的活动，但通过添加信息，在语言意义上增加了一点交际性。教师发给班上的每个人一张彩色人物图片，让 A 组的学生给女孩涂颜色，让 B 组的学生给男孩涂颜色。教师四处走动，和学生进行交流。当学生完成后，教师将 A 组某个学生的画和 B 组某个学生的画放在一起，让他们相互提问，继续填色。“What color is his shirt?”“What color is her blouse?”重要的是不给对方看彼此的画（可以在他们之间放一本书）。当他们完成后，他们应该得到两张相同的照片。如果不一样，那么他们涂的颜色或者关于服装的词汇就有问题！请注意，尽管语言是受到图片限定的，但学生们仍然可以自己决定使用哪种颜色。

图 3-7　Information Gap Pair-work

（2）小组活动

讲故事的口语活动需要更多的想象力，最适合 8~10 岁的孩子。在这个练习中，小组中的每个人都有两个物体或物体的图片，这些物体必须被编成一个故事。老师可以使用自己的物品，也可以让学生自己带或事先决定他们的两个物体是什么。

可以这样开始这个故事："I met a family yesterday who had never been in China before. They were visiting my neighbors."（译文：昨天我遇到了一个从来没有来过中国的家庭。他们前来拜访我的邻居。）然后，由一个学生继续故事，可以用他/她带的物体，可能是一包茶叶，一个玩具车，或其他东西继续讲下去。这个学生可以说"Of course, they had tea with me."或"I went out in the car with them."随着故事的继续，它变得越来越有趣和荒谬，学生们最终不得不互相帮助，把他们的话融入故事里。这种活动也可以作为一个班级故事来做。

（3）全班活动

如果班上学生比较多，应该把他们分成几个小组。

第一个活动是匹配的活动。制作相似但不完全相同的卡片。

可以各制作两份副本（如果要使活动更复杂，请为每个副本制作多份副本）。每个学生都有一张卡片，他们观察卡片，记忆卡片，将卡片面朝下放在桌子上。然后，每个人都会四处走动，试图通过互相交谈来找到持有相同卡片的人。当他们认为有相同的卡片时，他们会查看自己的卡片确认，然后坐回他们的位置上。这种活动对介词、颜色、动作和各种目标词汇都很有用。

图 3-8 Matching Activity

另一个有效的活动，就是使用问卷调查。问卷调查可以是引导性的或自由的活动。把班级分成若干小组并给每组学生一个不同的任务。让他们相互了解最喜欢的食物、最喜欢的书、最喜欢的电视节目、人们看多少电视、什么时候睡觉、他们得到多少零用钱，或者任何和他们相关的事情。对于 5 到 7 岁的孩子，教师需要提供问卷，如表 3-1 所示：

Ask your partner about their best friends：

表 3-1 **Survey 1**

Name	Best friend	Age	Birthday	Favorite Color	Favorite Food

8~10 岁的孩子可以自己做问卷调查，但需要老师帮助他们找出可以获取想要的信息的实际问题，然后写下来。虽然是一个有固定结构和内容的活动，但它涉及交流，并利用他们被告知的信息去做事情。可能还涉及算术和列表格的知识。

表 3-2 所示问卷是用来调查男孩和女孩谁看的电视最多，男孩和女孩是否看不同类型的节目等信息。

表 3-2 **Survey 2**

Name	Boy/Girl	Weekdays	Weekends	Type

Type：a）Detective b）Pop c）News d）Sport e）Films f）Series g）Children's TV h）Others

准备工作一完成，学生就可以去采访同学，然后以口头或书面的形式陈述结果。

第二节　快乐英语阅读教学模式

全民阅读工程被列为“十三五”时期文化重大工程之一，全民阅读被提升至国家战略高度，其中开展少儿阅读成为阅读活动的重要部分。报告特别提出少儿阅读是全民阅读的基础和重点，应从小培育儿童的阅读兴趣、阅读习惯和阅读能力。另外，家庭阅读和亲子阅读也成为阅读活动的热点。在幼儿园开展与学龄前儿童的年龄和心理状况相适应的阅读活动，加强对少儿阅读规律的研究和运用，借鉴国外阅读能力测试、分级阅读等科学方法，探索建立中国儿童阶梯阅读体系，加快提高我国少年儿童的整体阅读水平，都是现阶段阅读活动的重中之重。本节主要介绍“阅读素养”的内涵，英语阅读的教学方法和模式，国外阅读能力测试和分级阅读方法。

一、阅读素养

“阅读素养”的内涵是随着时代的发展不断丰富和完善的，最开始“阅读素养”源自英文 reading literacy，主要指儿童理解和运用社会所需和（或）对个人有价值的书面语言形式的能力。到了如今，人们考虑到阅读活动的多重目的，提出“阅读索养”这一概念，它不仅包括读者构建文本意义的能力，还需包括他们通过阅读进行学习、参与社会、获得审美体验的能力。近几年，随着终身学习观的不断深入，“阅读素养”不再单指儿童的阅读能力，而指人一生中需要持续建构的一种综合能力。同时，对于阅读素养的评估也在传统阅读能力所关注的要素基础上，补充了阅读习惯和阅读体验等内容。总的来说，“阅读素养”是对阅读能力概念的发展，阅读素养的内涵要大于阅读能力，它不仅涵盖了阅读能力所涉及的各要素，如解码文本信息和理解文本内容所涉及的一系列知识、技巧和策略，如语言知识、音素意识、拼读能力、阅读流畅度、阅读技巧和策略等，还包含了阅读动机、态度、习惯等促进个体参与社会活动、促进其全面发展需具备的综合素养，即阅读品格。所以，阅读素养在这里可以理解为：阅读能力+阅读品格。（王蔷，2017）

欧美国家对阅读的研究有着深厚的积累，通过全国课程标准，他们将阅读能力的内涵以及对阅读素养的全方位理解贯穿在整个教育过程中。根据对比，国外母语阅读能力包含六个要素，分别是文本概念、音素意识、拼读能力、阅读流畅度、母语语言知识和阅读技巧与策略。

文本概念包括书本概念、方向概念、字母单词概念和标点符号概念：书本概念指读者知道如何拿书和如何翻页，明白文本意义的载体是文字而非插图；方向概念指文本的书写顺序；字母单词概念指读者能识别大小写字母，明白字母和单词的作用；标点符号概念指认识文本中的标点符号并知道它们的名字和用途。

音素意识里的音素是最小的语音单位。音素意识指关注并熟练地运用口语词汇音素的能力。音素意识主要表现为以下七个方面：音素识别、首尾音混合、音素混合、音素删除、音素分割、音素添加和音素替换。音素意识是学会阅读的前提，音素意识在儿童阅读过程中起着非常重要的作用。母语儿童在学会阅读前积累了一定的口语词汇和语音知识，而阅读则将音，即口语词汇，与词形、词意进行连接。对于儿童来说，单词认知能力的发展是建立在对形-音连接的理解基础上的。

阅读流畅度指阅读的准确度、速度和韵律。

阅读准确度指自动识别单词的能力。阅读的流畅度建立在准确地识别并理解单词的基础上。有效阅读要求读者具有快速识别单词的能力，阅读不流畅往往容易加重记忆和理解的负荷，是阅读障碍的表现。阅读韵律指读者根据文本内容，使用恰当的意群和语速流利进行朗读的能力，根据意群阅读可以促进阅读理解的准确度和速度，保持阅读的韵律可以使阅读更接近自然话语，有利于理解阅读的内容。

母语语言知识包括语音、词汇、语法、篇章结构等方面的知识，这些都是读者在阅读理解过程中所需要用到的知识。

阅读技巧和阅读策略是达到熟练阅读的必要能力。一些学者认为，阅读技巧和阅读策略两者可以等同和互换，因为对于熟练读者来说，阅读技巧和策略都是自然而然发生的，如阅读时跳过生词、为确定文本意义而重读等。另一些学者认为阅读策略需要读者有意识地控制和调整阅读活动，当阅读策略的运用逐渐自动化，阅读策略才成为阅读技巧。

阅读品格主要包含阅读习惯和阅读体验。国际阅读素养进展研究（PIRIS）的阅读评估框架将阅读品格界定为阅读行为与态度，主要考查学生的阅读量、阅读频率、阅读兴趣、阅读态度、阅读动机、自我评估等内容。

二、阅读教学模式和方法

阅读教学模式、阅读教学法和阅读教学方法是几个不同的术语，它们之间有联系也有区别。通常我们把任务型教学法、交际教学法、情景教学法、听说教学法等统称为教学模式或者是教学法，它是一个完整的课堂操作所依据的教学理念、采用的教学流程和教学活动。而通常所说的教学方法则范围比较广，也比较具体，指具体课堂操作采用的各种技巧、组织的各种活动。比如，根据教学活动表现形式的不同可以分为选择法、表达法和体验法。选择法指通过选择填空、匹配、正误判断等方式开展阅读教学。而表达法则包括回答问题、讨论等活动。图表填充也属于表达法的范畴，只要以输出为表现形式的教学方式都属于表达法的范畴。阅读中的角色扮演、访谈、短句表演、演示等属于体验式的阅读教学，要求学生扮演角色、参与表演，既有语言活动，又有形体活动。以上三种不同的教学方式对学生能力的要求不同，所指向的阅读能力层次不同，所培养的能力自然不同。因此，教师必须了解各种教学模式和方法的优缺点，根据具体的目标需求和学生的实际特点选择适当的教学方式。阅读教学中常用的教学模式包括：PWP 阅读教学法，任务型阅读教学法，情景式阅读教学法和阅读圈。

（一）PWP 阅读教学法

PWP 教学模式指将阅读教学分为 Pre-reading，While-reading，Post-reading 三段教学的一种阅读教学模式，其教学目标与教学活动在三个阶段有着各自的特点。

1. 阅读前（Pre-reading）

阅读前教学的核心任务就是为阅读做准备。读前的准备主要包括场景图式的激活、话题的导入、任务的介绍、兴趣的激发和语言、策略。

2. 读中教学（While-reading）

读中教学是阅读教学的核心，各种阅读能力的培养都是通过读中阶段的教学完成的。从具体信息的识别，到推理判断能力的培养，再到各种逻辑关系、篇章结构的分析，阅读能力中的知识层面、理解层面、分析层面一般应该在读中阶段完成。阅读策略的培养活动也属于读中的活动。因此，读中教学一般由多个教学活动组成，而不是简单的判断正误、回答问题或图表填充。同时，活动必须具有层次性，从知识到领会，从分析到评价。这就给教师设计教学活动提出了更高的要求，也给教学过程的安排提出了更高的要求。

3. 阅读后（Post-reading）

读后活动一般侧重知识的应用和综合，一般教材中普遍采用的 Reading and Writing 中的 Writing 就属于读后活动的范畴。如果我们把阅读分为 read the lines，read between the lines 和 read beyond the lines 三个层次的话，读中阶段所完成的是前两个层次，读后阶段所完成的则是第三个层次。也就是说，学生要联系自己的实际，运用阅读中获取的信息、感知的词汇和句法、认知的策略或所理解的文化。

（二）任务型阅读教学模式

任务型教学是《义务教育英语课程标准》提倡的一种教学模式，也是很多教师都在尝试的教学模式。要弄清楚任务型教学的特点以及它与 PWP 教学模式的不同，首先必须明确什么是任务，然后再探讨任务型教学的教学过程。

1. 什么是任务

对于任务，每个人都有自己的不同理解，学生们对任务的诠释也不尽相同。比如，有人认为任务是学习者在处理或理解语言的基础上完成的一项活动或行动，如一边听指令一边画地图、根据指令进行操作。目前有些老师把原来课堂教学中的各项活动都换名为“任务”，其实与这一观点没有太大差别。然而，并非所有的课堂活动都是任务，任务是一项以意义为中心的活动，是学习者使用目的语参与到理解、处理、输出和/或互动之中①。我们可以借鉴下现实生活中任务的特征，比如穿衣服、到商店买东西、预订餐位、从图书馆借书、考驾照、打印资料、收发邮件、在饭店预订房间、付款、在地图

① Nunan D. Designing Tasks for the Communicative Classroom［M］. 人民教育出版社，2000.

上查找目的地等。任务教学中的任务也应该具有相同的特征，同时具备语言学习的功能。一般来说，任务应该以意义为中心，能刺激学习者应用语言；它由一系列活动组成，并且有一个明确的结果；而任务的评价以任务完成为标准，而不是以语言的使用为标准。

所以，与练习不同，任务所遵循的是意义优先原则，任务的完成是活动的主要目的，对任务的评价也是基于任务是否完成。任务重视学生如何沟通信息，而不强调学生使用何种语言形式。

2. 任务型教学法

任务型教学就是一种以具体的任务为学习动力或动机，以完成任务的过程为学习的过程，以展示任务成果的方式来体现教学成就的一种教学方式。任务教学是交际教学的发展，任务教学强调教学过程，力图让学生通过完成真实的生活任务，培养运用英语的能力。任务型教学不仅强调培养学生运用英语进行交际的能力，而且从更广泛的层面上强调培养学生综合运用语言的能力，任务型教学强调以真实的生活任务为教学的中心，任务型教学在强调培养学生语言运用能力的同时，并没有忽视语言知识教学，而倡导以语言运用能力为目的的语言知识教学。不同的学者对任务型课堂教学程序的划分不同，目前人们比较认可的还是由 pre-task，while-task 和 post-task 三个阶段构成的教学程序。

（1）任务前（Pre-task）环节

任务教学由两个部分组成，第一部分是传统的语言教学，第二部分是任务教学。第一部分以语言结构教学为主，第二部分是以信息为主的任务。因此可以开展一些以语言形式为目标的练习活动，语言能力的提高也可以保证学生高质量地完成任务。

（2）任务执行（While-task）环节

任务执行环节包括学生根据任务制订计划、收集信息、分析处理信息，然后完成并提交任务结果。这个环节是学生运用语言解决各种问题的最为重要的环节。本环节中教师应该起到很好的促进作用，适时给学生指导，提供帮助。

（3）任务后（Post-task）环节

任务后环节表示任务已经结束。此环节是在分析学生任务完成情况以及完成任务过程中的表现之后进行的延续性活动。一般情况下，通过对学生任务执行过程的监控，通过对任务完成情况的评价，可以发现学生在学习策略、语言水平、合作意识等各方面的不足。而任务后环节就是针对这些情况开展的聚焦性练习。

3. 任务型阅读教学模式

任务型阅读教学同样可以采用三段式教学方式，分任务前、任务中和任务后。

（1）任务前

阅读教学中的任务前教学与 PWP 的读前教学差别不大，主要是任务准备，包括语言准备，教师要分析教材和学生的学习状况，根据完成任务的需求和学生的实际需求设计准备活动。

（2）任务中

与PWP中的读中环节不同，任务中的活动主要是学生合作完成任务，而不是以培养学生对文章中各种信息的理解为目的。任务的执行虽然同样可以由多个活动组成，但是都是指向任务的完成。

（3）任务后

任务后活动应该侧重对学生任务完成情况的评价，发现学生在任务执行中出现的问题，包括策略的使用、任务的执行情况、导致任务执行困难的原因，以及任务结果存在的语言问题。然后根据问题设计聚焦练习，通过聚焦练习使学生掌握语言、运用策略、培养能力，学会学习。任务的评价可以采用学生自评、互评和教师评价的方式，评价需要制订评价标准。

（三）情景教学法

情景教学指在教学过程中教师有目的地创设具有一定情感色彩的、以形象为主体的具体场景，组织学生进行交际活动，培养学生能力。情景教学也被称为实例教学或基于问题的教学，要求教学中教师要创设真实事件或真实问题的情景，组织学生在探究事件或解决问题的过程中自主地理解知识、建构意义。首先，情景教学中的情境是指个体的自然环境和具体的社会环境。用语言进行信息交流的社会情景，也就是运用话语进行交际的社会语言情景。社会语言情景包含四方面的含义：第一，社会语言情景是真实的，可以通过实物、图画、手势动作以及语言创设；第二，社会语言情景包含话语范围，如正在进行的言语活动的范围，包括语言活动的功能、话题和语言知识点等；第三，社会语言情景包括话语进程、谈话的参加者和他们所扮演的角色身份及其在交际行为中的关系；第四，社会语言情景包含活动方式，如通过口头交际或是书面交际的形式，或是问答或是叙述等。

情景教学主要由创设情景、确定问题、自主学习和效果评价四个环节组成。在具体的教学中可以有不同的表现形式。例如关于旅游的课文可以进行以下设计：

（1）创设情景

由于课文主题是旅游，介绍的是到美国旅游的最佳时间。根据文章的内容特点可以创设如下情景：旅行社安排游客去美国旅游。

（2）确定问题

情景创设完毕时确定要解决的问题，问题可以通过提问的方式提出。

（3）自主学习

根据设计的情景和提出的问题，学生自主阅读课文，获取相关信息，回答问题，让学生展示自己的作品并可以结合其他材料介绍。

（4）效果评价

组织学生对自己的学习过程和成果进行评价。

(四) 阅读圈

阅读圈（Reading Circles）其实是一种由学生自主阅读、自主讨论与分享的阅读活动。① 它的主要做法是，在阅读课中，教师让学生以小组（4~6 人）为单位，组内同学要选择全组同学都感兴趣的故事来阅读，在阅读的过程中，每个人承担一个角色，负责一项工作，有目的地读，并完成自己负责的任务。读后的讨论是否有效取决于小组成员在前期的准备是否充分。国外早在 20 世纪 90 年代就开始采用与阅读圈类似的活动，即文学圈（Literature Circles），主要用于文学作品的阅读与分享。这一方法经过教师在母语教学中多年的实践，受到普遍认可。

阅读圈活动的目的是鼓励阅读与思考，由个体的读与思和小组的讨论与分享共同组成。阅读圈的角色包括组织讨论的小组长（discussion leader）、负责总结概括的人（summarizer）、负责联想的人（connector）、负责找重点词汇的人（word master）、负责提炼语篇信息的人（passage person）、负责研究文化的人（culture collector）。小组长主要负责整个讨论的组织，需要准备一些问题供大家讨论；负责总结概括的人则需要对所读内容进行总结并与组员分享；负责联想的人需要思考自己身边是否发生过与故事中类似的事，自己的生活中是否有跟故事里相似的人物，是否有过故事中人物的所感所悟等，将所读内容与自己的生活经验建立联系；负责找重点词汇的人需要摘出文章中的好词好句供大家学习；负责提炼语篇信息的人主要从故事里提取重要或有趣的信息与大家分享；负责研究文化的人则需要从文章中找到与自己的文化相同或相近的内容。通过这六个角色在组里的依次汇报、分享和讨论，学生可以有效地对所读内容进行信息加工、思维拓展和深度学习。阅读圈让学生可以在阅读中发展不同的能力，这些角色在每次读新作品时都可以更换，这样，学生可以锻炼不同的能力，还有机会从不同角度进行阅读。阅读圈的目标是要求学生阅读—思考—联系自身—提问—分享，也就是说，读了要思考，要提问，并联系生活实际和文化。阅读圈是让学生以小组分工合作的方式自主深度探讨文本的过程，学生探讨的是自己感兴趣的问题和他们愿意发掘并解答的问题。

此外，根据教学目标的不同，教师还可以对阅读圈的成果进行充分利用，例如可以重点分析小组长所提出的问题以培养学生的提问能力，对负责找重点词汇的同学所挑出的单词进行学习，以帮助学生记忆相关词汇。如果本课重点是抓主题，就可以重点讨论负责概括的同学写的阅读总结。如果本课语篇文化特色明显，那么，学生可以就负责文化研究的同学找到的文化相关内容展开讨论。而学生在这些活动中，通过对不同角色的讨论，得到不同能力的提高。

采用阅读圈活动时，选材料是最关键的环节。在开始阶段，教师可以为学生挑选一些阅读材料，一旦他们熟悉了这种阅读方式，便可以将这个任务交给学生自己，因为选书的过程也是思考和合作交流的过程。阅读圈活动的成功与否取决于教师是否做到了以

① Furry, Mark. Stories for Reading Circles (Bookworms Club Bronze) [M]. Oxford: Oxford University Press, 2007.

下几点：

（1）阅读材料由学生自己选定，每个小组所读的阅读材料应该是不同的。

（2）学生根据自己喜欢的阅读材料内容临时组成小组。这种小组不是固定的，换一批阅读材料，小组可能会重新组合。

（3）教师应该定期组织阅读圈小组的讨论。

（4）学生在阅读和讨论过程中都应该做笔记，特别是在讨论前自己阅读时要作好充分准备。讨论时要畅所欲言并积极参与。

（5）小组讨论的问题和内容由组员自己决定，教师只是作为辅助者，而不是干预者。

以上是能力较高的儿童在阅读中需要注意的。使用阅读圈活动，教师可以对该活动进行一定的调整，比如，为了保证阅读材料的语言水平适合自己的学生，教师可以负责选择阅读材料，但是，应该给学生机会来决定所读题材和体裁等，以保护他们的阅读兴趣。当学生对阅读圈活动不再陌生，教师最终还是要放手，鼓励学生自己选择阅读材料。此外，教师也可以尝试根据学生的语言水平来进行分组，以保证小组成员的阅读理解处于比较相似的水平，从而使得讨论更加有效，参与度更广。教师还可以发挥自己的创造性，对六个角色进行改造，根据所读材料的特点，给学生指定新的角色。总之，阅读圈鼓励学生学会提问、思考、抓住学习重点、交流心得等，是阅读教学中很重要的教学方式。

（五）阅读教学模式和方法的选择

不同的教学模式培养的侧重点不同。以任务型教学为例，任务型阅读不是以培养学生的阅读技能为目标，而是通过任务的完成提升学生的阅读技能，培养学生的语言应用能力。虽然任务型阅读也会涉及通过阅读获取信息，但是其目的不是训练略读、浏览、词义猜测等阅读策略，或培养细节阅读、推理判断等技能，而只是因为完成真实的任务需要从阅读中获取信息。如果课堂教学的目标是培养主题句阅读技能、词义猜测技能、推理判断技能以及对文章的理解能力，那么任务型教学就不是最佳选择，而由于PWP的教学比较灵活，读中环节可以侧重各种技能的训练，则比较适合。正因为如此，PWP教学模式一直为广大教师所青睐。

不同的教学内容需要不同的信息处理方式。故事类文章与说明类文章的处理方式不同，应用类文章与议论类文章也不同。教学中信息识别与信息应用的处理方式不同，篇章结构分析与推理判断也不同。故事类文章可以采用故事语法的教学方式，或体验型教学方法，但是说明文就要采用分析型教学方式，信息识别可以采用选择型教学方式，而信息应用就要采用表达和体验式教学方式。在选择教学方式时，必须注意阅读文本的特点和信息处理内容的特点，选择适当的教学方法。

不同的学习者他们的认知水平不同，兴趣爱好不同，教学方法也应不同。我们不能用幼儿阶段的教学方法开展小学教学。游戏为幼儿所喜欢，但是小学高年级学生可能认为太幼稚而不愿参与。其次，不同的学习风格对教学方法的要求也不同。对于动觉型学习者，可以采用体验式教学方式，但是对于分析型学习者，就要设计分析型学习任务，而不是体验型学习任务。

综上所述，阅读教学模式（或者教学法、教学方式）的选择应该视教学对象、教学目标、教学内容而定，教师没有必要机械地套用某种教学模式。就阅读教学而言，更为重要的是各种阅读技能的培养方式、阅读策略的呈现方式、阅读理解的训练方式等具体能力培养的方式。目前人们还是习惯于 PWP 教学模式，同时吸收其他教学模式的优点，将其融入到阅读教学之中。比如在阅读活动的设计方面可以增加任务型的特色，参照现实生活中的阅读任务设计课堂阅读教学任务，可以借鉴交际教学，以意义为中心，设计学生之间的交际活动，可以借鉴情景教学，开展基于问题的阅读教学，同时为问题解决提供真实的生活和社会情景，可以借鉴支架教学的原则，当学生在阅读过程中遇到困难时，通过各种方式为学生搭建图式、语言、情景、样例等方面的支架，保证学生认知的发展。

三、快乐阅读教学的实施

（一）快乐阅读教学的活动设计

实施快乐阅读教学就是要转变教师的阅读教学理念。阅读教学不能急功近利，而是要培养阅读兴趣，练习阅读方法，激发自主阅读，最终让学生在快乐阅读中成长。教师要灵活多样地选取教学方法和模式，在教授阅读初期不特别强调语篇分析，而是让学生进行大量泛读，关注材料的整体意义以享受阅读乐趣。实施快乐阅读教学需注意以下原则：鼓励学生选择感兴趣的话题与内容；不需要每个词都查字典，只需理解主要意思；阅读内容越多越好，鼓励学生提高阅读速度。

阅读教学是否顺利也依赖于阅读活动的组织设计，因为阅读活动是个人行为，每个人都能积极参与，且阅读效率有所提高的阅读活动才是有效的。阅读活动组织形式一般包括全班活动、个体活动、同伴活动和小组活动。不同的活动方式所适应的教学活动不同，对学生的参与要求也不同。

1. 个体活动（Individual Work）

个体活动指以个体为单位的活动组织形式。这种形式可以保证每个学生的参与，回答问题、完成句子、图表填写等活动都可以采用个体活动的形式，这样可以保证每个学生都能够阅读，然后根据自己阅读的情况回答问题、完成句子、填写图表等。这种活动形式虽然可保证每个学生的参与，但是课堂上学生比较被动，缺乏活跃的气氛，没有阅读的乐趣。

2. 同伴活动（Pair Work）

同伴活动是课堂教学中最为常见的活动组织形式，随着学生成为教学的中心，同伴活动更是受到教师们的钟爱。但是就阅读而言，同伴活动未必是一种很好的组织形式。因为阅读需要一个安静的空间，如果设计两个学生同时阅读一份材料就违背了阅读的基本规律。同伴活动通常用于阅读之后的活动中，比如，学生个体阅读完之后，组织学生两人一组信息共享，或者采用角色扮演的方式呈现自己对文章的了解，或者设计采访活动，一个扮演记者，一人扮演被采访者。设计同伴活动时必须保证有合作的必要，如包含信息差、观点差，或者包含不同的角色等，否则没有必要设计同伴活动。当然，组织学生两人一组核对阅读问题的答案，通过两人的讨论保证正确理解，也是可行的。另外一种同伴活动为同伴阅读。方法是学生两人一组，每人持有一篇不同的阅读材料，两人通过询问、阅读和回答了解对方材料的内容。具体做法是一名学生提问，另外一名学生在听到问题后阅读该文本，从材料中寻找信息回答对方的问题。如果文本中没有提到相关的信息，可以回答“It is not mentioned”。而对方也要根据所得到的回答决定下一个问题。

当一名同学通过询问了解信息之后，可以交换角色，开始新的问题。这样，阅读者根据对方提出的问题选择阅读的方式，有利于阅读策略的应用。提问者要根据对方的回答决定下一个问题，可以有效地训练学生预测、组织语言和发问的能力。这种活动不仅可以训练学生的阅读能力，还可以训练学生的听说能力，是一种较好的同伴阅读活动。

3. 小组活动（Group Work）

小组活动也可以用于阅读教学，主要用于阅读后或项目阅读（任务阅读）教学中，一般应避免几个同学集体阅读一篇材料。阅读后的小组活动常与个体活动相结合，比如，首先通过个体阅读回答问题，然后集体讨论答案。这种小组活动在阅读中十分重要，如果是个体活动，往往会出现部分学生不能解答阅读问题的现象，导致低效阅读。而小组讨论可以帮助学生理解所未理解之处、解答学生独立阅读时所不能解决的问题，有助于学生的互相帮助和互相学习。这种活动要求学生分工合作完成一项任务、解决某个问题、制作某个产品、制作某个课件或表演一场短剧等。学生首先可以集体商议如何解决问题，然后分头阅读寻找信息。可以是读课文，可以查阅报刊书籍，可以上网浏览，然后分析所收集的信息，按照任务的要求整合信息完成阅读的任务。这种项目阅读可以在课堂上进行，也可以在课外完成，主要视收集信息资料的渠道、数量以及完成任务所需时间等而定。

4. 全班活动（Whole-class Work）

全班活动指由教师控制学生集体回答的活动组织形式，是教师反馈时常用的方式，有时也被部分教师用于阅读教学，比如教师逐个提问，全班学生集体回答。教师或者是让学生主动回答，或者提问个别十分简单的问题让学生齐声回答，因而这也被称为“一声雷”活动。就阅读而言，学生需要一个完整的时间来完成一项具体的阅读任务，因此，课堂上不能让学生边阅读边回答问题。如果学生可以齐声快速说出答案，则表明问题过于简单，需要增大难度。一般说来，全班活动不是十分有效的活动形式，教学中全班阅读活动的学习阶段和学习任务不应太多。

（二）快乐阅读教学活动的组织形式

阅读活动形式的选择在教学设计中具有十分重要的作用。形式适合与否将直接影响阅读的效果。一般情况下，教学活动组织形式的选择应该注意以下几点：

1. 形式与类型相一致

就阅读而言，信息辨认的阅读一般应该采用个体活动的形式，然后同伴或者小组商议；推理性的活动一般也是采用先个体活动，然后同伴或小组活动的形式，也可以采用同伴或小组讨论的方式；评价性活动一般采用小组讨论的方式，因为评价会涉及不同的观点，有不同观点就有讨论的需求和应用性的活动，如角色扮演、短剧表演、辩论、访谈等可以采用小组活动的方式。能够采用全班组织形式的活动很少，一般情况下，阅读前的话题导入可以采用全班活动的方式，因为其目的只是导入话题，并不要求学生有太多的或深入的参与。

2. 形式与认知相一致

不同学习风格的学生对活动形式的倾向不同。如果学生是单独型学习者，应该设计个体阅读活动。在快乐的阅读教学中，教师应根据学生的实际情况有针对性地开展教学。例如，针对群体型学习者，应设计小组讨论、项目阅读等活动，而对动觉型学习者，则可以多设计表演类、角色扮演类活动。在设计活动时，教师有必要了解本班学生的学习风格，否则就会出现同样的活动一部分学生十分活跃，而另外一部分学生却表现十分懈怠，甚至是拒绝参与的现象。

3. 形式富于多样

活动形式单一的课堂教学很难激发学生的阅读兴趣和参与热情。教师在选择教学活动时应该注意活动形式本身的多样性，个体活动、同伴活动和小组活动相结合。而要保证活动形式的多样性，就要根据不同的教学内容和教学目的设计不同层次、不同类型的活动。如果课堂教学只是阅读后回答问题或选择填空等活动，则很难保证活动形式的多样性。

（三）阅读反馈

反馈具有诊断、评价和促进的作用，快乐阅读教学中反馈形式的选择同样十分重要。需要注意两个问题：一是不要用反馈代替阅读，二是反馈的组织形式要适当。教学中经常出现这样的现象，学生阅读时间一两分钟，而反馈却要十多分钟，尤其是在大班教学中。为了公平，教师往往会给每个小组一个发言的机会，使反馈环节占用了大量的时间。而通常情况下，当某一学生发言时，相当一部分同学并不是在认真地听，他要么在准备自己的发言，要么在做一些与阅读任务无关的事，致使任务难以完成。可见，反馈方式会直接影响教学目标的达成。那么，如何设计反馈的组织形式呢？

1. 反馈的形式

阅读教学中反馈的形式从语言使用上来说，可以分为语言回答和非语言回答，从学生参与来说，可以分为个体问答和非个体回答。

（1）语言回答与非语言回答

语言回答指口头或笔头回答阅读问题，而非语言回答则包括通过形体语言（如表演）、绘画等方式回答阅读问题。一般情况下，问答题和图表填充要求学生口头回答，或者写出自己的理解。但是，如果是通过阅读解决问题，完全可以让学生通过表演的方式来表达自己解决问题的方法。即使是问答题，如果其目标是理解，也可以通过绘画、行为演示等形式来表达自己的理解。也就是说，阅读反馈的方式是多种多样的，没有必要总是采用口头汇报的方式。反馈时也一定要注意区分活动的层次与活动的类型。

（2）个体回答与非个体回答

阅读理解教学的反馈多采用个体回答的方式，主要表现为个体回答问题、信息填充等，小组讨论的反馈也常采用个体回答的方式，由一名学生代表小组发言，汇报小组讨论的结果。不过，阅读教学中也会用到非个体反馈的方式，例如在项目阅读教学中，学生集体完成课文的阅读后表演短剧就属于非个体反馈。

2. 反馈形式的选择

（1）与层次相一致

一般来说，一堂英语课由多个活动组成，每个活动的目的不同，层次也会不同，反馈方式必须适应活动的层次。如果活动的目的只是输入，即理解，那么不论是事实信息还是观点信息，不论是信息识别还是推理，由于不涉及语言表达能力的目标，在反馈时就应该允许非语言性的回答。学生就可以通过表演、绘画等多种方式展示自己的理解，甚至于可以用汉语表述自己的理解，没有必要非用英语表述不可。如果要求学生用英语表述自己的理解，反馈形式在认知要求上超出了目标要求，则违背了评价的原则。由于反馈对认知能力的要求高出了阶段目标需求，自然就会出现有学生不能回答问题的现象。学生不能回答并不代表没有理解，只能说明其还没有发展到能用英语表达自己观点的水平而已。

（2）与活动的类型相一致

不同类型的活动反馈方式应该有别。比如，信息识别类活动一般有相对固定的答案，经过个体活动和小组讨论，学生都应该能够清楚问题的答案，这时可以采用个体回答。教师也没有必要逐个提问，只提问两个即可。如果是观点类的问题，或者答案不固定的问题，一般情况下可以先提问一个小组，只要求给出一种回答，然后第二小组、第三小组，每个小组提出一个不同的答案，等到所有小组都给出自己的回答，仍没有穷尽答案时，教师可以让各小组主动补充。如果是任务完成类的活动，就应该由小组到前面展示自己的成果，或是表演，或是演示等。

（3）学生参与反馈

没有参与就没有学习，反馈时要保证学生的参与需要做到以下三点。第一，反馈时间要短，不能用反馈代替学习活动。第二，反馈应是学生表达，而不是老师。反馈过程中教师往往会重复学生的回答，从而占用了本来属于学生的时间，这是要注意避免的。另外，通常情况下，教师也会要求学生解释自己感到不清楚的地方，或者重复自己不清楚之处。在这个过程中是教师在与一个学生交流，在使用澄清技巧和询问技巧的是老师，把一切都弄清楚的还是老师。至于其他学生是否明白则无从知晓，其他学生是否在听，也无法监控。这就造成了教师为中心的课堂，学生的主体地位难以得到实现。要保证学生的参与，教师就应该把权利和机会交给学生。陈述的学生要面对同学，同学们可以就自己不清楚之处提问，这样课堂就变成了学生与学生之间的交流。第三，反馈要有任务性。所谓反馈的任务性是指当一名学生在陈述时，或一个小组在表演时，教师要给其他学生布置任务，提出应该关注的问题。

四、国内外英语分级阅读

（一）国外分级阅读标准

国外阅读分级方式有很多种，大致可以分为字母表体系、年级体系、数字体系。

字母表体系如较为流行的 A—Z 分级法（Guided Reading Level，简称 GRL），即按照 26 个字母顺序将图书分成 26 级；年级体系如 Grade Equivalent Level（简称 GEL），根据年级、年龄判断应有的阅读水平；数字体系方式最多，如蓝思（Lexile）、阅读发展评价体系（Developmental Reading Assessment，简称 DRA）、分级体系（Accelerated Reader Level，简称 AR）、阅读校正体系（Reading Recovery，简称 RR）、阅读数量分级体系（Reading Counts Level，简称 RC）、阅读能力等级计划（Degrees of Reading Power，简称 DRP）等，都采用数值对阅读能力量化计分，学生通过测验分数确定阅读水平。另外近几年出现的常识媒体（Common Sense Media）采用星号、颜色等方法对图书粗略评级。各类分级图书数据库一般会提供多种标准分值以便于读者检索，如有的提供 GRL、RR、AR 三种分值，有的提供 GRL、DRA、Lexile，等等。很多分级方式有自己的官方网站，并提供分值作为检索选项。

1. 蓝思分级法

蓝思分级法为影响力最大的分级方法，由美国国家儿童健康与发展中心制定。在蓝思分级标注中，蓝思是衡量读者阅读水平和标识出版物难易程度时使用的单位。简单来说，一个蓝思（Lexile）是一个难度单位。读懂一本初级低幼读物与读懂一本百科全书之间差距的千分之一被定义为 1 个蓝思（1L）。蓝思最高分值为 1700L。蓝思有一套阅读水准测评系统，包括词汇、阅读理解、熟练程度及写作几个部分的考核，共有两套，分别针对 2 到 5 年级、6 到 12 年级。读者可以先对自己的阅读水平进行测试，得到一个分值。然后选择相同分值的书籍。每一个分值所对应书籍的包罗面都很广，读者一定能找到自己感兴趣的书，而无需去读不感兴趣的规定读物。在蓝思官网上，除了分值，还有其他检索项，如关键词、图书类型、蓝思代码、页数等。

另外，蓝思还开发了一个与分级标准配套的语言训练项目——蓝思专业进阶计划，该计划可供幼儿园至高中的老师、阅读专家、图书馆专家、校长、写作课教师、流程管理者使用。

蓝思分级法的特色可以概括为如下两个方面：（1）用同一套分值体系检测出版物难易程度和读者阅读水平，十分方便读者了解自己的水平，并据此去寻找难度适宜的读物；（2）分级标准精确、量化、可操作性强，是一套对全面提升语言发展、阅读能力、写作能力行之有效的训练模式，能让阅读写作变得目标清晰、有章可循。其缺点在于它主要是针对语言能力的提高而设计的，不涉及读物的思想性、艺术性等主观要素，只关涉语言难度的水平判断，不涉及价值判断。精确和量化就像一柄双刃剑，优点同时就是缺点，因为思想深度等主观要素是无法量化评级的。

2. A—Z 分级法

A—Z 分级法是将图书按 A—Z 进行分级，共 26 级，从 A 到 Z 难度递增，一级称为一个 GRL，它是由凡塔斯和皮内尔（Fountas & Pinnell）两位阅读专家开发的一套图书分级系统。在其官网上已有 3.2 万种图书被分级，且在线分级书单每月更新。A—Z 法是一个应用较广泛的分级方法，很多数据库采用其分级作为检索项，或用以标注图书级别。

A—Z 法的特色在于：（1）其分级标准将图书的主观因素和客观因素综合考虑，采用电脑软件和专家分析相结合的办法，从而避免了蓝思的机械化，但是这样也造成该标准不能应用于所有图书，而必须依靠专家鉴定的状态；（2）如果说蓝思分级侧重于语言训练和读物难度，A—Z 法则更看重图书的内容、深度、印刷等主观要素，因而它对少年儿童的阅读培养来说，更具针对性和推广意义。但其不足之处在于它没有对读者阅读水平的测试，不过由于和其他阅读水平检测方法配合使用，这一缺陷得到了弥补。

3. 阅读发展评价体系分级法（DRA）

阅读发展评价体系分级法（DRA）是用来测定少儿阅读能力的一个检测标准，教师或家长可根据测试结果来寻找水平适合的图书，以提高少儿的阅读能力。测试内容着重于读者阅读的准确度、熟练度和理解程度等，其目标是帮助每一个学生成为独立、成功的读者。其分值范围为 1～80。DRA 的应用很普遍，首先这个测试成绩与学生年级水平相关联，比如一年级开始时 DRA 成绩应为 20，中间时为 24，到一年级结束时应为 28。DRA 也与 GRL、Lexile 等分值相关联，比如 DRA 为 30，相当于 GRL 的 N，蓝思的 600L。很多网站提供几种分级标准的对照表，以便于读者正确使用图书分级目录。

4. 常识媒体评级

常识媒体评级是常识媒体制定出的分级阅读体系，是成立于 2003 年的非营利组织，其目标是确保家长在这个媒体和技术时代成为影响孩子生活的主要力量。它声称将帮助家长和其他社会人士教会孩子们怎样利用媒体，而不是被媒体利用。它运用由美国主要权威机构研究的标准来决定什么样的内容适宜于什么年龄的儿童。与前面几种分级方法相比，它没有一套严格量化的操作程序，也不计算分值，而是笼统地采用绿、黄、红、灰四种颜色来表示该年龄段适宜度，用一星到五星来表示不同的质量等级，并对图书内容是否关涉性、暴力等作简单描述。其思路类似于一般网站上的消费者评级，区别在于评定人更权威、有公信力。该评级方法旨在为需要消费出版物的父母们提供一种方便快捷的指导，父母们可以直观地了解到各年龄段儿童适合消费的各类产品。只要在其官方网站注册时填入儿童年龄，那么登录网站后，按年龄推荐的相关网页会自动跳出来，包括图书、DVD、游戏等产品信息。该方法有指导性而无强迫性，它所传达的理念似乎是：我有评定等级的权利，你有自由选择的权利。上述分级方式有三个共同特征。（1）对阅读能力和分级标准精确化，针对性强，专业性强，注重图书阅读难度的循序渐进。国外分级阅读理论不仅强调每个年龄段的心理特征、认知特点等要素，更注重对读者阅读水平的精确测评，用各种检测程序进行量化评定，然后对图书制订相应分级标准，按照图书难度循序渐进地阅读。这样就比单纯按照年龄段或年级来推荐书目更有针对性。毕竟同年龄段的孩子阅读差距也可能很大。(2) 各分级标准相互联系，相互参照。各分级方式产生的目的、诉求、计算方法等不同，但其分值可以相互参照，更利于满足阅读者的不同需求，例如 GRL、DRA、RR、Lexile 分值与学生相应的年级或年龄都有明确的对照表。(3) 有指导性而没有强迫性。各类标准、评级与图书目录，为家长、教师和其他教育工作者提供了科学的参考依据。另外，多数分级方式不按照年龄、年级直接推荐书目。它给出年龄或年级阅读水平的应有数值，就像身高体重的参考指标一样，然后将阅读书目与该数值挂钩。这个参考数值相当于一个中转站，它可以消除人们对分级阅读的一个重要误会，即对年龄或年级的强迫性。当然，按照年龄或年级的分级最为直观，也有的家长更欢迎这种方式。

(二) 国内英语分级阅读

英语阅读教学的发展从世界范围来看，开展青少年和全民阅读一直受到很多国家和政府的高度重视，尤其在西方国家，阅读早已成为他们在教育领域里的重要的研究课题。近两年来，发展儿童和青少年阅读能力、培养青少年的阅读兴趣和阅读习惯也受到了中国政府和全社会的广泛关注。英语作为当今国际社会广泛使用的通用语，对中国英语学习者而言有着非常重要的意义和价值，它已逐渐成为影响学生全面发展的重要因素。正是在这样的背景下，国内中小学努力创造条件，推动并指导开展英语阅读教学活动。《中国中小学生英语分级阅读标准（实验稿）》于 2016 年出版后，符合我国中小学生阅读能力发展规律的英语分级阅读体系标准已经制定并开始指导中小学开展英语阅读教学，提升我国中小学生英语阅读素养。

但英语分级阅读教学仍存在很多问题。目前有些中小学开展的阅读课并不能称为真正的阅读教学，因为这些阅读课程的教学内容仍局限于语言、词汇、语法知识等，并没有很好地依托学科内容，教授语篇背后所要传达给学生的寓意，所以说这种阅读教学具有很大的局限性，原因主要包括以下四个方面。(1) 课时层面：国内中小学受课时的限制，阅读课程设置较少，尤其是在中学阶段，由于学生面临中考和高考，学校在课程安排上更趋向设置应试类课程，教师一般会在有限的课时内教授考试相关内容，很难兼顾学生阅读课程。(2) 教学材料层面：国内中小学教材的容量有限和阅读材料不足的问题也使阅读教学在中小学课堂上很难真正展开。(3) 教学理念层面：在实际教学中，根深蒂固的传统教学理念并没有得到根本的转变，教师很大程度上仍受评价导向的影响，关注的重点停留在教而不是学上。在英语阅读教学方面，很多教师仍然认为词汇和语法知识才是教学的重点，从而忽视引导学生学习词汇背后的文化概念、理解文本背后的意义以及更好地把握语言学习、文体结构和主旨思想三者之间关系的能力，这样的阅读教学使学生获得的知识呈“碎片化”状态。仅依靠对词汇、语法等细节内容的理解和对文本内容的整合运用及内化难以促成新知识的建构，学生对文本也必然缺乏深层次的理解。(4) 阅读引导层面。教师在英语阅读教学上缺乏专业指导，这是造成阅读教学局限性的重要因素之一。到目前为止，如何引导学生进行英语分级阅读，存在哪些科学的阅读方式，应该遵循哪些阅读的规律和原则等，这些问题都有还没有得到很好的解决，这也是国内大多数英语分级阅读课不能称为真正阅读的原因之一。

（三）开展英语分级阅读的原则

1. 足够量的、适当的、多种文体的阅读素材

阅读本身应该是能让读者走出自己的人生去体验别人的人生，反过来又逐渐充实自我的一种形式。正是通过阅读，文本内容给读者呈现出的文化意义能够帮助其进行新知识的自我建构，这要求读者去接触大量不同主题及文体的英语阅读材料，拓宽思路，提高思想境界。在这个过程中，应尤其强调解决问题式的阅读，即带着强烈的问题意识去阅读，形成一种结果导向的观念和多元的思维。对中小学生，可以参考《中国中小学生英语分级阅读标准（实验稿）》的分级标准为学生制定适合的分级阅读内容。

2. 创设积极的阅读动机和环境，提供积极的阅读体验

英语教师首先要自己热爱英语阅读，具有良好的阅读习惯，然后再带动学生进行阅读。教师要为学生营造安静的阅读氛围，引导学生爱上阅读，教授学生如何阅读，培养学生主动阅读的习惯，促使其主动进行更多的英语阅读。教师在教学工作的展开中，也可以通过与学生共同创设班内英语图书角，开展读书会，以及组织阅读表演等活动，以创造良好的阅读条件和环境，引导学生积极主动地开展阅读。

3. 力求课内外阅读相结合，培养学生学习的习惯

教师不应停留在教材的教和学上，还要选择适宜学生认知能力和水平的课外分级阅读书籍供学生阅读，例如可以在课堂上渗透与课内阅读相关的篇章与段落，也可以定期组织学生交流课外阅读的感受和收获，以及开展读后感作文比赛等，采取多种形式来引导学生主动进行课外分级阅读。

4. “为理解而培养”策略

在过去课程改革中，教学目标已经从纯知识的教学转向了综合语言运用能力的培养，在这个过程中，阅读策略备受关注；但教师不能为策略而策略，而应挖掘文章背后的意义，理解语篇所承载的文化价值，并以理解为目标来培养学生的阅读策略，培养真正具有熟练阅读技巧的读者。需要明确的是，熟练的阅读技巧是存在于潜意识的层面的，是学生在阅读过程中为了理解文本真正传达的意义而形成的策略。也就是说，教师应引导学生形成一种在阅读中遇到问题时自主选择阅读策略以解决阅读遇到的问题的能力。

5. 引导读者在文本意义、作者态度、语篇结构、语言特点与修辞方面进行探究

教师应引导学生学会通过一个词或者一段语句来了解一个国家的文化，并讨论和理解文化的多元性和差异性。学生应通过对语篇结构的把握以及对语言特点的揣摩，经仔细阅读之后真正了解到作者所持的态度和语篇想传达给读者的思想和教育意义，从而实现阅读的真正目的。

6. 鉴赏修辞手法

指导学生学会提问、概括、赏析文本中的修辞手法。英语文化国家所使用的修辞方

法与国内修辞方法有很大差异，教师应引导学生通过换位思考和讨论质疑等方式，促进自身语言和思维的融合发展，形成多元文化思维，实现深度学习。

7. 铺垫语言知识，促进新知识增长，优化认知结构

英语阅读过程同时也是一个促进新知识增长、优化认识结构的过程。在教师铺垫语言知识的过程中，每一个词汇不仅包括单纯的词汇意义或者发音，还反映或体现了一种概念，要把每一个词背后的概念与篇章的内容结合起来。另外，在这个过程当中，学生能够通过学习建构新知识，这种知识并非语言知识，而是认知层面的知识或者是世界知识。在阅读之前，学生的知识框架可能是零散、片面、碎片化的，但通过阅读可以纠正这些认识使其形成关联性，从而优化学生认知结构。需要说明的是，信息不等于知识，信息获取不等于知识获取。要让信息变成知识，就要让不同信息之间建立关联并形成一个整体，然后形成新的概念，从而建立一个新的知识结构。所以在阅读教学中，要注重挖掘文本的意义和内涵，使学生对文本信息的处理不只停留在语言知识层面，而是能够形成新的认知。

8. 围绕阅读语篇来设计听、说、读、写、看相结合的活动

教师应引导学生从听、说、读、写、看等各个知觉的角度来把握语篇，引导学生仔细斟酌语篇细节，对同一事物的观察，不同的学生可以看出不同的意义。在平时的生活和学习中，很多学生善于分析总结，但缺乏独创性见解，这就要求教师们引导学生打开知觉，将听、说、读、写、看结合起来，对语篇进行多角度的整体梳理和把握。

9. 持续观察和反馈学生的阅读行为，重视其努力的过程

教师对学生的反馈不应该只是评价性的，而应是具有导向性的，要对学生的努力给予肯定。老师在教学中提倡什么、推崇什么，也应该体现在反馈中，从而促进学生思维的流动，而不只是给出一个标准的正确答案。教师要引导学生在阅读后进行独立思考，站在自己的认知角度去考虑文本意义，而不是揣测老师所希望得到的答案。

10. 实践体现个体差异的阅读教学方式

教师要尊重学生的个体差异，包括学生学习风格差异、内部动机差异，以及认知方式差异。要懂得因材施教。提高学生的综合素质，使学生的个性得到适度张扬。在开展教学过程中，教师要学会运用教学智慧来挖掘学生所拥有的知识储备，并进行有效的个别辅导，帮助学生完成阅读。

第三节 快乐英语写作教学模式

一、写作教学的定义

写作和口语同属于产出性技能（productive skill），从输入输出的角度来看，写作属于语言输出。在英语中“writing”一词的含义既包括写作的过程，也包括写作的成果。好的写作不仅仅是创造出完美的文章，也是创造文章的过程。过程的好坏决定结果的好坏。

写作是人类传递信息和交流思想的三种方式之一，不是口语的附属。写作是一个复杂的过程，它涉及多种技能和知识。写作是写作者展现其社会语言能力、策略能力和语言能力的过程，也是展示这些能力的结果。

从认知心理过程来看，写作被视为一个有着复杂活动的解决问题的信息加工过程，而不仅仅是视觉上的编写行为和书写的结果。

写作有两个功能：为学语言而写作和为学写作而写作。写作的第一种目的是学生通过写作对所学的词汇、词组、语法结构等加深印象。在写作的过程中学生表达自己的观点，动手、动脑的过程就是强化学习，将所学知识应用于交际的过程；写作的技能只能通过学习写作才能获得。写作的第二种目的是专门为了学习写作而进行写作练习。

写作是作者用书面语传递信息和交流思想的过程和结果；它涉及多种技能和知识；它涉及意义的表达和信息加工；写作既是学习运用语言的手段，也是学习运用语言的目的。

二、《中国英语能力等级量表》中的书面表达能力自我评价量表(1—5 级)

五级：

我能写国际交流项目的申请书。

我能写电影、戏剧、展览的观后感。

我能写读书报告。

我能通过收集不同来源的材料来提高写作质量。

我能根据老师或同学的反馈修改文章结构和内容。

我能写符合学术规范的议论短文。

我能写与学习、工作相关的常见应用文。

四级：

我能就自己熟悉或感兴趣的话题发表看法。

我能根据所读材料写概要。

我能就某一社会实践活动写出简短汇报。

我能写个人简历。

我能为校报等媒体写简短的新闻报道。

我能在写作前列出写作提纲。

我能用主题句突出段落的主旨大意。

我能检查并改正作文中的用词和衔接错误。

三级：

我能根据老师给的提示编写小故事。

我能就熟悉的话题写作文。

我能写信或邮件告诉朋友我的近况。

我能为班级活动写出日程安排。

我能在写作文前收集有用的词句。

我能使用连接词来连接句子。

我能检查并修改明显的语法错误。

二级：

我能给同学写生日或节日贺卡。

我能描述动物的特征。

我能写信介绍自己。

我能描述对天气或季节的感受。

我能在老师的帮助下改正拼写、语法、标点错误。

一级：

我能正确书写 26 个英文字母。

我能根据老师给的词语或例句简单描述图片。

我能根据图片提示写单词。

我能检查并改正自己的拼写错误。

三、义务教育阶段英语写作教学方法

（一）翻译法

翻译法也叫语法翻译法（Grammar-Translation Method）、阅读法（Reading Method）、古典法（Classical Method）。翻译法最早是在欧洲用来教授古典语言希腊语和拉丁语的外语教学方法，到 18 世纪末和 19 世纪中期开始被用来教授现代语言。翻译法的教学目的是培养学生阅读外国文学作品的能力和模仿范文进行写作的能力。其突出的特点是：教师用母语授课，授课重点是讲解与分析句子成分和语音、词汇变化与语法规则。翻译法历史悠久，其优点是：学生语法概念清晰；阅读能力较强，尤其是遇到长而难的句子时通过分析句子结构便能理解意思；有助于培养翻译能力和写作能力。

（二）结果教学法（Product Approach）

20 世纪 60 年代末，大部分教写作的教师仍以学生最终能写出一篇完美的文章为教学目的，他们的指导思想是重结果的教学法。重结果的教学法在写作时让学生模仿或改写教师提供的范文，利用提示词扩词成句或按照范文扩句成篇等。教师注重自己的教，教学的重点放在句子层次的语法正确性上。传统的作文课堂教学偏爱这种教学方法。

结果教学法是一种基于句子层面的写作教学模式，它强调学生遣词造句的能力，要求加强句子组合和语法练习，是一个从句子入手，发展到段落，再到篇章的过程，强调主题句、段落的组织与结构方面的训练。

结果教学法的一般过程为：教师首先就某一修辞手段或写作技巧进行解释，然后要求学生阅读一个作品，并在课堂上就作品反映的修辞手段或写作技巧进行分析、讨论，然后布置写作任务，最后教师对学生的习作进行讲评。教师关心的是写作的结果，强调语言的正确性、文章的结构和质量。

结果教学法忽视了写作过程的复杂性，对学生在写作过程中遇到的困难缺乏认识和了解。写作的内容不是学生自己的思想，说出的不是自己的声音，不可能产生内在动机。写作在教师的控制下进行，学生没有自由创作空间，缺乏写作的热情和动机，而写作的产物常常是内容空洞、结构生硬、语言贫乏、千人一面。学生单独写，教师单独评，学生没能在写作过程中参与交互、商讨和修改等活动。结果教学法忽视了教学中的情感问题，给学生带来了焦虑、抑制、自尊心受损、动机的消退等消极因素，导致了写作中的心理障碍。结果教学法虽然能够从宏观方面提高学生作文的连贯性，却无法从微观上解决学生在写作过程中必然面临的心理和认知方面的困难。于是，人们把研究的重点从结果逐步扩展到写作过程上来，开始关注写作者的具体写作行为和写作活动。

在这种教学法中，写作过程由四个环节组成：熟悉范文，控制性练习，指导性训练，自由写作。结果教学法以行为主义理论为依据，认为教学过程是一个教师提供刺激，学生做出反应，再进行强化的过程。

（三）过程教学法

过程教学法兴起于20世纪60年代，是在发生认识论、信息论、控制论以及各种语言理论和教学法影响下所形成的一种写作教学方法，并从20世纪80年代开始应用于外语的写作教学。

过程教学法将写作视为一个动态变化的过程，强调如何帮助学生在实际的写作行为中提高写作能力，而不把学生能否交上一篇按规定写好的作文视为教学目的。在理论上，过程教学法强调思维在写作活动中的重要意义，强调作者的主观意识和能动作用。在实践上，它把培养学生的交际能力和智能放在首要地位，提倡学习者之间的相互合作，同时培养他们的情感和写作策略。因此，过程教学法的特征是注重思维训练和作者的主观能动作用。

过程教学法将写作视为一个过程，包括写前阶段、写作阶段。过程法认为，写作是一个创造性的过程。写作过程包括计划、用语言表达思想和检查三个阶段，写作并非一个线性的过程，因此在很多情况下，这三个阶段在循环往复中进行。在写作过程中，作者所拥有的内部资源和外部环境进行相互作用，以形成写作的合力并使写作过程具有交叉互动的特点。写作课应该教授写作过程每一步的操作方法。

过程教学法的特征是：①重视能够产生习作的过程；②帮助学生理解自己的写作过程；③帮助学生构建关于写前、起草、修改这些过程的策略；④给学生写作和重写的时间；⑤特别重视修改的过程；⑥让学生发现自己想写什么；⑦在整个写作过程中都给学生提供反馈，使他们越来越靠近写作意图；⑧鼓励教师和同伴反馈；⑨在写作过程中让师生有面谈的机会。

过程教学法既关注写作的终端产物，也关注写作的手段。倡导过程写作法的教师把重点放在关注学生本身以及写作过程中如何帮助学生获取写作资源和策略、培养写作情感、降低写作焦虑等。在实施过程教学法时，教师可以组织学生进行小组讨论，对作文题目进行头脑风暴等，使学生感觉到写作任务并不很难，至少并非无物可写，从而培养他们对写作的积极情感，从可以写到写长再到写好。过程教学法还可以发展学生自我评价和同伴评价的能力，把评价权从教师的手中交到学生手上去，从而发挥评价的作用，从自我评价和他人评价中发展自己的作文能力。

值得注意的是，以过程为主的写作教学模式主张以作者为中心，强调文章的意义和内容，以及文章的形式必须为内容服务。过程教学法的成功与否关键取决于教师是否组织学生进行小组讨论以及如何对学生的作文做出反馈。

这种教学法不过分注重语法、篇章结构等语言知识，而认为制定计划、寻找素材、撰写草稿等写作的过程是教学的重点。目前，最为广泛接受的是 Tribble 的模式，它把写作过程分为四个阶段：写作前准备、草稿阶段、修改阶段、编辑阶段。

（四）体裁教学法

从 20 世纪 80 年代后期开始，体裁教学法得到了广泛的应用。按照体裁教学法，教师应向学生介绍他们在未来生活中将会遇到的一些体裁，通过体裁分析提高学生的写作能力。

体裁被言语社团认为是同一种类型的言语活动，如祈祷文、讲道文、歌词、诗歌、信函、小说、日常会话等。各种体裁都有各自互相区别的特点。体裁具有三个特点：①交际目的的决定性；②体裁的常规性；③同一语篇之间的差异性。

体裁教学法的主要教学步骤包括：

（1）范文分析。范文分析是体裁教学的重要环节，重点分析文章的“图式结构”和语言特点，使学生对某一体裁的形式和内容有全面的了解，为以后的写作阶段打下基础。

（2）模仿写作。模仿写作并不是要简单地照搬范文，而是要有意识地运用范文分析中获得的有关特定体裁的知识，使学生能够内化这些结构特点和语言特点。

（3）独立写作。学生选择题目，并按照该类体裁进行写作。

体裁教学法的优点是它能使学生认识到写作是一种有规律可循的社会交往活动，是理解客观世界并参与社会活动的一种手段，因此在一定程度上减轻学生对写作的畏难情绪。但体裁教学也有一定的局限性，体裁的规约性可能会束缚学生的想象力和创造力；同时，体裁教学不可能涉及学生在实际交际中将遇到的所有体裁。

它其实是结果教学法的延伸或扩展。体裁教学法也把写作看成以语言为主导的现象，不同的是，体裁教学法强调在不同社会环境下，写作也不同。根据 Cope 和 Kalantzis 的观点，体裁教学法在写作过程中有三个步骤：示范分析，共同协商，独立创作。

（五）过程体裁教学法

这是综合了成果教学法、过程教学法和体裁教学法三者优势的语言教学方法，应该能最有效地帮助学生提高写作水平。

（六）外语写长法

外语写长法是王初明提出的一种外语教学法。该方法有一套完整的理念、切实可行的操作程序和评估体系。“写长法”的四个理念是：(1) 打开学习者的情感通道，促进外语学习；(2) 外语技能是学出来的，不是教出来的；(3) 写长可以加快知识向运用层面转化；(4) 帮助学生超越自我，开阔思路，挖掘学习潜力。写长法有两个特色：一是提出了新的教学途径，在听、说、读、写中选择了写为突破口，以写促学；二是建立了新的评价体系，在量与质的评价标准中选择了量为先，以量促质；在奖赏与批评的评价方法中，选择了奖赏为主，以赏激情。

写长法采取的路径是满足学习者的情感需要：通过逐步加大写作量去冲破外语学习的极限状态，获取学习成就感，通过成就感去增强信心，克服怵写心理。“写长法”首先是满足学习者情感需要的方法。“写长法”主张以写促学，通过写去整合知识，提高语言表达的准确性，通过写长去挖掘思想深度，充分磨练语言运用基本功。“写长法”强调写作的长度，目的在于开阔学生的思路，让他们在无字数限制的情况下充分表达思想，使学生的思维具有一定的深度和广度。

“写长法”针对的是掌握了不少外语语法和词汇知识，具有较好阅读能力但缺乏外语运用机会的学习者。尽管该方法已经有多年的实验和研究，并已取得一批有影响的成果，但也有学者认为该方法还存在一些有待解决的问题。写长法还存在实验效度问题和以写促学问题，因此有必要对该方法进行反思和改进。

(七) 思维导图

思维导图的创始人 Tony Buzan 指出，思维导图可以帮助人们更好地整理思路，收集素材，并将它们重新组合起来，形成一篇有条理的文章。

(八) 行动研究法

这是一种提倡在教学中开展的研究方式，是一种以自我反思为主要特点的探究方式，其目的是解决教学中的问题与改善教学现状，具有行动性、参与性、探索性及反思性的特点。它鼓励教师时刻关注自己的教学目标、教学过程和教学效果，不断质疑自己的教学实践，通过不断反思而改进和提高教学质量。

四、写作教学操作步骤

不同的写作教学理论应用于课堂教学实践，表现为不同的课堂步骤。下面主要介绍常用的三种外语课堂写作教学模式的操作过程。

(一) 以结果教学法为主导的课堂操作步骤

结果教学法一般把写作分为四个阶段：

(1) 熟悉范文。教师解读范文的修辞手段、写作技巧、结构模式和语言特点。

(2) 控制性练习。教学就范文中所体现的相关常见句式要求学生进行替换练习，学生在教师指导下渐渐过渡到段落写作。

(3) 指导性练习。学生模仿范文，使用经过训练的句式尝试写出相类似的文章。

（4）自由写作。学生可以自由发挥，内化写作技能，为真实交际写作做准备。

（二）以过程为主导的课堂操作步骤

过程教学法大致可分为以下的步骤：

（1）输入阶段。输入阶段包括头脑风暴、阅读、拟提纲、聆听、调查报告等多种构思活动，这些活动可以帮助学生获取写作资源，收集写作素材以及体验构思的不同方法。

（2）写初稿。写初稿是进一步整理思想、确定写作内容的过程。此阶段要求学生将自己的构思用语言表达出来，重点放在内容的表达上，不必过多考虑构思的句子是否正确、选词是否得当等语言形式问题。写初稿也是一个反复进行的思维创造过程，写作者反复构思、修改直至完成初稿。

（3）同学互评。以小组为单位，让学生对照评价表或教师提供的问题对同伴的作文进行评价，评价的着眼点落在作文的内容而不是作文的语言形式上。

（4）写二稿。写二稿，主要以同伴反馈的信息为依据。要力促作者把同伴反馈和自我反馈的结果结合到修改稿中。写二稿要注意以下一系列问题：主题是否突出、内容是否充实、段落安排是否合理、文体是否恰当、句型是否正确、是否有语法错误、用词是否得当、表达是否准确、内容与目标是否一致、细节是否典型和充实、文章是否有条理、大小写和拼写是否正确，等等。

（5）教师批阅和师生交流。教师收集学生的二稿进行评价。教师可根据写作训练的目的进行评价，一次重点评价一个方面的问题，如语言形式、结构、内容等。教师在批阅时采取鼓励为主的方式，以培养学生对写作的积极情感。教师还可以采取跟个别学生进行交流的方式对学生的作文进行评价，也可以选取个别学生的作文进行全班评价。

（6）定稿。学生把从各方面收集的意见汇总后重新修改并完成最终的作品。

在课堂实操中，上述步骤中的（1）（2）（3）和（5）是必不可少的，（4）和（6）可以在课后完成。

（三）三段写作模式的操作步骤

目前比较流行的写作教学模式是包含写前、写中和写后的写作课堂教学模式。

写前活动：激活灵感，激发兴趣，明确目的和读者对象，讨论主题，搜集素材，语言准备，阅读范文，写提纲。

写中活动：写初稿，规划文章结构，填空，看图作文，图文转换，仿写，连句成文。

写后活动：自我修改，相互修改，个人或小组面批，检查语言、方法、逻辑、用词、润色，制作板报、墙报。

五、快乐英语写作教学活动设计

写作活动有助于巩固其他技能领域的学习。平衡的活动训练语言和帮助记忆。在做自由写作活动时，自由地练习口语会有所帮助。阅读帮助学生了解写作的规则，帮助他们选择语言。尤其当学生在语言方面进步时，写作活动允许学生有意识地发展语言。当我们说话的时候，我们并不总是需要使用大量的词汇，因为我们的意思通常能够通过情境表达。语言中的许多结构在写作中出现得更频繁，因为当我们写作时，我们有时间回顾并思考我们所写的东西。

写作本身是有价值的。看到自己的作品被印刷出来，会有一种特别的感觉，写完自己想说的东西，会有极大的满足感。

（一）控制性写作活动

写作活动就像口语活动一样，从被严格控制到完全自由。教师通常会和初学者一起做更多的指导活动，以及非常简单的自由活动。一般来说，有控制和有指导的活动是用来练习语言的，注意力集中在语言本身。自由活动应该允许低水平的自我表达，内容才是最重要的。

1. 直接复制

复制是一个相当明显的写作起点。这是一种让老师有机会通过口头或阅读来巩固所学语言的活动。当学生抄写单词时，可以让他们自己小声朗读，因为这能帮助他们看到书面语和口语之间的联系。在英语中，音标组合是相当复杂的。对于那些即使是直接抄写也很困难的孩子，你可以从描摹单词开始。即使他们可能不明白自己在写什么，他们最终还是会写出一篇文章，而这本身就会给他们鼓励和满足。

2. 匹配

教师可以通过让学生搭配图片和课文，或者选择他们想要写的关于课文的句子，来改变直接的抄写。例如，学生可以从如图 3-9 所示的三种可能情景中选择，并写出一个句子：

- He likes cooking.
- He is a good cook.
- He is making a nice meal with eggs and onions.

图 3-9 A Cook

3. 组织和复制

复制也是结构化写作的一个很好的入门方法，如图 3-10 所示：

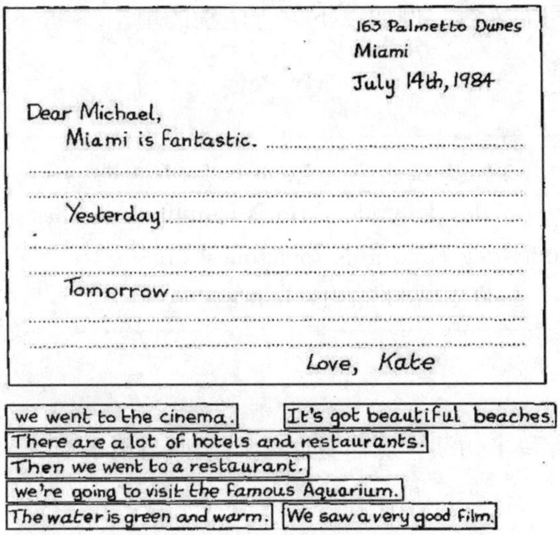

图 3-10　A Letter

4. 延迟复制

可以做“延迟”复制，训练学生短期的视觉记忆。在黑板上写一个简短、熟悉的句子，让学生看几秒钟，然后擦掉，看学生是否能写下来。请注意，此类活动不应用作测试。

5. 抄书

对学生来说，抄书是很有用的，他们可以抄写新单词、小对话等，按照你的要求来抄写，他们也可以自由地从课本、布告板和其他学生那里抄写。

6. 听写

如果教师能保持语言的基础和简单，听写也是一种非常有用的练习。听写应该：

- 很短。
- 可以一口气说出一个完整的句子。
- 有一个目标，与之前或之后的工作相联系。
- 以正常速度阅读或说话。

例如：

Maria has a baker's hat. She is going to bring it to class tomorrow. We're going to have a baker's shop?

(二) 指导性写作活动

1. 填空练习

填空练习是有用的活动，特别是在初学者阶段。它们不需要语言的大量主动创造，因为大多数语言都是给定的。对于已经发展到第二阶段的孩子，他们可以专注于特定的语言项目，如介词或问题形式。

填空练习可用于词汇练习。例如以下关于宠物的填空练习：

My Pets

We have got three family pets: a ________, a cat and a tortoise. The dog's name is Big Ben. He is a ________ golden Labrador. He is beautiful. He has got big eyes and a long tail. He is a very friendly dog, but he is sometimes a bit ________. Dogs are expensive to keep, but they are very good guards for the house.

2. 听写

教师可以试着只听写半句话，然后让学生们按照自己的方式来完成。

例如：

I like ....

I don't like ....

I hate ....

I love ....

教师可以要求学生在阅读下一个句子的开头之前完成每一个句子，这样可以鼓励他们快速写作，或者可以给他们时间在读完后再去完成。在自由写作的前阶段，这种练习是一个很好的开头。

3. 信/卡/邀请

书信写作似乎是一种很实用、受欢迎的语言课堂活动。可以让学生写简短的有意义的文章。教师可以让学生们互相写信，然后通过教室邮递员“发送”他们的信件。这是一个非常简单的指导练习，适合早期学习使用：

Dear,

Are you free on …? … going to the …

Would you like to come with …?

Love

（三）自由写作活动

前面谈到了一些旨在提高学生写作能力的活动。在这些活动中，无论学生的水平如何，语言都是他们自己的语言，老师只是充当着发起方和助手的角色。孩子们掌握的语言越多，就越容易从事自由的写作活动。

教师应该试着去看学生正在做的作业，可以是在草稿阶段，纠正错误，并提出可行的想法。

还应该鼓励超过初级水平的学生重写他们的作业，如果学生只是在学习写作，或者他们发现写作很困难，那么不必要求他们重写。像所有其他的语言活动一样，写作应该是令人愉快的。但理想情况下，每个学生都应该有自己的文件夹或活页夹来保存所有的书面作业。学生们可以装饰自己的文件夹，并学习如何使他们的作业井然有序，可以在他们写的所有东西上写上日期。如果将某个学生写的所有东西都集中在一个地方，那么老师和学生就能看到他进步了多少。

六、教学案例

教材名称：英语（三年级起点）五年级上册

教学内容：Unit 3 Write an Email to Your Friend

教学时长：40 mins

教学目标：

Knowledge objectives:

1. Students can understand and read the email.
2. Students can write an email to their friends.

Ability objectives:

Students will improve their ability of reading and writing.

Emotional objectives:

1. Students will be more interested in learning English.
2. Students will learn how to keep in touch with friends.

教学重难点：Students can write an email to their friends.

教具：PPT 课件，exercises papers, beautiful papers for the email.

教学方法：任务型教学法

教学步骤：

Step 1: Lead-in: Greetings and Talking

T: Good morning, boys and girls. I'm very happy. How are you today?

(Ss...)

T: I've got some questions. Can you answer them? (Show the questions on the screen)

(1) What's your name?

(2) How old are you?

(3) Where are you from?

(4) When is your birthday?

(5) Who is your best friend?

T: Who wants to try? Please show me your hands.

T: Well done! You can get a goal.

T: (Show pictures of two children) Today we'll meet two pupils. They are from different countries. They are good friends. They often write emails to each other. Do you know what the email is? Look at here. This is an email. Look at the girl in the picture. She is Betty Lin. Here is an email she sends to her friend John. And this is the email John sends to Betty Lin.

Step 2: Presentation

Task 1: Read and Complete

1) Presentation: Open your books, please. Turn to page 22. Read the first part of the two emails. Then complete the information on your papers.

2) Auto-learning: You should do it by yourself, please. (Go around the classroom)

3) Show time: Who wants to show your answers? Read it loudly.

4) Introduce something about Wuhan and Sydney.

Task 2: Read and Fill in

1) Presentation: Read the second part of the two emails. Then complete the table, please.

2) Auto-learning: Work in groups to discuss and check the answers.

3) Show time: Which group will tell us your key?

Using the sentence pattern:

Betty /John gets up at ....

She / He goes to school at ....

School starts at ....

She / He goes to bed at ....

Task 3: Listen and Repeat

1) Presentation: Listen to the tape and repeat.

2) Auto-learning: Read the emails in groups together. Later I'll ask you to read the two emails.

3) Show time: Now I need two groups. Which group wants to show?

Step 3: Practice

Write an email.

1. Presentation: Look at the email carefully to master the form of the email.

Similarities: There are saluation (称呼) and signature (落款).

Differences:

(1) Each line should be at the beginning.

(2) It's a comma (逗号), not a colon (冒号).

2. Auto-learning: Write an email to a friend in our class by yourselves on a beautiful paper.

3. Show time: Send your email to your friend. Then read the email you've got by yourselves.

作业：

1. Read your email for your friend.

2. Using different pens to correct the email and send an email to your English teacher.

第四节　快乐英语语音教学模式

《义务教育英语课程标准（2011年版）》指出：“语音教学是语言教学的重要内容之一。自然规范的语音、语调能为有效的口语交际打下良好的基础。”小学六年级需达到的二级标准中的语音知识目标是：“正确读出26个英文字母；了解简单的拼读规律；了解单词有重音，句子有重读；了解英语语音包括连读、节奏、停顿、语调等现象。”① 初中三年级需达到的五级标准中的语音知识目标是：“了解语音在语言学习中的意义；在日常生活会话中做到语音、语调基本正确、自然、流畅；根据重音和语调的变化，理解和表达不同的意图和态度；根据读音规则和音标拼读单词。”② 依据二级和五级标准，小学阶段中、低年级的语音学习主要通过自然拼读法培养语音意识和拼读能力；小学高年级及初中阶段的语音学习主要通过国际音标掌握发音规则。自然拼读法和国际音标都各有优缺点，也适合于不同年龄的儿童。

一、自然拼读教学模式

（一）自然拼读法的介绍

自然拼读法（Phonics）最早出现在18世纪90年代的美国，20世纪以来开始盛行。在英国、美国和澳大利亚等英语母语国家，被广泛应用于儿童早期阅读教学中。Phonics是一套针对儿童学习特点，适合儿童学习英语语音的注音符号系统和标音方法。其核心是建立字母的“形”与“音”的对应关系，让学习者看着字母就可以直接拼读出该词的发音、听着发音就能拼写出单词。自然拼读法的目的在于使英语初学者掌握字母和字母组合及英语拼写和读音关系的基本规律，通过解析生词结构，能自己拼读和听写单词，提高学习者的语音意识（Phonetic Awareness）。自然拼读法的学习步骤通常是首先让学习者先能读出26个字母的字母名（letter name）和字母声（letter sound），知晓元音和辅音的概念，然后掌握组合发音，即元音组合发音、元音和辅音组合发音、辅音组合发音，而后懂得音节，划分音节，最终习得相关发音规则，根据发音规则读出单词。掌握了字母或字母组合的读音规律后，学习者看到大部分单词，即便不知道意思，也能直接读出音来。相关统计数据表明，80%以上的英语单词符合拼读规则。

在第一章已经介绍了自然拼读法学习的几个阶段和必要前提，此处不再赘述。大量研究和实践证明，无论对于英语为母语还是非母语的孩子，自然拼读法都在培养语音意

① 中华人民共和国教育部．义务教育英语课程标准（2011版），北京师范大学出版社，2012：18.

② 中华人民共和国教育部．义务教育英语课程标准（2011版），北京师范大学出版社，2012：19.

识和提升阅读能力方面起着显著的作用。我国儿童在小学阶段学习自然拼读法具有以下好处：

一是有利于培养小学生的英语学习兴趣，增加英文阅读的自信心。运用自然拼读法教学，学生只要掌握了单词中字母及其组合的发音规则，就可以基本做到见词能读，即使不了解词义也可以大胆读出来，通过插图或情境猜测词义，增强对英语阅读的兴趣和自信心。了解了英语拼写和读音之间的关系，可以利用这些规律记住单词的拼写，减少死记单词的痛苦。大部分单词可以根据自然拼读法拼读出来，掌握了自然拼读法可以提高记忆单词的能力和效率。许多教学实践证明，自然拼读法对于任何年龄、任何语言基础的学生而言，都是学习单词最快、最简单、最有效的方法。二是比国际音标更容易学习，更符合小学生的心理特点和认知水平。国际音标与自然拼读法采用的都是音素（phonemic）教学，但国际音标的44个音素，是以另外一套书面符号来表示的，符号比较抽象也不符合小学生的认知水平，学起来很吃力。自然拼读法是以字母和字母组合来代表音素，学习者只要记忆一套符号即可，更加易学、有效。三是自然拼读法有助于培养学生的自学能力，尤其是自主阅读能力。自然拼读法既是准确拼读英语单词的最佳方法，又能为学生自学英语生词、自主阅读打下良好的基础。

自然拼读法有很多优势，但也不是万能的。没有学习前的大量的语言输入和学习中的大量阅读是很难达到“看字能读，听词能写”的效果的。而且，自然拼读法只能正确拼读约80%的单词。对于多音节词，尤其是不规则的读音，利用自然拼读法很难准确把握词的重音和次重音，拼读的准确率较低。英语国家自然拼读法的教学对象是具有大量口语和听力词汇积累的本族语儿童，目标是培养儿童的英语阅读能力。非母语国家的孩子单独学习自然拼读的效果会大打折扣，如果没有前期的大量的语言输入和后期的大量阅读，这些规则很容易遗忘。

（二）困惑：自然拼读和拼音可以同时学习吗？

许多心理学、语言学的研究结果表明：儿童是天生的语言专家。孩子大脑本身具有一种语言习得机制（Language Acquisition Device），能凭借各种外部资源或认知技巧化解混淆。龙应台在《孩子你慢慢来》中描写过儿子安安的语言能力：“家里来了访客，若是西方人，安安不假思索脱口而出就是德语；若是东方人，他第一句话就是普通话。好像脑子里有几个按钮，见到不同的人就按不同的钮，绝对不会错乱。”再比如在欧洲，好多孩子掌握几门语言，而且长大后能运用自如。在语言习得的过程中，孩子有着极强的自我区分能力。

汉语最初是没有拼音的，每个汉字本身，就代表着它的读音，无需拼读。为了规范和统一发音，才渐渐发展出定音的法则。汉语拼音的尝试，从近代才刚刚开始，直到1957年才最终修订为如今使用的形态。对于汉语而言，最合适的方式就是在汉字与语音之间直接建立联系，而汉语拼音的作用，不过是提供一套统一发音和标准化的参照，并不对语言的本身产生作用。无论是汉语拼音还是英语国际音标，都是语言的附加品，并不是语言天生的一部分，是一套起辅助和矫正作用的“附件”。换句话说，不学习汉语拼音和国际音标，也能掌握汉语和英语。

很多孩子混淆自然拼读和拼音，不是因为拼音混英语，或者英语混拼音，而是孩子自身对一种内容的学习没有内化。如果学习者对英语和拼音都是刚刚开始认知，过去一点基础都没有，混淆的可能性最大。为什么会发生类似“混淆”的现象呢？孩子其实并没有混淆自然拼读与汉语拼音，而是在形成各自的记忆之前，一边探索学习，一边“分配水流”而已。表面上的“混淆”，其实是记忆尚未稳定的表征。而一旦记忆的输入（编码）完成之后，两套读音体系各安其分，就不会再发生混淆了。这种记忆的成熟与年龄无关，只与学习者对字母规则的掌握程度有关。“混”也没什么可怕的，混只是说明这两件事孩子都没有实现内化，都需要更多的场景积累。

（三）自然拼读教学体系

自然拼读教学可以选用不同的教学体系，选用不同的教材。市面上的自然拼读教材很多，有从英美国家原版引进的自然拼读教材，有在原版教材基础上改编的教材，也有专门为非母语国家儿童编写的教材；既有适合于课堂教学的自然拼读教材，也有适合家庭启蒙的教材；既有以介绍自然拼读规则和练习规则使用为主的教材，如《牛津少儿英语 *Let's Go Phonics*》，也有结合自然拼读规则和故事阅读为一体的教材，如 *Hooked on Phonics*，*Go Go Phonics* 和《安妮花的英语自然拼读》。还有以拼读故事为主的教材，如 *Usborne Phonics Readers*，*Now I'm Reading*！和《培生自然拼读故事会》。义务教育小学阶段的自然拼读教学往往是嵌入到教材或课堂教学中的。人教版 PEP 小学英语教材采用自然拼读法呈现发音规律，引导学生从听音辨词、见词能读，过渡到听音写词，最终达到流畅阅读和独立书写。在教材必学板块专设了语音学习的内容，利用自然拼读法，学习一些基本的发音规律。

三年级上册　26 个字母的名称音及辅音字母的发音
三年级下册　元音字母 a，e，i，o，u 的短音
四年级上册　元音字母 a，e，i，o，u 的长音
四年级下册　-er，-ir，-ur，-ar，-al，-or，-le
五年级上册　-y，-ee，-ea，-ow，-oo，-ai，-ay，-ou
五年级下册　cl，pl，br，gr，ch，sh，th，ng，nk，wh
六年级上册　Tips for Pronunciation

语音知识安排在读写板块之后，朗读技巧（重音、连读、语调、停顿等）与阅读结合在一起。学生在文本学习后运用朗读技巧朗读课文，通过实践了解简单的语音、语调等知识。

六年级下册：总复习单元复习所学的语音知识。

无论选择哪套课程体系和教材，自然拼读的教学都要经历三个阶段。第一阶段：26 个字母发音及发音规律的学习，建立字母与语音之间的对应关系。第二阶段：字母组合发音规律的学习，建立字母组合与语音之间的对应关系。使得学生在看到符合字母组合发音规律的单词时就可以直接读出单词，学生也可以依照单词的读音，判断出该词的拼

写，做到见词能读、听音会写。第三阶段：在前两个阶段的基础上，使用多种教学手段让学生熟练运用自然拼读法，巩固字母和字母组合的拼读规律，并运用拼读规律识记更多的单词，增加学生词汇量，提高学生自主学习能力。

（四）自然拼读法的快乐教学策略

1. 在英文儿歌童谣中感悟

韵律节奏感强的英语歌谣内容丰富、音韵和谐、富于动作、语言浅显，能有效吸引学生的注意力，帮助学生克服学习英语的焦虑，还有助于创设有意义且愉快的学习环境。英文歌曲节奏欢快、悦耳动听。在唱歌的过程中可以复习所学的拼读规律，感受语音的律动、语言的灵动和课堂的生动，轻松掌握音形对应关系，让基础较差的学生敢于在歌曲中开口练习发音。除了英文歌曲之外，英文诗句或是绕口令，都是很好的学习方式。诗句优美且往往押韵，学习者在感受美好的意境的同时又复习了拼读法；绕口令对孩子来说是一个有趣的挑战，同类词素结构的单词或句子都能帮助学生在快乐中学习，并且可以习得适当的节奏、重音知识。

最经典的英文童谣 *Mother Goose* 是英国民间的童谣集，汉译为《鹅妈妈童谣集》。这些民间童谣在英国流传时间相当久，有的长达数百年，总数八百多首，内容有幽默故事、游戏歌曲、儿歌、谜语、催眠曲、字母歌、数数歌、绕口令、动物歌等，英国人称其为 *Nursery Rhymes*（《儿歌》），美国人称其为 *Mother Goose*（《鹅妈妈童谣》），是英、美人士从孩童时代就耳熟能详的儿歌。“鹅妈妈”是流传在英国各地儿歌童谣的总称。鹅妈妈童谣有利于音素意识的发展，而音素意识的发展是学习自然拼读的前提，包括押韵、分解单词，以及高频词的强化和使用等。鹅妈妈童谣包含了英文发音的四十四种音素，而且韵律感特别强，在语言敏感期可以很好地刺激到儿童的听觉。鹅妈妈童谣的韵律优美多变，是体会音韵和韵脚的好素材，有同行的前后押韵，也有隔行的押韵。如图 3-11 所示童谣。

将自然拼读法融入歌谣中既能增强学生的求知欲，又能帮助学生发现英语的构词和拼读规律，提高他们对单词的认读能力。如，老师在讲授字母组合-igh 的发音［ai］时，可以结合下面这首歌谣带领学生练习。

Good night, sleep tight,
Wake up bright,
In the morning light,
To do what's right,
With all your might.

首先，老师告诉学生字母组合-igh 通常发［ai］的音。接着用字母拼读法带领学生拼读歌谣中出现的这六个单词：night，tight，bright，light，right，might。例如 tight：t［t］；igh［ai］；［t］-［ai］-［t］，［tait］。以此类推。最后，学生通过练习歌谣，就能轻而易举地记住字母组合 igh 的发音［ai］。

老师通过改编可以让学生在轻松、愉悦的学习氛围中识别单词中的不同音位。可选

图 3-11　Mother Goose：Hey，Diddle，Diddle！

择一首歌里只强调一个音素，或者强调不同的音素。例如：

根据 *Old MacDonald Had a Farm* 的旋律改编的歌曲①：

What's the sound that starts these words：

Turtle，time and teeth？

/t/ is the sound that starts these words：

Turtle，time，and teeth.

With a /t/，/t/ here and a /t/，/t/ there.

Here a /t/，there a /t/，everywhere a /t/，/t/.

/t/ is the sound that starts these words：

Turtle，time，and teeth.

老师还可以利用绕口令来帮助学生练习头韵或尾韵。如以下这首绕口令：

Lili likes large lovely lemons.

Sam Smith softly sings silly songs.

教师引导学生找出绕口令的头韵，让学生理解并告知教师什么叫绕口令。学生跟随老师朗读绕口令。如此重复几次后，老师把学生分成几个小组，让学生创作自己的绕口令并写在卡片上，最后各组展示各自的绕口令。

王蔷教授在《小学英语教学法——从理论到实践》中提到“TPR 全身反应法是小学英语课堂极其有效又适合的教学方法”。在自然拼读的第一级 26 个字母的字母名和

① Brenda Calabretta. Phonics，Phonemic Awareness，Word Recognition Activities. Teacher Created Materials，Inc.，2000：18.

字母声的学习中，需要大量的身体律动，通过字母操、手指操、舞蹈等方式来掌握发音及发音规律，建立字母与语音之间的对应关系。

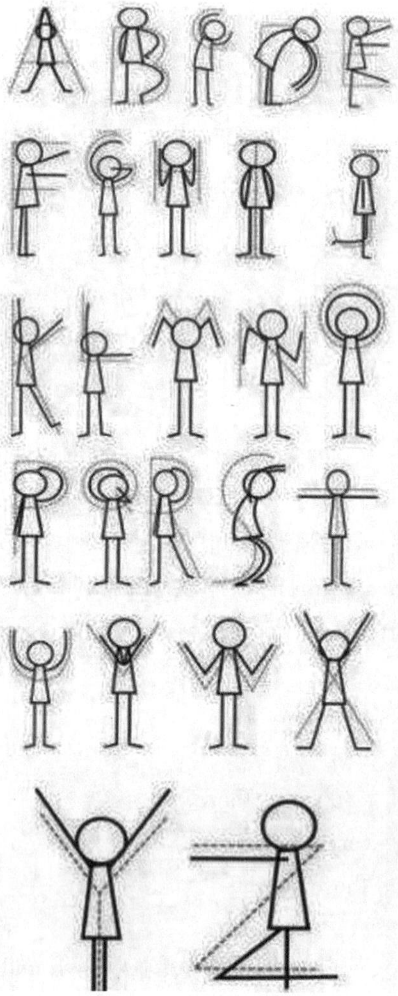

图 3-12　TPR of 26 Letters

2. 结合词汇教学，渗透拼读规则

教师要为学生的语言学习创造一种真实而有意义的情境，词汇教学中的语音渗透，不是教师带领学生简单的跟读，而是要通过情境创设，在教学过程中达到语音、语境、语意的结合，体现教学的整体性和有效性。通过字母发音的感知和词汇教学的渗透，学生对一些字母组合的发音、开闭音节的规则有所了解，有助于下一阶段的学习。

让学生通过读单词，发现这些单词发音的相同之处，进而认识该组单词的元音或辅音，然后根据这些特点去拼读新单词。要求学生不仅会发音、会拼读，还要与旧词联系，进行一些归类训练，培养学生自觉地把单词与音标进行音、形比较，通过归纳加深理解，巩固记忆。例如掌握元音字母在开音节和重读闭单节里的发音规律以及字母组合的读音规律，可以帮助学生自学新单词，让学生在学习的过程中自己逐渐悟出读音规则。比如，学了 face，cake，lake 后总结出 a-e 的发音，就能读出 make，same，game；学了 like，kite 后，就能读出 bike，five；学过 bag，cat，就会读 map，tap。

3. 在游戏中习得拼读规律

基于“玩中学，做中学”的理念开展英语自然拼读法教学，能使拼读教学活动形式更生动、活泼，激发儿童的学习兴趣，让儿童接触更多的字母发音及相关发音组合，了解更多的拼读规则，获得较高的英语拼读能力。

比如以下的两个自然拼读游戏：

游戏 1　Magic Hand

【游戏目标】提高幼儿对不同音节的辨音能力

【游戏材料】单词卡片

【游戏方法】当小朋友听到 et 举左手，听到 en 举右手，听到其他的音如 ag 时击掌。

【游戏建议】首先要复习要进行操练的音，然后向幼儿做个示范，在保证他们听清指令的情况下再进行游戏。老师举手的速度会逐渐加快。

【教学语言示范】If you hear a word containing “et”, you should put up your left hand. If you hear a word containing “en”, you should put up your right hand. If you hear a word containing “ag”, you should clap your hands. I will say 9 words, the winner will get a gift.

游戏 2　Fishing

【游戏目标】强化已经学习的单词，并拼出单词。

【游戏材料】字母组合卡片、回形针、带磁铁的钓鱼竿。

【游戏方法】把单词拆分为单个字母和字母组合，放在地上，老师随机说一个单词，学生用钓鱼竿钓起相关的单词卡片，并拼读出来。

【游戏建议】钓卡片不仅可以练习拼读，也可以把字母换成句子成分，让学生练习造句。

【教学语言示范】There are some letter cards. I will read a word, you should use the fishing rod to hook up two cards that make up a word and blend the word correctly.

在学习自然拼读法的过程中可以充分运用网络游戏或教学互动白板来吸引学生兴趣，渗透发音规律。例如，在教授一年级学生字母书写的时候，通过字母游戏，让学生学习字母名字（letter name）的同时了解字母的发音（letter sound）。

4. 在绘本阅读中巩固拼读规则

可以利用课堂任务完成后的 5~10 分钟，教师与学生一起读自然拼读英文原版绘本。教师把绘本故事投到白板上，声情并茂地朗读书中的内容，学生根据图片的对应，便能理解文字的含义，听着老师的朗读，感受着字母的发音。如《英语》（新标准）一年级上册第五模块中的“I'm a cat, cat, cat, in a cap, cap, cap; I'm a cat, cat, cat, in a hat, hat, hat”初步让学生体会了“a”的短音，这时利用下课前五分钟趁热打铁与学生一起阅读 Paul Orshohi 所著的绘本 *We Read Phonics*: *Ant in Her Pants*，能让学生们更好地感受“a”的短音。书中搞笑的情节与夸张的绘画，加上老师夸张的讲解，不时逗得学生们哈哈大笑，最后教师再针对这本书中重点要训练的发音进行强调，学生就会印象深刻。

互联网上有很多小故事也是自然拼读法阅读的很好的资源，教师与学生可以利用网络一起阅读。例如 Starfall 网站中的“Peg the Hen”这个故事很好地练习和巩固了“e”的短音：“Peg is a red hen. Peg gets set to go. Peg gets in a green jet. The jet is fast. The jet gets in a web. Peg falls and falls. Peg falls into bed.”

最佳的方式是在教学中自然而然地将拼读规则和拼读绘本结合起来。先用有趣的歌谣或故事导入新字母或字母组合发音及单词；通过生动的图片来学习新单词和发音；通过听力训练来强化目标字母或字母组合发音、相关单词；通过书写训练帮助学生强化所学的目标字母或字母组合、单词和发音；通过阅读等活动巩固单元知识并培养阅读理解能力。阅读故事里包含了前面学习过的自然拼音目标词汇及常用词汇（sight words），让孩子在阅读故事、体验情节的过程中掌握英文字母和字母组合的发音规律。笔者曾用过的 *Go Go Phonics* 是一套将自然拼读规则融入歌谣、律动、游戏、阅读中的优秀教材，是韩国知名教育集团 Clue&Key 出版社针对 5~10 岁亚洲儿童打造的多媒体互动式的自然拼音专项训练教材。全套 4 个级别，分别为 26 个字母、短元音、长元音、字母组合音，奠定学生听音、拼写、记词、阅读的基础。每一单元拼读内容之后有一个“Story Time”故事学习环节，有朗读、说唱、复读机三种学习模式。

附：Go Go Phonics 自然拼读阅读教学案例

图 3-13 Go Go Phonics Story

Phonics Story *The Ram*

(***Teaching English to Elementary School Students***)

Ⅰ. Warm-up

After greeting to each other, the students stand up and sing the *ABC Phonics Song* together.

Ⅱ. Introduction to Teaching Objectives:

The class reviews the letter name and letter sound of Aa, Pp, Mm with TPR, and watch the video about how these sounds blend.

Ⅲ. In-class Assignments:

1. The teacher teaches the new words containing the sound "ap": cap, map, lap, nap with flashcards.

2. The teacher teaches the new words containing the sound "am": ram, jam, ham, dam with flashcards.

3. The students make more CVC words containing these sounds and read them.

4. Game: The teacher places one word on the post in four directions. When the teacher says a word, two students run to it like a zombie. The fastest one wins.

5. Spelling bee: When the teacher speaks out a word, each group should spell it out with the paper letters. The fastest group wins.

6. The teacher plays the video of *The ram* and act the story with some teaching tools.

7. The teacher asks some questions about the story and teaches the sentences.

8. The students invite some "little teachers" to read the story, and then the whole class read the story together.

9. The students complete a work sheet reinforcing the sounds and words they have just learned.

Ⅳ. Review/Out of Class Assignments:

The students watch the video and read the story with the help of parents.

总之，基于儿童语言习得规律以自然拼读法进行英语教学是提高儿童英语认读能力和拼写能力的有效方法，可结合游戏、歌谣等展开多种形式的教学，帮助儿童提升语音能力，进而为其以后的语言学习奠定坚实的基础。

二、国际音标的教学模式

自然拼读法能够将英语单词的拼写与英语单词的发音进行有效的联系与转换，但由于英语单词的拼写与发音并不存在一一对应关系，再加上自然拼读法的规则只能适用约80%的单词。因此，对于非母语英语学习者来说，只学习自然拼读法显然不足。而国际音标有利于提高学习者语音意识以及单词的发音准确性，并且可以帮助学生自主学习。

（一）国际音标的定义和作用

国际音标（International Phonetic Alphabet，简称 IPA）是由国际语音协会制定的“国际语音字母”，用来标示人类所能发出来的各种声音（指单音或音素）的语音符号系统。历史上第一套国际音标是于 1888 年由英国的 H·斯维斯特倡议，法国的 P·帕西和英国的 D·琼斯等人制作的，发表在《语音教师》上（“国际语音协会”前身“语音教师协会”的会刊）。这套符号设立的原则是：每一个独立的音都有一个独立的符号相对应，相同的符号在任何语言中都表示同一个发音，符号尽可能采用罗马字母，只有在绝对需要的情况下才使用字母（如希腊字母和斯拉夫字母）和变音符号。国际音标符号经历了多次重大修订，近半个多世纪以来影响比较大、使用比较广泛的版本有 1949 年、1979 年、1989 年、1993 年和 2005 年几个修订版。其中一个值得注意的变化是在 Cruttenden A. 所著的 *Gimson's Pronunciation of English* 中，删除了四个辅音［tr］［dr］［ts］［dz］，从 48 个音标变成了 44 个。

48个英语音标表（IPA,DJ音标,KK音标对照表）

单元音短元音	IPA63	i	ə	ɔ	u	ʌ	e	æ	
	IPA88	ɪ	ə	ɒ	ʊ	ʌ	e	æ	
	KK	ɪ	ə	ɑ	ʊ	ʌ	ɛ	æ	
单元音长元音	IPA63	i:	ə:	ɔ:	u:	ɑ:			
	IPA88	i:	ɜ:	ɔ:	u:	ɑ:			
	KK	i	ɜ	ɔ	u	ɑ			
双元音	IPA63	ei	ai	ɔi	au	əu	iə	ɛə	uə
	IPA88	eɪ	aɪ	ɔɪ	aʊ	əʊ	ɪə	eə	ʊə
	KK	e	aɪ	ɔɪ	aʊ	o	ɪr	ɛr	ʊr
清浊成对辅音	清辅音	p	t	k	f	θ	s	ʃ	tʃ
	浊辅音	b	d	g	v	ð	z	ʒ	dʒ
其它辅音		h	m	n	ŋ	l	r	j	w
		dr	dz	tr	ts				

图 3-14　百度百科 48 音标图

国际音标严格规定以“一符一音”为原则，即一个音素只用一个符号表示，一个符号只能代表一个固定的音素。国际音标是目前符号最全、记音最准确的一套记音符号，利用它可以记录我们听到的语音。相比于自然拼读，国际音标教学有许多优势。国际音标最大的优势是学习者一旦掌握，就可以准确读出标注了音标的单词。国际音标不受单词长短、单双音节以及重音位置的影响，只要标注了音标，学习者就能够根据已经掌握的音标读出单词，做到语音的完全准确。其次，国际音标法可以帮助学习者提高自主学习的能力和效率。词汇量的积累对于一种语言的掌握来说至关重要，学习者学会了国际音标系统，可以发挥主观能动性自学英语单词，通过准确的发音促进单词的拼写以

图 3-15 British Council Phonemic Chart 英国文化协会 44 音标图

及记忆，有了充分的词汇量积累，学习者的阅读理解和表达能力可以进一步提高。

然而，国际音标也有一定的局限性。如同中文的拼音系统，音标是在英语词汇系统之外形成的辅助学习系统，是专门为非母语的初学者服务的。如果过度依赖音标，就会严重破坏阅读的流畅性，进而影响到孩子的学习兴趣。其次，作为目前世界上较为流行的两种英语语音系统，英式英语的发音采用 Jones 音标系统，而美式英语的发音则采用 KK 音标系统来标注。这两种音标系统用来标注元音的发音符号在书写上存在差异，对于语言学习者来说，同时学习两种语音符号系统比较容易混淆。

（二）国际音标的快乐教学策略

国际音标教学策略就是借助国际音标来标注英语单词的发音，通过音标的拼读来教学英语单词拼读的一种教学方法。国际音标主要是建立音标与单词之间的对应关系，通过识读音标来认读单词。通过教 48 个音素以及拼读方法，教会学生单词的拼读。在教学时，教师将音素与单词结合起来，通过跟读、听辨掌握 48 个音素的发音，然后教学音节拼读。在掌握拼读音标的方法后，学生遇到生词就可以借助词典等工具书上的音标标注进行自主拼读了。

1. 在儿歌中记住枯燥的规律

儿歌童谣读起来朗朗上口，容易记忆。老师可以在音标教学中采用儿歌教学法，以增强教学的趣味性。例如，为了从总体上记 48 个国际音标的规律，有的教师编了这样的顺口溜："单元音共十二，四二六前中后。双元音也好背，合口集中八个整。辅音共计二十八，八对一清又七浊，四个连对也包括。有气无声清辅音，有声无气浊辅音，发音特点应掌握。"这样短短的几句顺口溜，概括了 48 个国际音标的特征及其发音规律，浅显易懂。学生在课堂上读起来朗朗上口，课后还余音在耳，记忆起来当然容易。

在记忆具体的音标发音规则时，教师也可以帮助学生将规则编成不同的儿歌或顺口溜，以方便记忆，并很好地用来拼读单词。如：ee 是组合，大树高高发长音［i］；oo 是组合，短［u］d/k 前，food，foot 是例外。又如：skirt，裙子长长发［e:］音；boot，靴子长长发［u:］音；noodle，面条长长发［u:］音。“θ”音中间一舌头，所以发这个音的时候，上下牙齿应咬住舌间。如教学含有字母 a 的开音节单词时，可编这样的顺口溜让学生唱：Name，name；what's your name？Game，game；play a game.

这样一句句的顺口溜，学生们记起来是比较容易的，而且还不容易遗忘，记忆的过程充满了乐趣，真正实现了寓教于乐。

2. 在游戏中理解音标

在“游戏”中进行音标教学，可以将枯燥的音标教学童趣化，从而更加吸引学生注意力，有利于学生在游戏中学习与巩固所学的音标。教师可以组织学生在“玩中学”。教学音标的游戏活动大致分为以下三类：

（1）认读游戏

学习 48 个国际音标如同一年级小朋友学汉语拼音一样，有一个音与形的认识过程。课堂上模仿、拼读的过程一长，学生很容易厌烦。教学中，可以用“比一比，谁的音发得最佳”的竞赛来使学生集中注意力，养成仔细听音、观察口形、认真模仿的好习惯。巩固音标的认读游戏很多，如“快速认读音标卡片记时赛”，出示三四张一组的音标卡片，迅速拿掉，让学生按顺序说出“你看到了什么?”；出一组卡片，让学生读过后，从中任意抽掉一张，然后打乱其余几张再出现，问：“哪一张不见了?”。还有各种猜音标的游戏……

（2）听辨音游戏

要培养学生正确的语音，听力反应是相当重要的。听辨音游戏可分两类：一类是书面练习，如 Listen and Circle（圈出你所听到的音标），Listen and Tick，Listen and Number，Listen and Connect 等；另一类可以利用音标卡片来举一反三地做出许多种游戏，如“听音举卡片”“听音举音标排队”，在九格纸板上做“听音摆卡片”，等等。

（3）拼读游戏

拼读有一个熟能生巧的过程，只有反复多拼，才能达到熟练。教学中，教师应尽量设计游戏，让学生高兴地练。如：拼音标找到相应图片的“找朋友”游戏，紧张而又愉快的音乐传卡片拼读游戏，“拼音标写数词”“拼音标画简笔图”“拼音标涂颜色”等游戏，都是深受学生欢迎的。加上简易的绕口令和歌曲的配合，既满足了他们的娱乐愿望，又顺利地完成了学习任务。学生在愉快的气氛中学习，在积极的情境中记忆，从而使音标教学真正从枯燥中摆脱出来。

3. 在故事中渗透音标

生动有趣的故事可以吸引学生的注意，让学生对音标学习产生浓厚的兴趣，在不知不觉中记住音标的规则。以下就是一个学习元音的小故事：

/i:/辆火车呜呜呜/u:/地开过来了，车上有两只鹅，一只是长尾巴鹅/ɜ/，另一只短尾巴鹅/ɜ/。突然，两只鹅打起了架，短尾巴鹅狠狠地打了长尾巴鹅一下，痛得它嗷嗷/ɜ:/地直叫。后来两只鹅都受伤了，去到大夫那里检查，大夫说张大嘴，发啊/a:/的声音，检查完大夫要给他们打针治疗了，为了帮助他们缓解疼痛大夫给了一只鹅一个苹果 apple/æ/，给了另一只鹅一个鸡蛋 egg/e/。①

除此之外，教师也可以只提供图片，将故事文字部分挖空，让学生在图片的引导下自己完成故事，这将更能激发学生的积极性。

4. 善用“发音部位图”强化音标教学

在英语教学初始阶段，语音教学主要还是通过模仿来进行的，特别是音标教学，语音的准确性非常重要。所以，教师应提供大量听音、模仿和实践的机会，帮助学生养成良好的发音习惯。进行口形示范，教授学生正确的发音。对于小学生来说，只看教师的口型可能无法全面感知音标的正确发音，还需要借用其他媒介来辅助教学。

“发音部位图”（如图 3-16 所示）就是非常好的辅助教学工具。通过图像能比较显性地展示音标对应的发音位置。教师首先让学生看口形，感觉齿位、舌位和气流，结合发音部位图，讲解发音要领。例如：

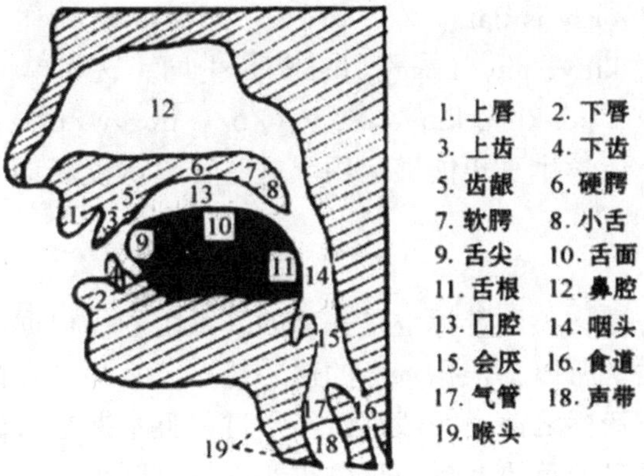

图 3-16　发音部位图

T：Boys and girls! First, look at my mouth：/i/.（首先，让学生看教师的口型）

T：Now read /i/, and feel your tongue, teeth and air flow.（其次，感受舌头、牙齿、气流，再进一步感受发音。）

T：Now, please look at the picture! Follow the instruction and try to read the vowel /i/.

Instruction：短元音，发音要短促而轻快。舌尖抵下齿，舌前抬高，舌两侧抵上齿两侧，口形偏平。

学生根据“发音部位图”再次操练/i/的发音，全班带读，个别操练，纠正错误，让学生辨音，而后，再让学生拼读一些已学过的含有该音素的词来巩固它的读音。

T：Try to read these words：it, big, bit, little, dizzy…（在单词中整体再次操练、复习/i/的正确发音方式）

5. 巧用“儿童诗”拓展音标教学

① 蔡溢芝．小学英语词汇从 Phonics 教学到音标教学的研究［J］．教师博览，2016（1）：46.

音标教学比较枯燥，利用和编写有趣的、简易的“儿童诗”等让学生经常念、唱，能使音标教学更加情境化、趣味化。教师结合儿童喜爱的“儿童诗”形式将音素带入整体语境中进行操练、拓展。这类“儿童诗”朗朗上口、情节幽默有趣，非常受儿童喜欢。在这种儿童诗情境下，音标教学不是孤立地读一个个音素，它可以结合与其相应的字母、单词或句子进行实际操练、实际运用，由点到面，循序渐进。有趣的韵律诗，既满足了学生的娱乐愿望，又训练了学生的语音。比如以下这首儿童诗：

My bunny lies over my doggy.
My pets were playing football.
My kitty and my dog and my bunny.
My bunny lies over my doggy.
My doggy is on top of my doggy.
My kitty is over my froggy,
And that's why my froggy is flat.

其中，bunny，pet，kitty，top，froggy，flat 都是生词。这些单词分别对应课堂上学习的相关音标：bunny-/i/，pet-/e/，kitty-/i/，top-/ɒ/，froggy-/ɒ/ /i/。在韵律诗中进行了语音拓展练习，从而，让学生真正能够运用上这些音素认读新词，增强词汇感知力和综合语音意识。

6. 归类教学法

与其他科学知识一样，英语音标也是完整的、系统的。根据不同的发音规则，英语音标有相对严格的分类。所以，根据音标的这一特点，教师在音标教学中可以实施归类教学法。小学生在学习音标之前，一般都已经学过并且掌握了汉语拼音，所以在实施归类教学的过程中，还可以把英语音标与汉语拼音进行对照练习。

英语音标一共有 48 个，教师在教学过程中可以根据发音规则进行分类，分阶段教学。如整个音标授课计划是两周，元音音标和辅音音标各上一周，再根据其具体分类细化到每一课时。另外，教师在讲音标时，可以把英语音标与汉语拼音进行对照，如单元音可与汉语韵母（a，o，e，i，u，ü）进行对照。分类教学法有其他教学法所没有的功能，对名词变复数，动词变第三人称单数，以及动词的过去式的读音规则都有很好的分辨作用。

（三）教学案例

Sample 1：

After having taught or exposed the students to long and short vowels through listening and oral work, the teacher can check recognition, retention and ability to discriminate in the following way.

Stage 1：

The teacher writes a variety of words containing the target sounds (long and short vowels) on the board. The following is just one possible set.

PORT PIT PAT PERT PET POT PUTT PUT PART PEAT

0 1 2 3 4 5 6 7 8 9

Here, the only difference in sound is that of the vowel—familiar to anyone who has done minimal pair work. As in these examples, the word should begin and end with the same consonant. 0, 3, 8, and 9, are long vowels and the rest are short.

Stage 2:

The teacher then models each word and individual repetition follows. The vowel sound can be isolated and the procedure repeated until the teacher is reasonably sure that there are no major problems. He or she then tells the students that they are going to hear one of the words and must write the number which corresponds to the word they hear. What the students have written is then checked and compared.

This automatically leads into a discussion of what they heard and what sounds they are confusing. If student X heard 1 when the teacher said 9, they are confusing the short vowel / i / with the long vowel / iː / . The teacher gives feedback and the sounds may then be modeled again and practised.

Stage 3:

Two or three words are then presented together and the procedure repeated. The teacher then tells the class they are going to hear six words and that the numbers correspond to an important telephone number. The teacher delivers the words and asks, "What's my number?". Again there will be differences in what was heard. This allows a focus on which sounds are not being discriminated effectively by which students and where their problems lie. Later discussion may revolve around what strategies students may employ to improve their discrimination skills — songs, minimal pair games with friends, movies, radio, etc.

Stage 4:

Learners are then invited to model the telephone number. This stage usually generates much discussion and disagreement along the lines of — "You said ..." "No I didn't" "Say it again" and so on and is usually very lively. The teacher is, of course, the final arbiter of what was really said. The important thing is that the learners are thinking actively about their pronunciation and how to repair it if necessary. They also begin to hear themselves (often for the first time) and this is of immeasurable importance in the retention of sounds.

Sample 2:

This exercise was designed for a multi-lingual class, but is equally effective with monolingual groups.

Stage 1:

Having identified some problem areas for the class, the teacher makes a list of instructions containing these. Below is such a list.

Draw a sheep on the board. (Spanish speakers often draw a ship.)

Write the letter "P" above the sheep. (Arabic speakers often write "B".)

Use the "P" as the start of the word "pleasant" and write the word (Japanese speakers often write "present".)

Write "light" next to pleasant. (Japanese speakers often write "right".)

Draw a mouse next to the word "light". (Spanish and Japanese speakers often draw a mouth.)

Draw a pear next to the mouse. (Arabic speakers often draw a bear.)

Other examples can be added.

Stage 2:

After presentation and practice of the problem areas, each student is given a piece of paper with an instruction containing such sounds. The papers are given so that a student will hear an instruction containing a sound which they have a problem hearing. The instruction is then whispered in the ear of the receiving student and they carry out what they hear. They sit down and read their instruction to the next student. This continues until all the instructions have been carried out and there is something resembling a picture on the board. No comments should be made as the work is in process.

Stage 3: Feedback

There will be reactions from laughter to dismay as the students see how the instructions were carried out. The teacher needs to focus the students on what went wrong. Was the problem production or reception? What did Miko say and what did Joel hear? The dilemma pushes the students to correct themselves and hear what they are saying. The discussions are often very animated and again the teacher must arbitrate. The learners also see the real-life consequences of not producing or not hearing appropriate English sounds as well as getting personal and class feedback on their problem areas. As in exercise A, discussion can take place on strategies for pronunciation.

Some Conclusions

The exercise allows clear practice in production and reception and gives concise feedback to individual learners as to where their problems lie in these areas and how to repair them. Often these are very simple physical questions such as not rounding the lips as in /uː/ in fool, which the teacher can help them focus on.

第五节 快乐英语词汇教学模式

一、义务教育阶段词汇教学目标

《义务教育英语课程标准（2011年版）》规定：学生在义务教育阶段应该学习和

掌握的英语语言基础知识包括语音、词汇、语法以及用于表达常见话题和功能的语言形式等。语言知识是语言运用能力的重要组成部分，是发展语言技能的重要基础。

（一）二级语言知识词汇目标

1. 知道单词是由字母构成的。
2. 知道要根据单词的音、义、形来学习词汇。
3. 学习有关话题范围的600~700个单词和50个左右的习惯用语，并能初步运用400个左右的单词表达二级规定的相应话题。

（二）五级语言知识词汇目标

1. 了解英语词汇包括单词、短语、习惯用语和固定搭配等形式。
2. 理解和领悟词语的基本音义以及在特定语境中的意义。
3. 运用词汇描述事物、行为和特征，说明概念等。
4. 学会使用1500~1600个单词和200~300个习惯用语或固定搭配。

二、儿童英语词汇教学特点

（一）多维性

词汇是语言的基本单位和建筑材料。人们的思维活动首先是在词汇的基础上进行的。人与人之间的交流主要是在句子和言语这两方面实现的。没有词汇，就没有语言，就不能言语。

词汇有特定的声音，人们发出不同的声音代表不同的词汇；人们在进行书面表达时，词汇以其特定的形式出现；每一个词汇都有固定的一个或多个含义；根据一定语言规则和约定俗成的语法限定，这些词排列成一句话语，供人们进行交流。音、形、义，用法缺一不可，哪一部分不完整就会对交流造成障碍。因此，在词汇教学中，教师要考虑和认识到语言交流对词汇要求的这一特点，既教词汇发音，也教拼、读、写，还要向学生详解词汇的含义，传授运用这些词汇的方法，使学生得以全面掌握。

（二）联系性

词汇教学不只是单词教学，因为单词只有组成句子和话语之后，才能实现它的交际功能。单词脱离开句子，无法确定其含义。离开了具体的情景，我们很难说出一个词的意思。当然，小学所学词汇的词义，一般用其本义，而引申义等用得较少。但是，即使是本义，很多词也有好几个。因此，确定词义和用法，必须有具体的情景和语境。

要教好学生记词汇，一方面要读 、背 、拼写 、听写，利用机械理解和记忆；另一方面要想记得牢，用得准，还必须理解意义和识记意义，这样才能收到很好的效果。

（三）层次性

尽管小学阶段要求学生掌握的词汇量不是那么多，但对于小学生来讲，要记发音，要记拼写，还要记词义，会运用，确实不是件容易的事，学生需要有一个理解、消化以及巩固的过程。教师如果逼得太紧，学生就会容易产生叛逆心理，反而消极怠工，也容易产生厌学心理，不读了，不写了，词汇教学的目标就远远不能实现了。

所以，在词汇教学中，教师要体现出分阶段教学的特点。先让学生看，然后说，再去背，记熟会背了，再进一步指导他们去运用，对于不常见、不常用的词，知道中文意思就可以了，没有必要要求学生会背会用。

（四）复现性

词汇教学在英语教学中很重要，教师希望把学生教好，学生也希望能学好。但学习词汇确实是一项十分艰巨的任务，常常是学会了，第二天又忘了。遗忘是词汇学习最大的拦路虎，也是教师和学生遇到的最头疼的问题。

艾宾浩斯遗忘曲线展示了遗忘的规律。在熟记后短时期内遗忘较多，过了较长时间间隔后，遗忘发展的速度就慢慢地减慢了。词汇教学中也有及时复习并能有效克服遗忘的特点。教师在教授新词汇之后，要及时复习巩固，不要等到完全遗忘了再来复习，这样等于又重新学习一遍。

（五）发展性

随着社会的发展，新的事物层出不穷，许多与日常生活密切相关的新词涌现出来，如衣、食、住、行等许多词，教师可以适当地补充到词汇教学中。教师要抓住时机，为学生扩大词汇量和开阔眼界提供条件。新词能加大交际的力度，为口语的表达提供更丰富的语言材料。当然，新词的学习要在课时允许，学生有兴趣、有精力和有时间的情况进行，不能作为硬性任务来完成。

三、词汇教学方法

（一）直观教学法

利用实物、图片最容易引起学生的兴趣，因为日常生活中，实物是小学生常见的，每天都能感知得到的，用实物、图片作为英语教学用具，最能激发学生的求知欲与兴趣。如学习颜色时，当老师把大量的不同颜色的食物呈现在讲台上时，学生会有一种迫切想表达的愿望，在以后的日常生活中，脑海中还会不断地重复出现这些单词，比单纯用听和读的方法更有效。在接受信息的过程中，学生调动了多种感官的参与，各种感官协同活动，很大程度上提高了识记效率。

（二）上下文中学单词

通常外语教学中采用词汇对译的方法揭示词义，也有采用直观教学的办法。但英语的许多词都是一词多解的，这种方法只有在完全相同或等值的情况下，所解释的词义才有效。然而这种情况是很少的。例如，英语中的 rice 可译为稻、米、饭等。如果用"饭"来译词，学生就会以 rice 去与有关的动词连用表示吃早饭、吃午饭、吃晚饭。而早餐、午餐等在英语中还有 breakfast，lunch，supper 等另外的词。所以简单地揭示词义显然是不够的，单单用这种方法很容易造成混乱，外语教师在教单词时，可根据上下文来教，使这个词多次出现，帮助学生理解这个词的意思。

（三）机械识记

即教师按照字母的一般顺序拼读，边带领学生拼读，边让学生用手指在空中拼写或在纸上听写默写。意义识记即教师引导学生发现单词的某些语音规律帮助他们掌握单词的拼法。尽管小学没有要求教音标，教师可以将语音知识渗透在词汇的教学中让学生掌握部分语音拼读技巧。帮助学生意义识记单词的方法有：字母、字母组合读音规则学习。如在教 book 时可告诉学生 b 发/b/音，然后列出一些含有 b 字母的单词如 bike，bed，building 等；如教 bake 时可以告诉学生 ake 发/eik/音，然后列出含有字母组合 ake 的单词 lake，cake 等。单词分节助记，即根据单词的构词法将单词进行有意义的拆分帮助学生记忆单词。

（四）定义法

定义法是一种传统的同时也是运用最为广泛的词汇教学方式，主要是通过将单词的读音、常用词组以及例句做成一套模板然后教给学生。定义法主要教学理念是通过反复加深记忆然后让学生记忆单词，这种教学方式在英语学习初期能够达到很不错的效果，因为在英语学习初期，学生们能够接触到的词汇量较少，每一个单词都是带着其独特性而被学生所记忆，所以在初期的英语学习中，推荐使用定义法去完成词汇教学。但是随着学生词汇量的上升，定义法逐渐变得枯燥乏味且变得不太鲜明，此时再用定义法进行词汇教学会导致教学效果大打折扣。

（五）词根联想法

词根联想法也是一种较为传统且大量应用在日常英语课堂教学中的一种词汇记忆方法。相比较于定义法，词根联想法的词汇记忆效率更高；相比于上下文关联记忆法和归类法，词根记忆法则更容易为学生所理解。所以，对于一部分较为特殊的拥有词根构词法的单词，选择词根联想法去完成词汇记忆会更有效果。例如，通过形容词词缀-able 以及副词词缀-ly 等构成的新词，以及否定前缀 im 等构成的新词等均可通过词根联想记忆法完成词汇记忆。

（六）游戏教学法

美国教育学家皮亚杰认为“游戏竞赛等活动最适合儿童的心理特点，儿童能在轻松活泼的活动中发现问题、分析问题和解决问题，从而使智力得到充分的应用和发展”。游戏的魅力在于让学生学在其中，玩在其中，乐在其中。除了游戏外，英语脑筋急转弯也可以用于词汇教学中，引出新词汇或巩固旧词汇。

（七）情境教学法

情境教学法就是一种避免词汇教学的单调、枯燥，行之有效的教学手段。章兼中教授认为，任何运用语言的交际活动都是在情境中进行的。没有情境的交际活动是难以实现的，单词只有组成句子和话语之后，才能实现其交际功能。教师在教学中应把单词和句子结合起来，设置一定的语言情境、图片情境，让学生仿佛置身于实际情景之中，从而密切单词与日常生活的联系，调动学生学习主动性和积极性，使他们全身心地投入学习，强化记忆。对于一些抽象的名词，教师可以创设一定的情境，让学生在语境中感悟、理解词的意思，把抽象的单词生动化。

（八）戏剧法

教学内容直接决定了学生的学习欲望，并制约着语言教师对教学方法的选用。在英语课堂上，若孩子们能遨游在光怪陆离的童话故事中，他们学习英语的积极性将被充分调动起来，当他们和一个个栩栩如生的童话人物交上好朋友的时候，他们的英语也会取得长足的进步。

根据儿童这一特定的教学对象，我们将所选童话故事全部改编成剧本。在教学中让孩子们扮演剧中的各种角色，学一段演一幕，学完一篇，一个童话剧就已排练完毕，可上演了。通过教学排练表演，孩子们英语口语交际能力迅速提高，这种方法比起虚拟一个孤立情景进行口语教学，更生动、更自然，因而教学效果十分明显。

（九）拼读法

英语属于拼音文字，拼读和拼写是密不可分的，它们之间的联系就是规则。拼读规则是学习英语的拐杖，是学生认读词汇的金钥匙。教师应帮助学生通过大量的拼读练习，发现和掌握元音字母和辅音字母在单词中的读音规律，常见字母组合的拼读规则，使学生按有关规律和规则推断单词的读音。反之，从单词的读音可判断其拼写形式，养成见到单词会读音、听到语音会写词的能力。

（十）全身反应法

为学生学习的几乎每一句英语都配上生动的动作，让孩子们边说英语，边用动作将其含义表达出来。全身反应教学法注重的是语言学习中的互动模式。它能够一下子就抓住学生的注意力，吸引学生参加活动，让他们在轻松快乐的学习环境中，身临其境般地体验英语。

四、小学英语词汇教学中的课堂游戏

在英语词汇教学中，教师可以运用丰富、有趣的课堂游戏，进行词汇的呈现、练习、巩固和拓展。对于小学生来说，班级规模较大，一般在40~50人。以下几个游戏无论是对大班还是小班都非常适用。

（一）Running Dictation（移动听写）

1. 准备若干份听写材料（单词、短语等），并分开张贴到教室四周墙上或室外。

2. 将学生分成几组，每组留守一人执笔（在位子上不动），其余人到教室四周或室外去寻找张贴的听写内容，并背下听写内容（不准抄写），然后让组内留守者听写，最后看哪个小组首先完成任务。

3. 此游戏目的在于训练学生的听写能力、记忆能力、配合能力和团队精神。

（二）Stop Game（暂停写单词）

1. 将学生分成若干小组，并给每个小组命名，向每个小组发一张白纸。

2. 让一位学生唱字母歌，教师说“Stop”，然后就以学生刚唱到的这个字母开头，让每组按要求（如规定单词的词性、类别、音节或字母个数等）写出单词，可以给每组学生两分钟时间来思考和讨论，然后将纸条收上来，看小组写对几个，最后计算总分。

3. 此游戏目的在于巩固词汇，培养合作精神。

（三）Listen and Say（传话不走样）

1. 准备几句与学习内容有关的句子。

2. 将学生分成若干小组并排队站好。

3. 每组第一个同学到老师身边，听老师耳语一句，听清后，迅速跑回传给本小组第二个同学，最后一个同学大声说出听到的句子。准确说出句子的小组为获胜者。

4. 此活动目的在于训练学生听说能力。

（四）Honeycomb（蜂窝迷宫）

1. 将学生分成两组。

2. 教师在黑板上画一个个外形呈蜂窝状的图形（每个方格为六边形），并写上字母。

3. 用掷硬币的方法决定先后。先走的那一组先选择一个字母，教师说一句话，在这句话中含有一个单词，单词中含有这个字母，如A，教师说：I like eat A. 学生答：apple。回答正确，占据此六边形，错误的退回上一位。

4. 如果路被堵死，对方认输。譬如，一组占据L、B、K，另一组占据M，那么M

组输，因为路被堵死。

（五）Scramble for the Seat（抢座位）

1. 将凳子围成一个圈。

2. 让所有同学围绕凳子慢走（同学的数量比凳子多一个），边走边说教师规定的英文单词，老师说 stop，所有人停止行走，开始抢凳子，没有抢到的一位同学被淘汰，并用目标词造句。

3. 下一轮，抽掉一个凳子，继续活动。

4. 此活动目的在于训练学生语言动作协调能力和反应能力。

（六）脑筋急转弯

1. What letter is an animal?
哪个字母是一个动物？
【答案】B（bee）.
2. What letter stands for the ocean?
哪个字母代表海洋？
【答案】C（sea）.
3. What letter is a question?
哪个字母是一个问题？
【答案】Y（why）.
4. What letter is your eye?
哪个字母是你的眼睛？
【答案】I（eye）.
5. What letter is a vegetable?
哪个字母是一种蔬菜？
【答案】P（pea）豌豆.
6. What stays hot even if put in a fridge?
什么东西即使放到冰箱中也是热的？
【答案】Pepper（胡椒粉）.
谜语解析：hot 也有辣的意思。
7. What fruit is never found singly?
什么水果永远都不会是单数？
【答案】：Pear（梨）.
谜语解析：pear 和 pair（一双）读音相同。
8. With which hand do you write?
你用哪只手写字呢？
【答案】Neither.

谜语解析：Neither. I use a pen！都不用，我用笔！

9. What man cannot live in a house？

什么人不能住在房子里？

【答案】Snowman（雪人）.

10. What never asks questions but has a lot of answers？

什么东西永远不问问题但是却有很多答案？

【答案】Dictionary（字典）.

五、词汇教学案例

教材名称：《英语》（一年级起点）一年级上册

出版社：人民教育出版社

教学内容：

Unit 3　Animals

教学目标：

1. 学生能掌握本单元五个重点词汇：dog，bird，tiger，monkey，cat
2. 学生能够熟练运用目标词汇。

教学重难点：

1. 单词发音
2. 单词运用

教具：PPT，词卡，动物头套

教学方法：直观教学法，TPR 教学法，情景教学法

教学步骤：

Step 1：Warming up

1. Greeting：师生问候。（让学生们养成用英语打招呼的习惯）

T：Good morning，boys and girls.

S：Good morning，Carol.

2. 师生一起唱 *Hello Song*

Step 2：Lead in

教师告诉学生我们现在正在动物园内。教师播放动物声音的音频，要求学生根据声音做出相关动物的动作。

T：What is this？

（学生做出动作）

T：Yes，it is a cat. （加重 cat 的发音）

Step 3：Presentation

1. 引导学生观察开篇页图片中描绘的内容，并用中文说一说这是什么地方？同学们在看什么？引出本单元的主题“Animals”。

2. 请学生继续仔细观察图片，找一找动物园里都有哪些小动物。学生可以用中文说一说，等学生说完之后。教师边指着图上的小动物边说：Tiger. A tiger. It’s a tiger.

Dog. A dog. It’s a dog. 引导学生把五个动物名称和英文表达建立联系。

3. 教师出示教学卡片，带领学生逐一认识几个动物。

4. 播放歌谣，再次感知新语言。

告诉学生将要听到一首有关小动物的歌谣。播放歌谣录音 2~3 遍，问问学生听到哪些小动物。也可以让学生跟着录音指一指图上的小动物。

5. 词汇学习

（1）教师指着挂图上的小动物，清楚地示范单词发音。

教师引导学生认真听发音不急于张口模仿，等学生听清楚后，再尝试跟读，教师正音。

（2）教师让学生模仿小动物的动作，边做动作边模仿说单词。

（3）让学生到前边读出单词，或模仿动物的叫声，其他学生举卡片。

Step 4：Practice

1. Listen and act 听一听，做一做

（1）告诉学生接下来玩一个听指令做动作的游戏。

（2）教师通过动作帮助学生理解 Act like a…的意思。

（3）教师向全班同学发指令，引导全班学生做出相应的动作。

（4）当所有学生都能听懂 Act like a…的指令后，教师任意点名并发指令，让学生做动作。

2. 小组活动

（1）师生示范

①教师向全班教授指令语 Act like a…

②教师请四名学生配合做示范。教师发指令 Act like a…让学生做动作。然后，请其中一名学生尝试发指令，教师和其他三名学生一起做动作。

③教师还可以再请另外一两组学生到前面做示范，直到所有学生都明白如何开展小组游戏活动为止。

（2）分组活动。

让学生 4 人一组玩游戏。教师巡视指导。

Step 5：Production

Listen and chant again 学唱歌谣

（1）请学生听歌谣，当听到某个小动物时就做出相应的动作。

（2）教师逐句教授歌谣，注意节奏和发音。

（3）播放歌谣录音，学生跟着录音轻声尝试唱出歌谣。

（4）学生两人或四人一组练习，鼓励学生自编动作，然后以组为单位在全班展示。教师引导其他同学予以评价和鼓励。

Step 6：Review

老师与学生一起总结今天所学的单词。

作业/任务：设计自己的动物园（要求：要有绘画和相关单词注释）。

小结：

1. 让每个学生得到表达的机会。
2. 词汇教学注重多种方法结合。

第六节　快乐英语语法教学模式

一、义务教育阶段语法教学目标

（一）二级语言语法词汇目标

1. 在具体语境中理解以下语法项目的意义和用法：
名词的单复数形式和名词所有格；
人称代词和形容词性物主代词；
一般现在时，现在进行时，一般过去时和一般将来时；
表示时间、地点和位置的常用介词；
简单句的基本形式。
2. 在实际运用中体会以上语法项目的表意功能。

（二）五级语言语法词汇目标

1. 理解附录中“语法项目表”中所列语法项目并能在特定语境中使用。
2. 了解常用语言形式的基本结构常用表意功能。
3. 在实际运用中体会和领悟语言形式的表意功能。
4. 理解并运用恰当的语言形式描述人和物；描述具体事件和具体行为的发生、发展过程；描述时间、地点及方位；比较人、物体及事物等。

二、快乐英语语法教学要领

（一）期待语法错误

语法错误是语言发展的一个正常现象。学习者可能会在一个有控制的练习活动中产生一种新的形式，但是第二天又犯了错误，这是正常的，还有很多机会使用语言来表达意思，并在适当的时候注重准确性。

（二）为学习者提供充分运用语法的机会

这意味着提供以意义为中心的生产活动，学习者可以在角色扮演等任务中选择他们擅长的语言。教师可以选择一个活动，创造一个复习巩固最近学习的语法形式的机会。在英语语法教学中，教师要善于把握语法特色，激活学生的语法思维，增进学生自主学习意识，促进学生对语法的应用。所谓自主性，就是学生对语法知识的学习积极性，只有最大限度地开发学生的主动性，才能增强学生良好的语法体验，才能让学生获得学习的成就感。

（三）考虑明确的实践活动

这些活动的主要目的是练习一种新的学习形式。这种活动通常有一个以意义为中心的维度，但是学习者会被告知他们应该使用什么语言来表达意义。例如，学习者可能会被邀请利用“未来”讨论周末计划。这类活动对不太自信的学习者和那些以前注重形式的学习者尤其有益。英语语法教学应该以实践为教学的整体支架，注重学生的日常练习。值得教师注意的是，不要过多地讲授枯燥的语法规则，应结合生活中的一些例子，让学生了解不同的语法有不同的用法和功能。

（四）仔细改正错误

无论是以意义为中心还是以形式为中心，错误都会持续存在。和往常一样，教师对纠正和反馈的态度应该取决于活动的目的和学习者实际水平。

（五）使语法表达有意义

教师可以选择式地呈现一种新的语法形式。营造语法情境，帮助学生运用语法，联系实际，学会正确、熟练、灵活地表达。在语法教学中，营造趣味化的学习情境，更有助于学生了解和巩固语法知识。情境化教学，让学生能够根据表达语境来把握“一般现在时”谓语动词的正确时态。当然，在语法情境创设时，教师还要结合语法知识点，适度引入音乐、图片、游戏等方式，营造趣味化、生活化的英语情境。

（六）使用发现技术

语法表达的另一种选择是在不同的语境中向学习者展示语法形式的例子，并鼓励他们理解语法形式的意义。许多现代教科书结合了发现和表达技巧，经验将帮助教师为学习者找到正确的平衡。梳理语法知识，从发现中归纳语法。在英语知识体系中，语法具有规律性，如果采用机械记忆方法，反而更易丧失学习语法的积极性，也难以取得良好成效。从前一阶段的观察入手，教师要引导学生梳理语法知识点，促进学生由感性认知上升为理性认知。

（七）简单、清楚的解释

有时教师会被要求解释语法形式的正确用法。教师要给出一个最适合学习者当前阶段语言意识的解释。教师应根据学生的不同需求，在教学中不能单一地传授语法规则，要注意学生的情感特点，注重彼此间情感的交流。

三、英语语法教学方法

（一）演绎法

演绎法建立在推理、分析、比较的基础上。教学步骤是老师把例子写在黑板上，用学生本族语解释规则，然后让学生练习使用这些规则。它的优点是适合优等生和积极性高的学生，节约解释复杂规则的时间，增强学生考试的自信心。它的缺点是孤立讲授语法，很少关注意义，机械练习。

（二）语法翻译法

语法翻译法起源于欧洲古拉丁语和古希腊语的传统教学中。19 世纪，语法翻译法开始被应用在现代语言的教学中，并统治着外语教学至 19 世纪末。语法翻译法的特点是强调语法规则的呈现，词汇的教学及翻译练习。教师的角色是用学生母语的语法来解释语法规则和单词的意思，组织课堂练习（主要是背诵语法规则和翻译练习），和纠正学生的错误。学生的角色是关注教师对语法的讲解和纠错，记忆语法规则和词汇，和认真完成教师布置的语法及翻译练习。

语法翻译法过多地强调语法的作用，把语法作为教学的最终目的，为了教语法而教语法。语法解释和逐句的翻译练习是课堂的主要活动并占课堂的大部分时间。语法翻译法存在的不足是忽视听说，并且没有强调在真实语境中有意义地使用语言。因此，它并不适合中国环境下的外语教学，虽然从某种角度上讲，直至今天它都影响着外语教学。

（三）归纳法

教师提供给学生真实的语言数据，引导学生在没有任何形式的明确解释时意识到语法规则。教学步骤：呈现真实的语言（给出语法例子）；让学生观察、分析、对比例子；帮助学生感应语法规则。优点是激发学生思考；提升学生的学习兴趣；在一定语境中教授语法。缺点是语法教学更加复杂，大量耗费时间；间接讲授语法；不易归纳语法规则。

（四）引导发现法

与归纳法相类似，引导发现法就是引导学生发现语法规则：老师仔细地指导，帮助学生发现，引出语法规则，并对其进行明确讲解。

（五）合成法

语法教学应该是一致的、建设性的，是在一定语境下的和具有一定对比性的。

① 一致的：语法应该建立在个别词汇项与其子范畴一致的基础上。

② 建设性的：语法知识是一点点建立起来的，语言的学习和使用也同样需要积累。

③ 一定语境下的：语法成分和结构的教学应该建立在一定语境的基础上，句法和词汇的选择要与语用、社会和文化环境联系起来。

④ 对比性：学习者应该对比目的语与其他语言的不同。

（六）游戏教学法

心理学家认为，学习兴趣是一个人力求认识世界，渴求获得文化科学知识和不断探求真理而带有情绪色彩的意向活动。语法教学一向被认为是“枯燥无味”的代名词，很多学生认为语法难学，没有意义。若能让学生在游戏活动中运用所学的语言知识，不仅可以复习和巩固所学的语言知识，而且还能提高学生的学习兴趣和调动学生的学习积极性。游戏教学法既能让学生掌握新的句型，复习已学的词汇，同时还能让学生获得极大的成就感，增强学习的自信心。

（七）小组协作式任务型教学法

小组协作任务型教学是任务型教学中比较好的实施方式，它采用两人活动或小组活动形式，避免了班额大，不同学生之间知识水平和智力发展参差不齐，同时师生之间、学生之间的交际得不到充分的发挥等教学问题。运用小组协作式任务型教学，可以改变目前语法教学过于重视语言形式而忽视语言实际运用能力的培养的状况，从而优化英语语法教学，可以使学生由被动变为主动实践，使枯燥的语法学习变得生动活泼，可以增强学生的学习自主性，促进学生之间的合作与交流，提高其解决问题的能力。

（八）直观教学法

直观教学法指的是利用教具作为感官传递物，通过一定的方式、方法向学生展示，达到提高学习的效率或效果的一种教学方式。它通过运用真实事物标本、模型、图片等为载体传递教学信息，进行具体的教学活动，强调教室要布满图画，书本要配有插图。直观教具的呈现要放在学生面前合理的距离内，让学生先看到整体，然后再分辨各个部分，并且要设法引起和保持学生的注意力。直观教学法的实质是一种传授观察经验的直观技术，重视视觉教具和教材的选择应用，但很少重视教材的设计、开发、制作、评价和管理。

（九）语境教学法

传统的语法教学主要是把学生的注意力引导到掌握语言知识上，而不是形成在语言运用能力上。但是，学习语法的目的不应只是掌握语言形式，而应使语言学习者能够在特定的场合及情境中运用语言形式来实现交际目的。语境教学是指教师引导学生在不同的语言环境下，正确理解判别同一词语或同一句子的不同意思。如“hang”一词，作为动词意思可以是“悬挂，吊着”，也可以是“绞死，吊死”之意，那么要正确理解它的意思就要根据特定的语境来判断。为了让学生更好地掌握 hang 这一词，教师可以给出以下两道题（用词的适当形式填空）：

1. He ________ (hang) his dry clothes on the line yesterday.

2. He ________ (hang) for murder.

在题 1 中，整句应理解为：他把他的湿衣服吊在绳子上，所以 hang 此时应为“悬挂，吊着”的意思，而题 2 应是“他因杀人而被处以绞刑”的意思，那么 hang 就应理解为“绞死，吊死”了。hang 为“悬挂，吊着”时，过去式为 hung，hang 为“绞死，吊死”时，过去式和过去分词为 hanged，所以题 1 应填 hung，而题 2 答案为 hanged。

可见，在语境中学语法能使学生更清楚地理解语言和词语，而不是只注意语言的形式和词的片面意思。

（十）语篇教学法

语法教学应与听、说和阅读活动紧密结合。阅读过程是学生发现问题和思考问题的过程，通过分析阅读中遇到的一些语法现象，学生会加深对这些语法现象的理解，这绝非单纯地向学生灌输语法知识。如果教师只是让学生机械地在句中操练某个语法点，学生会感到枯燥无味；若将语法点放入语篇中，让学生在阅读文章时形成一定的感性认识，就能引导学生根据语境归纳和总结出语法规则。这样既可加深学生对所学知识的印象，又不会使学生感到乏味，也能让学生通过语篇来学到系统的语法知识，并提高阅读能力和口语表达能力。

四、英语语法教学案例

教材名称：《英语》（三年级起点）四年级下册

出版社：外语教学与研究出版社

教学内容：Unit 6　Holidays

教学目标：

(1) Knowledge objectives:

a. Concept of Present Continuous Tense.

b. Basic Usage of Present Continuous Tense.

(2) Ability objectives:

Students will use the Present Continuous Tense masterly.

(3) Emotional objectives:

a. Students will be more interested in English grammar.

b. Students feel happy when they described what was happening.

教学重难点：

(1) Rules of changing verb into present participle.

(2) Concept and Structure of Present Continuous Tense.

(3) Basic use of Present Continuous Tense.

教具：PPT 卡片

教学方法：情景教学法，任务型教学法

教学步骤：

Step 1: Greeting: Say hello to everyone, introduce myself and emphasize the class rules.

Step 2: Lead in and warming up: Ask students some easy questions to lead in and warm up.

T: What is your favorite sport? Do you like swimming?

S: Yes, I do. /No, I don't.

Step 3: Discussing with students about their hobbies. Finding their problems and leading them to use the Present Continuous Tense.

T: What's your hobby?

S: Collecting stamps.

T: Wow! I like collecting stamps, too. Because I think it's meaningful.

…

(While discussing, the teacher will find their problem, then lead the students to use the Present Continuous Tense.)

Step 4:

T: Please watching the pictures carefully.

T: OK. Look! What is he doing on the picture?

S: Swim!

T: Yes, he is swimming now. Do you like swimming?

S: Just so so. I like walking. It's quieter.

(Show some pictures to the students and ask them: "What are they doing?" "What is she/he doing?")

T: Super! Let's continue watching the pictures! (Then pick another student to answer what the people are doing on the picture, repeat this process for each picture. I also need to find their problem.)

Step 5: Geting the students to be familiar with our target language by showing pictures, and introduce the Present Continuous Tense, including structure and some verbs' changing rules while showing different situations with pictures.

T: We can see they are doing something on the pictures, so we used the Present Continuous Tense, such as fishing, swimming, running. Do you know how to write them?

S: It is so easy, add-ing.

T: Yes, you are right, most of the words suit this rule. But some verbs have different rules, such as swim→swimming, have→having, lie→lying.

Step 6: Dividing students to several groups and each group should list a rule of the words.

T: Each group can choose one:

have→having

lie→lying

run→running

T: While you finished, each group can point a student to write the words on the blackboard.

Step 7: Playing a guessing game to introduce general questions in Present Continuous Tense and consolidate its structure at the same time.

T: When should we use the Present Continuous Tense?

S：When we are doing something or seeing something happening.

…

（Repeat asking questions one by one，if someone cannot follow，he should have a performance.）

作业/任务：

（1）Recite the irregular verb；

（2）Practice the use of Present Continuous Tense at your daily life.

小结：

（1）运用引导发现法，让学生自己发现语法规则，并运用语法知识；

（2）教学过程趣味性不足，可能略显枯燥；

（3）忽略了学生的实际能力，学生可能无法回答部分问题。

第四章　快乐英语课堂管理

第一节　课堂管理与儿童英语课堂管理

课堂管理是教师为了完成教学任务，调控人际关系，和谐教学环境，引导学生学习的一系列教学行为艺术。管理好课堂是开展教学活动的基石，教师必须不断提高课堂教学管理技能。① 自17世纪夸美纽斯创造出“班级授课制”的教学组织形式以来，课堂管理就已经存在于教师的教学活动中。对课堂管理的关注始于20世纪的心理学发展，由于教育有了心理学做基础，教育研究更多是从心理学角度考虑问题，课堂管理从而也有了心理学依据。直到20世纪70年代，被称为“课堂管理之父”的库伯首先发表了对成功教师管理课堂的研究，才开始了对课堂管理基本内容的深入探讨。

一、课堂管理概述

（一）课堂管理的概念

教学通常在课堂内进行。课堂教学效率的高低，取决于教师、学生和课堂情景三大要素的相互协调。教师是课堂教学的组织者和领导者，在教学过程中起主导作用。教师要为学生创造有效的学习条件，首先必须明确什么是期待学生发生的失当行为，什么是不适当行为，并让学生懂得自己在不同场合应该怎样做。然后，教师要把教学目标中提出的对学生的期待转变成课堂活动的程序和常规，并将一部分程序和常规制定为课堂守则，指导学生的行为，促使学生积极主动地学习。由于教师和学生都必须在课堂情境中活动，所以我们有必要保证课堂环境光线充足、布置适宜、卫生清洁、座位合理、过道畅通等。这些环境条件的创造，有赖于教师和学生的共同活动。只有妥善地处理课堂里的各种人际关系，才能实现师生与课堂情景的协调，也才能最终有效地达到教学目标。如果课堂里的人际关系紧张，就容易导致纪律问题，发生问题行为，干扰课堂教学。在这种情况下，即使教师受过良好的训练，掌握有效的教学方法，课堂教学也难以奏效。

因此，我们通常说，课堂管理就是教师通过协调课堂内的各种人际关系，建立良好的学习环境，促进学生积极参与教学活动，从而有效实现预定教学目标的过程。② 一般

---

① 李劲松．有效的课堂管理［M］．长春：东北师范大学出版社，2006：6-7.

② 陈琦，等．当代教育心理学［M］．北京：北京师范大学出版社，1997：297.

认为，课堂管理包括课堂人际关系管理、课堂环境管理和课堂纪律等方面。教师通过科学地、机智地对课堂上各种行为和关系的合理调控，营造平等、和谐、严肃、活泼的学习氛围，激发学生主动学习的热情和潜能，真正实现有效教学、高效教学，引领学生逐步形成良好的学习品质，在学习中学会学习。

（二）课堂管理的本质

1. 课堂管理是一种教学交往活动

课堂管理是一种交往行为，在教师和学生这两个主体间进行。教师针对课堂的现状进行管理，学生在成为被管理者的同时也是管理者，除了针对管理行为作出自身的反映，反馈给教师并让教师及时对管理行为的有效性作出判断并予以调整，并且进行自我管理，以保证教学的顺利进行。课堂管理又是一种教学行为，它是在教学中进行的，并贯穿于教学活动的始终，最终的目的是使教学有效顺利地进行。所以说，课堂管理是一种教学交往活动。

2. 课堂管理是对课堂环境基本构成要素进行的协调和控制

课堂是在特定时空条件下，具有不同特征的教师和学生以一定的课程为中介进行相互作用，从而形成的特殊人际心理环境。作为一种特殊人际心理环境，课堂是由教师、学生和课程三个相互关联的最基本的要素构成的。教师和学生是构成课堂这一特殊人际心理环境的人际因素，课程是文化因素。构成课堂人际心理环境的三个基本要素由于各自的特征不同，因而需要彼此协调和相互配合。因此，课堂管理的实质是对课堂基本要素进行的协调和控制，目的是为课堂教学营造和谐而融洽的人际心理环境，主要表现为对课堂行为的维持和强化，以及对不当或违规课堂行为的矫正。

（三）课堂管理的功能

课堂活动包括教学、评价与管理三种主要的活动模式。教学指教师在教学过程中确定教学任务、计划教学内容、组织教学活动、作出教学决策、进行必要的陈述和解释，使学生的行为向着教师期望的方向变化的过程。评价指按照一定标准对教学效果所作的价值判断。评价是提供教学活动反馈信息的途径，没有评价，就不会有完整的教学。管理指教师在课堂教学中创设必要的环境条件和活动程序，吸引学生积极参与课堂活动，是他们与教师主动合作，消除课堂冲突，矫正问题行为，努力将课堂教学时间用于教学活动和评价活动。所以，课堂管理始终制约着课堂教学和评价的有效进行，具有促进和维持课堂教学的功能。

1. 课堂管理的促进功能

课堂管理的促进功能是指教师在课堂里创设对教学起促进作用的组织和良好的学习环境，满足课堂内个人和集体的合理需要，激发学生潜能的释放以促进学生的学习。课堂管理的促进功能主要通过以下途径实现：

（1）形成尊师爱生、团结协作的师生关系和互帮互学、和睦相处的学生关系，通过师生共同努力完成教学任务。

（2）营造良好的课堂氛围，促进学生遵守课堂规范。

（3）明确群体目标，促进群体对其成员的吸引力，增强群体凝聚力。

（4）正确处理正式群体和非正式群体的关系，促进班级体结构的完善。

2. 课堂管理的维持功能

课堂管理的维持功能是指在课堂教学中持久地维持良好的内部环境，使学生的心理活动始终保持在课业上，以保证教学任务的顺利完成。维持功能的主要表现有以下几个方面：

（1）在课堂教学中，常常会面临许多新的情境。课堂管理有助于课堂里产生良好的气氛，从而帮助学生适应环境的变化。

（2）课堂里随时都会发生各种干扰，引起师生间和学生间的冲突。课堂管理有助于缓和与解决各种冲突，维持和谐的人际关系。

（3）课堂管理需要制定符合学校规章制度的课堂行为准则，有助于协调课堂教学步骤，维持课堂纪律。

（4）课堂管理有助于调节课堂教学过程中的过度紧张和焦虑，维护身心健康，矫正问题行为。

（四）影响课堂管理的因素

影响课堂管理的因素是多方面的，但大体可归结为学校、家庭和社会等外部因素和教师、学生等内部因素两方面。

1. 学校、家庭和社会等外部因素

课堂管理是学校管理的一部分。学校管理是教师进行课堂管理的基本凭借，它直接制约和影响着课堂管理的方法和效果。课堂管理一般在学校管理的框架内进行，我们在进行学校管理时始终坚持“科学、民主、规范、高效”的管理原则。人们常说：家庭是学生的第一生活环境，父母是孩子的第一任老师。父母和其他家庭成员对子女的教育方法，对学校的分析评价，对教师的态度也多多少少影响着教师的课堂管理。除此之外，社会环境也在很大程度上制约着课堂管理。众所周知，学校是社会中的人，代表着祖国的未来、民族的希望，是《未成年人保护法》《预防未成年人犯罪法》等法律法规特殊保护的对象。它要求教师依法进行课堂管理，教育和惩戒未成年人的学生。教师在课堂管理中，不管遇到什么问题，绝不能做出侵犯学生合法权益的事情，应依法律己，依法管理。

2. 教师、学生等内部因素

教师是影响课堂管理的首要因素。教师的学生观、质量观和教材观影响了课堂管理方式的选择和课堂问题的解决。在应试教育中，教师往往把学生看成接纳知识的容器，不允许学生对同一问题有不同的看法和意见，教育过程中的师生交往变成了单向型，从而为社会培养了一批又一批“高分低能的人才”。新的学生观要求教师把学生看作一个具有主体发展能力的人。教师在教学过程中应与学生积极互动、共同发展，通过平等对话与学生沟通和交流，调动学生的主观能动性，激活学生的思维和求知欲望。在过去，应试教育对教学质量的评价主要取决于他的教学成绩，导致教师把学生成绩当成评价学生的唯一标准。但在当今，科学的评价观要求教师多方面地评价学生，着眼于人的全面发展和社会的和谐发展。而传统的教材观是“课本至上”，教学强调“依纲扣本”，教材有什么，教师教什么，学生就学什么。但在新课程改革中，新课标只是对教学方式、方法给出了框架和建议，为教师的“教”和学生的“学”留有充分的余地。

学生是课堂管理的对象，也是构成师生两级关系的重要因素。在日常的课堂教学中，各种违规课堂秩序行为的发生都是很正常的。德国心理学家勒温认为，人的心理、行为决定于内在需要和周围环境的相互作用。遵守课堂秩序的学生是由于他们的内在需求得到了满足，违反课堂秩序的学生是由于他们的内在需求没有得到满足或部分未得到满足。好的课堂管理是最大限度地满足学生内在需求中积极的部分，控制或驱走其内在需求中消极的部分和不正当的部分，根据学生的需要制定课堂管理的规则、方式和方法。

二、儿童英语课堂管理

儿童英语课堂管理是指在儿童英语课堂教学过程中所进行的管理，即儿童英语的授课教师以课堂教学的全过程为对象、以儿童自身特点为前提、以提高教学成效为目的，建立和维持班级团体，提供能够挖掘班级中学生潜能和促进班级中学生学习进步的良好的课堂生活，以使其发挥最大效能的一连串行为和活动。①

（一）儿童英语课堂管理的特点

1. 管理对象的特殊性

本章节所提到的儿童是指学前儿童与小学生，这两个年龄阶段的儿童正处于身心发展的重要阶段，机体的能量代谢大、好动、自制力不强，注意力的集中时间有限，一般在10~25分钟，年龄越小集中的时间越短。因此，对儿童英语的授课教师而言，课堂教学管理具有较大难度。学生要学到知识，就必须集中精力。因此，在课堂教学中，教师必须审时度势，张弛有度，以精彩的开场白、趣味性强的游戏和充满亲和力的语言等来集中学生的注意力。另外，针对学生自制力不强的问题，教师要制定完善的课堂规范。

2. 管理方式的特殊性

英语作为一门用于与人沟通和交流的学科，对学习者的灵活运用能力有着较高的要求。对儿童英语的授课教师而言，其教学重点不仅仅拘泥于教会孩子们单词或者句型，还应该着眼于帮助学生们养成良好的英语学习习惯，培养学生们对英语学习的浓厚兴趣。并在班级中营造较为浓厚的英语学习和英语交流的氛围，让学生们能够敢于运用自身所学，将英语应用于日常交往，进而养成较为宽广的国际视野。因而，儿童英语的授

① 曹强．构建小学英语“高效课堂”教学模式的探讨［J］. 教育教学论坛，2011（15）：172-173.

课教师应充分利用其课堂，为学生们提供更多用英语进行交流和社会交往的机会，帮助学生们了解以英语母语国家的文化与风土，增强课堂趣味性和丰富性的同时，实现英语课堂的教育整合，在潜移默化中对本课堂的英语学习者产生积极影响。

3. 师生关系的特殊性

（1）学生的向师性很强。本章节所提到的儿童英语课的对象主要为学前儿童与小学生。这两个年龄段的学生十分依赖老师、相信老师，具有很强的向师性，总认为老师说的就是对的，老师的话甚至比父母说的还管用。因此，授课教师应做到以身作则、为人师表，对学生起到表率作用。以身作则、为人师表同时也是教师职业道德的重要特征。教师职业的特殊性在于育人，不仅用自己的学识去教人，更重要的是用自己的高尚品德去育人。在教育过程中，教师的人格本身是一种教育因素，直接影响学生的人格，对学生良好思想品德的形成有着潜移默化的作用。因此，授课教师必须在思想品德、学识才能、语言习惯、生活方式和举止风度等各方面成为学生的表率。具体来说，良好的儿童英语课堂管理要求教师必须有高尚的道德情操和崇高的精神境界，树立优良的教风，具有文明礼貌的风度。

（2）师生关系对学生发展有很大影响。教师对学生的喜怒哀乐、期待与信任，无时无刻不在对学生的身心发展、学习进步、人格形成等产生重大影响。因此，授课教师要善于控制自己的感情，克服自己的消极情绪，发展自己的积极情绪。在教育教学过程中碰到一些令人难以忍受的情况时，授课教师必须头脑清醒、沉着冷静，不能发怒，不能辱骂学生，更不能对学生进行体罚。否则，不但不能解决任何问题，师生之间的关系反而会更为紧张，不利于教学过程的顺利进行。对于授课教师来说，善于制怒，善于控制自己的情感、行为，能够抑制无益情绪和冲动，这既是职业道德修养必不可缺的心理品质，也是衡量师生关系好坏的“尺子”。

（二）儿童英语课堂管理的原则

1. 价值观群化原则

人的个体行为受其价值观的左右，而人的群体行为则取决于群体价值观。价值观是组织文化的核心。群体价值观能够使学生的个人目标和集体目标结合起来，从而激发学生的内在积极性。价值观在很大程度上决定学生的理想和目标，不同的价值观导致不同的目标和追求。群体价值观使得全体学生具有共同的目标，并促使他们把集体目标的实现作为个人自觉努力的内在动力。群体价值观形成一种文化氛围，对人产生内在的规范性约束。课堂的群体价值观构成课堂的心理氛围和文化氛围，随时随地影响着学生能动性的发挥。只有形成了群体的共同价值观，全体学生才能对课堂产生一致的认同感，进而形成牢固的凝聚力。

2. 动态生成原则

动态生成，是指师生交往互动的课堂管理中，教师以有价值、有创见的情境或观点为契机，善于调整或改变预先的活动设计，挖掘学生的潜能，引发学生深入思考，充分展现学生的个性，从而达成课堂目标，使课堂活动获得成功。课堂受社会因素、自然环境因素、学校因素、家庭因素、教师、学生、教学手段、教学内容等的影响，这些影响因素又在不断变化之中，课堂发展从而呈现出一定程度的不确定性。因此，课堂管理必须坚持动态生成的原则，以变化的眼光来看待课堂问题，以发展的视角进行课堂管理。

3. 快乐性原则

课堂效率的高低决定于教学目标的达成度。这个目标不仅仅包括知识目标、能力目标，还有非常重要却又容易被人忽视的第三维目标：情感、态度、价值观。大多数老师往往把提高课堂效率的目光集中在知识、能力目标的达成上，因为情感、态度、价值观是不可测的。于是，课堂上就出现了为了教知识而教知识，考什么教什么的不良倾向。① 也有很多教师认为，课堂上进行小组合作，开展游戏活动，表面上热热闹闹，学生很快乐，但耽误时间，影响教学进度，完不成预设的教学任务。所以，教师又不由自主地回到讲授式教学的传统道路上去，死抓知识点，不惜牺牲学生的兴趣和动力。但是，这样的方式能提高教学效率吗？答案是否定的。试问，如果学生能主动学习、快乐学习，后面的教学进度还会慢吗？如果教师在课堂上能够给予学生更多快乐学习的体验，激发出学生快乐学习的意识，唤醒学生的学习兴趣，那么后面的学习效果将会非常令人惊喜。在这样的英语课堂上，“40-5>40”的课堂效率不等式得以成立。强制学习不如快乐学习，快乐学习将是高效学习。

4. 主体性原则

学生是有着主观意志的主体，应该享有一定的自主选择和自我发展的权利。自主选择体现了对对方主体性的尊重，这也是师生互动在精神层面上的更高准则。每个人都有自己的理想、信念和做人的准则。因此，在社会共同的基本价值观的大前提下，应该为每个人留有余地，给予对方自由选择的权利。教师尊重学生自由选择的权利，就包含着对学生的信任和热切期待，学生就会朝着这种期待去努力。主体性原则就是在充分发挥教师的主导作用的前提下，引导学生主动去参与课堂管理，学会根据环境要求自主选择目标、自我调控、自我发展，最终健康、积极地适应环境。它要求教师善于创设适宜的课堂情境，给学生以主动选择的空间，以使他们的主体性得到发挥，学会选择、学会负责。

5. 活动性原则

活动是人的存在和发展的基础，小学生的发展不是外在强加的，而是学生借助于他们所参与的活动而主观构建的。活动是保证身体健康发育的重要条件，学前儿童与小学生正处于生长发育的重要时期，各种活动的开展能使儿童自发地运用各种肢体动作，促使儿童健康成长。另外，活动是促进儿童基本心理技能发展的必要条件。学前儿童与小学生在认知、情感、社会化水平等心理机能上都处于较低的水平，同时也处于不断向前发展的关键时期。活动性原则要求课堂管理以活动为主要载体，通过组织和引导学生主动参与活动，来提升学生主体意识和能力，促进学生全面和谐发展。

---

① 吴国树．小学英语教学中存在的问题及对策探讨［J］．课程教育研究，2013（9）．

第二节　关怀理论视角下的幼儿英语课堂管理

随着英语作用的提升，英语教育低龄化也成为国际英语教育发展的另一大趋势。一直以来，早期英语教育也是学前教育的热点问题。家长们出于“望子成龙”心理或者“补偿心理”，乐意把孩子送到双语幼儿园或有英语课程的教育机构。这样一种需求使得开设英语课程的民办幼儿园和教育机构如雨后春笋一般，呈现出迅猛的发展势头。本节尝试从关怀理论入手，为幼儿英语课堂的管理提供参考和借鉴。

一、关怀理论概述

（一）关怀理论的概念

关怀理论兴起于“二战”后的西方世界，直至20世纪80年代末在西方得到普遍关注并产生广泛影响。① 如今关怀理论经历了40多年的发展，已经成为汇聚众多学者和著作的理论学派。其中，内尔·诺斯丁就是关怀伦理学派的著名代表人物之一。诺斯丁认为，关怀是人生活的本质，人的生存建立在与外界发生关系的基础上。由于在人生的各个时期我们都需要他人的理解、尊重、包容和认同，因此关怀他人和被他人关怀就是人的基本需要。关怀教育理论要求以关怀为核心来组织学校的教育活动，致力于把学生培养成有爱心、会关心人和被关心的完全的人，在教育中注重爱与理解的作用。

（二）关怀理论的内涵

1. 关怀的性质

诺斯丁认为，关怀是一种关系或联系。它起于被关怀者的需求、意图，终于被关怀者的反馈、回应。② 当关怀者感知到被关怀者有某种被关怀的渴望时，关怀者会做出享用的反映，合理地满足这种需求。当被关怀者受到关怀，需积极地接纳、回馈这份关怀，这样才能形成一种良性循环，使关怀关系得以维持。在关怀关系中，当事人是关怀者和被关怀者，他们之间的关系是一种互惠互利的平等关系。从表面上看，被关怀者接受着关怀，好像处于弱势地位，实则不然。在关怀中，关怀者需要全身心地投入，需要不计报酬地付出与行动，而被关怀者同样要做出接受和回应。关怀需要关怀者的关怀和被关怀者的认可，少了任何一方，关怀关系都不能继续下去。传统的伦理学认为，关怀是一种美德，这样就把关怀的目的从被关怀者身上转移到了关怀者自己的道德目标上，把关怀的双方置于一个不平等的地位之上，这同样不利于关怀关系的维持。

---

① 石中英，余清臣．关怀教育：超越与界限——诺丁斯关怀教育理论述评［J］．教育研究与实验，2005（04）．

② ［美］诺丁斯．学会关心［M］．北京：教育科学出版社，2003：28．

2. 关怀的形式

关怀可以分为两种：自然关怀和伦理关怀。自然关怀是处于人的本能反应而做出的行为，是一种“我必须”的关怀。这种关怀是最原始、最自然的关怀，源于人内心对爱的反映，无需任何外力的帮助。自然关怀能帮助人们增强关怀与被关怀的意识。另一方面，由于自然关怀的有限性，关怀必须经外力的帮助才能扩展它的范围，这就是伦理关怀。伦理关怀建立在自然关怀的基础上，经自然关怀积累的对关怀的认知，在自然关怀受限时发挥出来，形成本能之外的“我应该”的关怀。伦理关怀是自然关怀的维护、保存和补充，与自然关怀相辅相成，构成一个充满关怀的社会。

3. 关怀的方法

第一种方法是榜样。榜样在教育中有着至关重要的作用，教师不仅仅是教导、关怀学生的人，还是学生的榜样。教师要做的，不是给学生制定具体的关怀准则，而是为学生营造一个舒适、有爱心的环境。为做到这一点，教师必须真切地关怀学生，让他们体会到这种关心，并在以后的学习和生活中能关心自己，扩展到关心身边的人，再到关心整个社会。第二种方法是对话。对话是沟通的最基本的方法，在人与人的交往中扮演着渠道的作用。这里所指的对话，是建立在平等的基础上的，不是一问一答的固化模式。对话的主题可以是多样性的，目的在于增进师生的情感交流、信任与认可。第三种方法是实践。诺斯丁强调，学校应该多鼓励学生参加各种实践活动，在实践中感受关怀与被关怀的过程，掌握关怀的技巧，培养关怀的能力，从而把关怀变成一种本能。诺斯丁认为，“如果我们希望人们过一种符合道德的生活，关心他人，那么我们应该为人们提供契机，使他们练习关心的技巧。更重要的是使他们有机会发展必须的个性态度。倡导关心的实践，培养关心他人的态度”。第四种方法是认可。认可是关怀者与被关怀者的双向行为，是关怀关系得以维持的必要因素。对教师来说，学生的认可能够激发教师进一步努力的信心，从而稳固与学生的关怀关系。同时，教师对学生也要认可，这种认可，不是一味地赞成，而是要综合分析学生的行为，对值得鼓励的一面做出积极的肯定，对与现实不符的一面，要客观分析错误的原因，引导学生朝正确的方向发展。

4. 关怀理论的特点

首先，诺斯丁的关怀理论强调对学生个体的尊重，注重学生的感受与体验。她认为，每个孩子都是不同的。在竞争日益激烈的今天，教育不能忽视学生的差异性，试行统一模式的培养，而应该重视个体的多样性，最大限度地发挥学生的各种可能性。为做到这一点，就需要“关怀型教师”的配合。关怀型教师，不仅要关心学生的学术能力，更重要的是以身作则，关心学生，爱护学生，培养学生的关怀能力。师生关系中，教师要更加注重学生与自己的关系以及自己对学生的影响，这样才能把教书和育人结合起来。

其次，关怀理论具有连续性和关系性。诺斯丁强调，实行关怀教育，学校在课程设置上要有连续性，这种连续性包括目的、内容和人。[①] 目的的连续性是指要使学生感受

① ［美］诺丁斯．学会关心［M］．北京：教育科学出版社，2003：36.

到学校的关怀，因此要贯彻对学生的关心；内容的连续性是指在课程设置上，学校要尊重学生，设置多样化的课程；人的连续性则是指学校应给学生与教师尽量多的相处时间。长久的相处才能增进师生之间的了解，有助于师生发展信任和关心的关系。新的关系性，体现在关怀是建立在双方平等互惠的基础上的，需要关心者和被关心者的共同努力。

二、关怀理论与幼儿英语课堂管理

（一）关怀理论与幼儿英语课堂管理的关系

在目标把控上，幼儿英语课堂管理强调以幼儿为本，而诺丁斯关怀理论是以关怀为核心的，两者在实施上异曲同工，以幼儿为本与关怀理论都尊重学生的主体地位，都是人性化的模式；在课程设置上，幼儿英语课堂管理要求课程更加细致化，增加德育教育的内容，从侧面反映了尊重学生多样化的要求；在评价机制上，幼儿英语客观要求创新评价系统，同时引进对话作为评价管理成果的一种方式，既加强了师生之间的沟通，又增强了管理机制的有效性，体现了关怀理论的主张。

（二）关怀理论对改进幼儿英语课堂管理的价值

自从学校教育的诞生和班级授课制的出现，课堂就随之产生，有教学现象发生的场域就有课堂的实质存在，对于幼儿而言，其活动区域统称为活动室，在活动室内也发生着各种各样的教学现象。无论将教学现象发生的场域称为中小学阶段所谓的“教室”还是幼儿的“活动室”，这些只是一个外在的“符号”，其实质都是一致的。因此，我们不必徒劳地、刻板地追问幼儿学习的地方究竟是不是课堂。同样，幼儿学习英语的地方有教学现象发生，那么课堂就存在，继而课堂管理的相关问题也随之凸显出来。从幼儿英语的实际课堂活动来看，课堂管理不仅影响教学活动的质量，而且也直接影响教师和幼儿的发展；从课堂的实质来看，幼儿英语课堂不同于中小学生的英语课堂，中小学生的英语课堂有既定的管理内容，而幼儿的英语课堂并不是真正意义上的课堂，它只是为幼儿的英语教学活动提供平台，为幼儿提供一个活动的场域，所以我们不能套用中小学生英语课堂的管理模式与方法来管理幼儿的课堂，我们需要探索出适合幼儿英语课堂管理的方式与途径。

从幼儿英语课堂管理的理论构想来看，幼儿英语教师在有效完成教学任务的同时，其自我效能感和幸福感不断增强，幼儿在这种民主、和谐的课堂氛围中发展自己对英语学习的兴趣，加强国际意识，养成初步的英语素养。但从幼儿英语课堂管理的实践来看，课堂管理成为一道律令，教学效率成为一道紧箍咒。教师控制着整个课堂，幼儿绝对地服从，在这个表面融洽的课堂环境中，教师缺乏对自身和对幼儿的关怀，这种关怀的缺失，致使幼儿英语教师自我效能感降低、职业倦怠严重、幸福感不断下降，同时也影响到幼儿自身的发展。关怀理论为幼儿英语教师课堂管理提供了有效的理论支撑，在关怀的视域中正视课堂中发生的一切，将为幼儿英语课堂管理困境的解决提供参考。

三、关怀理论对幼儿英语课堂管理的意义

（一）弥补传统英语课堂中对幼儿个体能动性的忽视

师幼关系是幼儿园教育中最重要的人际关系，主要表现为三种模式："教师中心"模式、"学生中心"模式、"教师主导、学生主体"模式。其中"教师主导、学生主体"模式是目前所倡导的师幼关系模式。但在实际的幼儿园英语课堂环境中，师幼关系模式仍是"教师中心"模式，幼儿园教师是课堂管理的绝对主体，也是课堂管理的绝对权威，通过简单的语言提示、单一的动作示范来控制幼儿的身体、行为和话语，幼儿处于服从、被动的地位。但是关怀教育与英语课堂管理的结合能激发学生主观能动性，改变过去命令式、填充式的教育方法，让学生作为学习的主体，教师再适当地引导学生自己思考解决问题，帮助学生塑造正确的人生观。

（二）提高教师的教学质量

关怀教育扩展了教师的个性教育和创造型教育的发展空间。在教育的过程中，教师的主体作用得以充分发挥。在教学活动中，教师可以按照自己的能力和幼儿的发展要求对课程进行安排，有利于改变传统教育观念下枯燥乏味的教育环境，使教育活动变得有趣、理性、有意义。同时，教师与幼儿进行平等交流，打破了师生之间相互交流的隔阂，使教师更加理解幼儿的行为，在了解幼儿身心发展需求的基础上为幼儿提供更好的学习场所。

（三）完善课堂管理制度

关怀理论可以使管理人员在管理过程中更用心地解决管理问题，有助于培养管理人员的责任意识，且在管理过程中更注重被管理者的感受，减少管理者与被管理者之间的摩擦，使管理计划有效发挥其应有的作用。① 幼儿英语课堂的教师可以与家长联合建立管理反馈制度，及时反馈管理计划的实施情况，并提出相应的建议，而这些建议也将在以后的管理计划的制订中起到较好的参考作用。教师和家长共同参与到课堂的管理过程中，使班级的管理工作更加契合学校的实际情况，提高管理的有效性。

四、关怀理论应用于幼儿英语课堂管理的策略

当前我国民办幼儿园数量在全国幼儿园总数中占有"半壁江山"。而这么多的民办幼儿园中，以"双语"冠名和以外语课程为特色的不在少数。幼儿英语学习显然已经成为社会新现象，为了更好地帮助幼儿英语教师改善幼儿英语课堂的管理，更好地促进幼儿的英语学习，我们有必要从关怀理论和幼儿英语课堂管理的契合点中，探讨幼儿英

---

① 侯晶晶，朱小蔓．诺丁斯以关怀为核心的道德教育理论及其启示［J］．教育研究，2004（03）．

语课堂管理中存在的困境，并讨论关怀性幼儿英语课堂的应然状态。

（一）精确目标定位，建立管理评价机制

1. 建立以幼儿为本的课堂培养目标

在我国，教师大多采用填充式的应试教育方式，极度重视学生知识的学习。教育者盲目遵守教育大纲或用整齐划一的教育目标来约束学生的发展，忽略了学生的内心感受和心理需求，也阻碍了学生能力多样性发展。这种教育可以筛选出在考场上写出标准答案的优等生，但却有可能导致老师把所有的精力都集中在培养优等生上，而其他考试方面不及他人优秀但有其过人之处的学生就会被埋没。这种忽略学生差异性的教育方式会形成恶性循环，导致学生两极分化，然后造成学生一系列的思想道德问题。

幼儿英语课堂的基本任务主要有以下几点：①增强幼儿英语学习兴趣，使其能掌握日常基本词汇和简单的交际用语，养成良好的听说习惯，具有运用英语进行简单的日常交流的能力；②初步建立英语语感，感受语言美，开发潜能，培养幼儿观察、记忆、注意、想象、表达和创造能力；③开阔幼儿视野，使幼儿对在英语学习中接触到的外国文化习俗感兴趣，同时也能用英语表达简单的中国文化，渗透文化意识，并在学习中乐于参与、积极合作、主动请教；④初步形成多元、开放的思维态度，为幼儿的可持续发展打下良好的基础。

从有关幼儿英语课堂基本任务的表述中可以看出，幼儿英语课堂是培养具有良好英语学习兴趣、习惯和文化视野的幼儿。所以课堂目标应该变得更加贴近幼儿的年龄特点和心理特点，考虑幼儿的多样性，不再以知识的学习和掌握作为第一要务，应关注幼儿全方位的发展，重视个体性、具体性和幼儿的真实感受，让教师对幼儿未来成长和发展的"关怀"体现在课堂管理的每一个过程中。以幼儿为本是保证幼儿英语课堂目标实现的重要前提。只有以幼儿为本才能打造和谐师生氛围，才能真正有效落实课堂管理工作。而以幼儿为本的管理就是以幼儿的主观性为管理的中心原则，以发挥和提高幼儿自主学习能力。

以幼儿为本的管理制度应该把课堂管理的中心从维护课堂秩序转移到支持幼儿全面发展上，教师应该引导幼儿主动学习，既不过分强调知识灌输也不盲目满足学生的需求和感受。以幼儿为本的英语课堂管理主要是围绕幼儿的身心健康、发展和成长进行的。依据课堂培养目标，遵从幼儿身心健康发展规律，针对不同时期、不同状况的幼儿进行指导和教育。另外，幼儿是一个特殊的学习群体，他们容易受到外界环境的影响，注意力也容易分散。教师需要根据幼儿的自身特点，调整授课时间和内容，以鼓励为主，提高幼儿的学习兴趣，为幼儿提供良好的英语学习环境。

2. 创新管理评价机制，加强师生对话

在我国的传统教育评价机制中，学生的学习成绩是评价学生的重要标尺，甚至在个别地区还被认为是判断学生优劣的唯一标准。在幼儿英语的课堂中，教师也倾向于以幼儿是否能掌控英语词句来评价幼儿学习水平。但幼儿是一个发展中的个体，对其学习成果进行评价应采取形成性评价和终结性评价相结合的方式，参考加德纳的多元智能和多

彩光谱方案等理论，从多方面考虑幼儿的综合素质，完善对幼儿的评价机制，全方位地评价幼儿的综合能力。

教师作为幼儿的引导者和教育者，在构建幼儿评价机制中起到了至关重要的作用。对话是幼儿与教师之间沟通的基础桥梁，是教师了解幼儿想法、关心幼儿身心发展的基本方法。诺丁斯认为师生关系就是“我—你—关系”，这种关系强调的是一种对话性的交往关系，在这种关系中，课堂成为交流对话的场所。诺丁斯也明确提出教师应该关怀学生，这样才能促进学生发展。他认为教师应全身心地关怀学生，教师对学生应该像母亲对子女那样，面对对方的需要，暂时忘了自己，似乎对方就是自己。关怀的关系可以让幼儿意识到自己的存在和价值，使幼儿平等、积极地参与到教育和课堂管理过程中。教师应根据幼儿的身心发展特点和规律，通过创造富有教育性的环境，为幼儿提供可以自主决定、自由探索、积极参与、充分交往的活动机会，从而培养其主动认识和利用环境以及积极参与交往活动的主体性能力。教师只有对自身角色进行适宜定位，才可能在与幼儿交往中更多地关注幼儿的需要、兴趣和观点，也才有可能投入更多的时间和精力与幼儿对话、沟通，倾听幼儿的话语并理解幼儿的需要。

（二）精细管理过程，最大限度把细节具体化

1. 对教师的要求

随着幼教事业的发展，新的幼教理念不断萌生，幼儿英语教师的教育理念也随之不断地更新和丰富，要想改善当前幼儿英语教师专制型、权威型的管理模式，幼儿英语教师必须不断更新自己的教育理念，通过理念的更新带动行为的转变。首先要尊重幼儿的生命，诺丁斯指出教师不能依据教育大纲和教育目标来控制约束学生，而是通过教师自己的观察和内心的感受去了解学生，在教学管理过程中，幼儿英语教师最关心的不应该是冷冰冰的常规或秩序，而是幼儿的兴趣和内心体验。其次，幼儿英语教师应该重视幼儿的体验和感受。在诺丁斯看来，关怀始于教师的关怀行为，完成于学生的被关怀感受，所以，教师没有权利单向地用指令性的语言去命令幼儿，也没有权利通过各种道具或者常规去管理幼儿的身体和语言。教师可以通过“动机移置”的方式来了解幼儿的体验和感受，在管理的情境中接纳幼儿的一切，让幼儿感受到教师对他们的关怀。再次，幼儿园教师应该增强幼儿的主体意识，提升幼儿的主体地位。幼儿作为生命个体，主体意识和主体性是其本质特征。因此，幼儿英语教师必须转换自己的角色位置，从视幼儿为“物”转变为视幼儿为有生命的人，从视幼儿为管理的客体转变为管理的主体，在平等的关系中展开关怀。教师尊重幼儿主体地位的同时，也需要调动幼儿的主动性，充分发挥其自主性，使之成为课堂管理的主体。

2. 对家长的要求

“共同体”最初来源于德语，在共同体中人与人之间的关系非常紧密，每一个个体都有共同的精神意识和同样的归属感和认同感。① 管理共同体是指在管理的过程中

① 于海．课堂管理的策略［M］. 呼和浩特：远方出版社，2005：256.

有多个管理主体共同参与。而在幼儿英语课堂的管理过程中，参与者除了幼儿英语教师和幼儿之外，还有家长。幼儿英语教师和家长是影响课堂生态系统发展的重要因素。但令人遗憾的是，人们更多关注的是幼儿英语教师对于课堂管理所起的作用，而忽视了家庭这一作用于课堂生态的外部动力。关怀型的课堂管理需要幼儿英语教师和家长的共同参与。不同家长参与幼儿园管理的意识强弱不同，有些家长把教育孩子的责任完全推给了幼儿园，认为教育孩子是幼儿园的事。持这种思想的家长一般不会积极热心地参与到幼儿园的教育过程中，他们甚至认为家长参与子女教育是幼儿教师在推卸责任。但是，在幼儿英语课堂管理的过程中，家长发挥着十分重要的作用。诺丁斯认为关怀者也需要被人关怀，家长的支持、理解与赞赏就是幼儿英语教师们最期待的关怀。在课堂管理的过程中，幼儿英语教师和家长要保持互相信任、相互关怀的关系。现在许多幼儿英语教师进行管理的过程中常感到身心俱疲，一个重要原因是相当多的家长不认可或质疑教师的管理方式，也没有参与到教师的管理过程中。因此，在课堂管理的过程中，教师可以在信任和关怀的基础上让幼儿一起参与到管理情境中。家长也可以积极地参与班级管理，集思广益，献计献策。同时，家长还可以积极培养幼儿的关怀行为，让幼儿能对教师的关怀行为作出回应。这样就形成了一个良好的、相互促进的关怀群体。

（三）精进管理结果，不断优化管理水平

课堂的管理机制需要通过建立课堂管理反馈机制来进行改革和完善。管理反馈机制对高效管理目标的制定有着至关重要的作用。在管理中，计划以反馈作为前提，如果没有及时的、正确的反馈，管理者就难以正确把握计划的进度和实施情况。为了建立反馈机制，幼儿英语课堂的管理者需要建立一个健全的反馈信息系统，通过信息系统对课堂管理中的各种信息进行收集和反思。幼儿英语教师可以将管理计划公布在班级群和工作群，邀请家长和其他工作人员对管理计划进行监督，接纳他人意见，以便能更好地进行下一次的理性决策。而对幼儿英语教师进行监督的人要认真承担他们各自的管理责任，注重管理计划的效果，而不是草草了事，从而帮助该教师进一步提升管理水平。幼儿英语教师自身也应虚心听取他人意见，在改进中逐渐获得成长，在不断学习中获得进步。关怀理论指出，教师在教育过程中应充分发挥主体作用，在交流与对话中提升教学效率和管理的有效性。幼儿英语教师作为幼儿英语课堂的管理者，在管理过程中要更加用心地解决管理问题，培养责任意识，在积累经验和改进工作中迎来成长。

第三节　积极心理学视角下的小学英语课堂管理

教与学的双向积极投入是保证课堂效率的重要基础。积极心理学是美国心理学界近十年来兴起的一个新的研究领域，它主张使用科学的方法调动起人类的积极力量、积极品质、智慧和创造力，从而促进社会的日益完美，并以此来满足人类自身不断增长的各种发展需要。随着积极心理学的理念逐渐在世界范围内走入人们的视野，其应用领域也

从单纯的心理学渗透到人力资源管理等其他学科。从积极心理学的角度来讲，小学英语课堂管理是一个不断进行心理调适的过程。将最前沿的积极心理学理论融入到小学英语课堂管理过程当中，是基础教育课程改革的时代呼唤，是积极心理学理论应用于实践的尝试，是儿童成长现实问题解答的迫切需要，也是小学英语课堂实现高效管理的内在要求。理论与实践证明，以积极心理学为切入点，将积极心理学应用于课堂管理，对提高课堂效率，提升教学效果有积极作用。

一、积极心理学概述

（一）积极心理学概念的产生和发展

积极心理学的概念是由 Seligman 和 Csikszentmihalyi 两位心理学家首先提出的。① 在 20 世纪 30 年代，积极心理学最早是源于天才和婚姻幸福感的研究，以及关于生活意义的研究。后来经历了第二次世界大战，关于积极心理学的研究也就中断了。在那时，心理学家主要围绕着战后的治愈创伤和精神疾患展开研究。1997 年，Seligman 明确了积极心理学的相关内容和研究方法，正式提出了“积极心理学”这一概念。在那之后，积极心理学的发展就火热起来，也有心理学家参与到这项研究领域里。经过了几十年的发展，在国外，积极心理学早已从单纯的理论研究渗透到了经济学、教育学、管理学等多领域的实践研究，为丰富积极心理学的研究内容和理论作出了巨大贡献。在国内，学者们对积极心理学的研究始于 2003 年。经过十多年的时间，有关积极心理学的研究变得越来越丰富，引发了学者们的研究热情和兴趣。

（二）积极心理学的基本内容

当前，积极心理学是美国心理学界的一个新兴思潮，也是一个新的领域。它是利用心理学科学有效的实验方法和测量手段，来研究人类的力量和美德的积极作用。积极心理学可以归纳为三个较大的类别，即积极的情绪体验、积极的人格和积极的组织系统。② 积极的情绪体验是指情绪之间不是独立存在的，它们之间存在着关联性和一致性。“兴趣”和“幸福感”就是非常典型的积极情绪。“兴趣”可以充分调动学习、工作的热情和活力，并发挥出个体本身就具有的能力和生活经验，还能使个体及时有效地捕捉到生活中有关的信息。而“幸福感”可以使人从身心上对过去的生活感到满意，并对未来生活充满希望。积极的人格特质是指人格特征存在两大方面，一方面是积极的，另一方面是消极的。积极的人格会对周边的情况作出最真实的评价，不会与现实环境产生冲突。积极的组织系统是指，良好的环境和氛围对于孩子形成健全的人格和健康的心理发展有着很重要的意义。在进行课堂管理的过程中，形成一个良好的学校制度、班级氛围及人际关系（包括师生关系和生生关系）对于学生积极情绪的获得和积极人

① 任俊. 积极心理学 [M]. 北京：开明出版社，2012：16.

② 任俊. 积极心理学 [M]. 北京：开明出版社，2012：105.

格的形成都具有不能忽视的巨大促进作用。①

（三）积极心理学在英语课堂管理中的应用

积极心理学自形成系统以后，就被广泛运用于学校教育方面，即将积极心理学的相关理念、方法应用到课堂上，改变学生的态度和行为，影响学生的学习和生活。随着积极心理学在我国学科教学领域研究的不断深入，许多教育者将积极心理学的理论观点应用于新课改的教学当中，并取得了不错的成果。如李欣（2013）将积极学应用于当代小学英语课堂教学，结合了小学生特有的心理性格特质、年龄特点，为当代小学英语课堂管理中存在的问题给予了较好的思路和见解。还有宋世生（2015）和刘婵婷（2015）等人将积极心理学应用于初中英语课堂，促使学生用积极的心态对待英语学习，促进了学生知识的内化和心理健康的发展，提高了课堂效率。

我国第八次基础教育课程改革强调要以学生发展为本，要求在教学过程中达成“知识与技能、过程与方法、情感态度与价值观”的三维目标。与以往的课改相比，新课改更尊重学生的人格发展，要求在教学过程中不仅要激发学生的学习积极性，还要使学生在学习的过程中形成积极的情感价值观。新一轮课程改革所提倡的小学英语课堂应该从学生的学习兴趣、生活经验和认知水平出发，提倡发展学生的综合能力，使学生在语言学习的过程中形成主动的思维能力和积极的情感态度。积极心理学从关注人类的疾病和弱点转向关注人类的美德、发展潜力、力量等积极品质，这对于激励和进一步扩展人的积极性提供了一条高效的途径。因此在新课改的课堂中，应用积极心理学理论成果，构建新型的小学英语课堂，从积极和正面促进学生情感态度的感知和学习效果的提高，是小学英语课堂管理的必然趋势。积极心理学理念的应用，可以帮助学生培养积极的人格，并且建立和谐的师生关系，形成主动的认知学习过程，这对于新课程的课堂教学有着积极的作用。

二、积极心理学应用于小学英语课堂管理的策略

小学课堂管理作为影响小学课堂效率的主要因素之一，已经越来越多地引起一些教育专家和一线教师的关注。当前一些班级中，学生多达五六十人，这对教师的管理能力绝对是一个挑战。在这种情况下，如何进行课堂管理就被摆到了一个十分突出的位置。这一问题解决不好，会直接影响到课堂目标的达成和课堂效率的提高，这也是一部分教师教学成绩不理想的直接原因。积极心理学的相关理论对小学英语课堂管理有如下启示：

（一）积极地肯定学生的行为

处于小学阶段的儿童情感处于不稳定状态，容易受外界环境的影响和支配，其有外露、易激动、自控力弱的特点，如受到表扬就洋洋得意，受到批评就郁闷不高兴，对情

① 潘玉峰，赵蕴华．课堂管理的艺术［M］．合肥：安徽人民出版社，2012：3.

感的调控能力也相对较弱。而这个阶段的儿童接触最多的环境就是学校和课堂，因此教师的评价、同学的关系、学习内容的接受程度都在很大程度上影响着他们的情感变化。教师的评价对于这个阶段的儿童尤为重要，当学生喜欢某位教师时，也会喜欢他所教的学科，并克服种种困难把这门功课学好，即“亲其师，信其道”。除此以外，在小学阶段儿童也开始逐渐发展道德观、价值观、美感等高级的社会情感。因此在这一时期开始学习第二语言英语，要格外注意培养和维护儿童对英语课堂的积极情感体验。

当一个班级中有大部分学生表现得比较好，只有少部分学生表现不好时，教师是积极肯定表现好的学生，还是不断提醒和批评表现不好的学生？大多数老师会选择后者。这就像给人看一张画着黑点的白纸，绝大多数人不会看到洁白的大部分，而只看到那个黑点一样。可是，这样做的效果并不好。往往是批评了这个，那个又开始破坏课堂纪律。课堂上不断出现新的状况，扰乱或打断教师的思维，影响教师的情绪，而教师的情绪越糟糕，课堂管理就越成问题。这是因为，教师已经不自觉地掉入了“批评的陷阱”。不断地批评孩子，往往使孩子情绪沮丧，产生失败感，甚至出现对抗情绪，而心理学研究表明，一个有对抗情绪的孩子是不会接受新的行为调整的，他会利用他的情绪来阻碍学习。同时，不断地批评也影响整个课堂的气氛，进而影响整个课堂教学的效果。但是，如果教师能在课堂上积极地肯定那些表现好的孩子，而不是去批评有不良行为的孩子，效果就会截然不同。也就是说，在课堂管理中，肯定积极的行为要比批评不良的行为更加有效。对小学英语课堂进行管理的目的，并不是为了命令或者惩罚，而是如何帮助和指导孩子，促进他们的英语学习态度和行为。从这个角度来看，激励孩子行为适当远胜于强迫孩子行为正当。

（二）大力鼓励每一个孩子参与决策

在传统的课堂管理中，教师和学生的地位是不对等的，也就是所谓的“教师说什么，学生听什么”，在这样的关系下，学生的学习自主性、学习乐趣和创造性思维都会受到压制，教师在教育的过程中也会一直处于绝对的上位，推崇绝对的权威，长此以往不仅学生对教师产生畏惧感，有问题不敢提出，有异议不敢讨论，教师也将会忽略学生的心理需求，造成学生一定程度的心理障碍。积极心理学趋向的是一种平等、民主、和谐和健康的师生关系，在这样的关系中教师和学生可以良好地沟通，教师不仅是某个科目的老师，也是学生身心成长的老师，学生也能体会到来自老师的正能量和支持。

事实上，绝大多数小学英语教师都希望自己的课堂是有效课堂。而有效的课堂是课堂行为问题较少的课堂，需要生动有序的课堂秩序来保障。那么，教师应该怎样在既不过分宽容，又不过分严厉的情况下指导孩子，使课堂管理变得更轻松、更高效愉快呢？实践证明，让每一个孩子来参与决策，师生共同制定一个班规有着非常特殊的效果。在制定班规时，教师应该让所有的孩子共同参与制定，必要时提出建议来帮助孩子们作出决定，并不强制命令孩子们服从。如此，孩子们就会更愿意自觉主动地遵守。这时，课堂管理就会变得更加容易。因为，教师是利用民主管理的机制而不是以其个人的权威来纠正问题孩子的行为，有不良行为的孩子就会开始感到自己属于这个集体。这将会降低他的逆反程度，激励他改变自己的行为，而其他的孩子也会因为班规是大家共同决策制定的而愿意自觉遵守。

（三）营造优美和谐的课堂环境

积极心理学认为，人及其经验是在环境中得到体现的，同时环境又在很大程度上影响了人。因为人是个体，个体的发展离不开整个环境，而环境又直接作用于人的情绪。在一个消极的课堂教学环境中学生的思维不易被调动起来，课堂气氛沉闷无趣，学生注意力也很难集中在教学内容上。而在一个安全和谐的环境内，我们容易产生积极的情绪。优美和谐的环境不仅有利于提高教学质量，帮助学生更好地学习知识，还有利于教师和学生双方获得积极的情感体验，而且对学生的注意力、情感始终都有较强的统摄力。因此，课堂教学环境对于积极的英语教学来说是不可或缺的。

积极心理学所倡导的环境包含了物质环境和精神环境两个层面，物质环境包括周围的自然环境；精神环境包括个体自身的情绪状态以及同他人之间的关系。在课堂教学中，营造和谐的课堂环境是进行积极课堂教学的前提。和谐的课堂环境包括教室通风流畅、卫生整洁、光线充足等物质环境，也包括在课堂教学上师生沟通流畅、学生之间关系融洽等精神环境。教学环境对教师的“教”和学生的“学”都起重要的影响作用，对教师和学生的心理有着重要的影响。

（四）增强课堂的趣味性和吸引力

有些教师经常抱怨，学生在课堂上不安于听课，不能投入到课堂中，产生各种各样的问题行为。很大程度上是因为有的教师在课堂上已习惯沿袭传授式的教学方式。而教学内容枯燥和教学方法简单则直接导致学生不能全身心地投入课堂，开始无所事事、做小动作以及走神。课堂的单调和枯燥使孩子们热切地盼望着听到下课铃声，其教学效果可想而知。课堂不能吸引学生，教师却时时要求学生保持注意力集中。这种外在的强制也许会使学生注意力保持一时，却不能保持长久。所以，学生上课不认真听讲，违反纪律的现象屡禁不止。教师为此头疼不已，却没有意识到自己的缺乏趣味性的、被动传授式的教学正是学生在课堂上产生问题行为的重要原因，也是制约自己提高课堂管理效能的重要因素。

在积极心理学领域，兴趣就是一种非常典型的积极情绪。兴趣可以充分调动人对某项工作的热情和活力，并发挥出个体本身就具有的能力和生活经验，还能使个体及时有效地捕捉到生活中有关的信息。小学阶段的儿童注意力集中的时间较短，也容易被各式各样的事物吸引。为了提高课堂教学效能，让学生们以一种积极向上的心态学习，教师要努力提高课堂的趣味性，以提升学生对课堂学习的兴趣。为了实现这个目标，教师应改变教学观念和教学模式，由“教师教、学生学”转向“教师教学生自主学习、主动学习、合作学习”。如果教师能够在改变教学方式和教学模式上下功夫，善于组织各种游戏活动，创设问题情境、生活情境让孩子参与其中，让每个学生充分享受课堂学习的乐趣，教师自己也能体验到教学过程的幸福。那么，课堂管理过程中出现的一些问题也将迎刃而解。

（五）营造良好的师生人际关系

在当下的教育环境下，学生作为学习的主体，更应该注重与教师之间亲密关系的构建。在积极心理学的视角下，师生关系的取向是朝向民主、平等、和谐的。教师在师生关系中秉持着开放的、欣赏的、平等的、多样的心态去看待每位学生的潜在能力。既重视学生共同性的培养，也重视每位学生个性的发展。发掘学生各个方面的潜能，使其最终成为自由、协调发展的个体。在积极心理学视角下，学生将得到来自教师以及其他同伴的鼓励和支持，能够体验到与老师和同伴交往带来的安全感、快乐感和成就感。这些积极的感情因素会很好地消除消极心理因素带来的困扰，使学生带着更加积极的态度和状态投入到学习和生活中去。因此，如果教师在传授知识的同时，以自身积极的态度去带动和感染身边的每一位学生，学生在教师的带动下也会自然配合教师的课堂教学，那么课堂教学的效率自然会提升，教师和学生之间的交流沟通会更加频繁，久而久之，师生将在一种积极的氛围中建立起学习共同体。

第四节　课堂管理案例及分析

一、游戏——增强趣味性的法宝

魏老师：在一次上课中，有一个小男孩 Tom 总是喜欢和同桌打闹，经常影响其他小朋友上课。同桌小朋友不和他玩，他就绕着教室不停地跑，怎么说都不听。我跑过去把他拦下来，让他在座位上坐好，并告诉他，如果再不回到座位上，他就失去了游戏资格。游戏对小朋友们是很有吸引力的。听完我的话，他就乖乖地回到座位上去了。Tom 是一个比较好动的小男孩，对于活泼好动的小朋友，让他们乖乖地长时间坐在自己的座位上是很困难的。所以我在教学过程中设计了不同种类的课堂活动，比如单词操练，我采用动静结合法，例如大小声、萝卜蹲、投篮游戏、步步为营等。让学生们在玩中学，在游戏中学习。在玩比较激烈的游戏时，我设计了一个投篮游戏，规则是我说一个单词，学生们要快速识别出我说的单词，然后大声说出这个单词，再把球投到相应的盒子里。有时候两个孩子几乎同时将球投到盒子里，有时也有好胜心强的学生，一听到单词就快速投球，并没有把这个词说出来。这个时候，作为教师，就要强调规则的重要性，要平等对待每个人，不仅在游戏中，在生活中也要做到公平公正。

舒老师：社会赋予教师的任务应该是教书与育人。教师除了专业知识优秀外，课堂管理的能力也要优秀。我的教学对象是小学五年级学生，刚开始讲课时，或许是因为我强调了课堂守则，班级纪律维持得不错，但随着讲课内容的深入，有些同学开始松懈，对我在课上提出的问题也没有初始时那么积极地回答了，后来这种气氛感染到了其他同学，最终导致了后面的课教学效果相当不好。为了改善这种状况，我决定采取一些措施，将游戏引入课堂。比如，我使用“盲人指路”游戏之后，课堂气氛就变得比之前更活跃了，游戏中所用到的单词也记得比之前牢固了。我深刻了解到，教学不仅仅只注重教学，更要知道如何调动学生积极性从而提高课堂效率。

詹老师：我曾经上过幼儿自然拼读实训课，当时班级共有六个小朋友，年龄段跨越很大，小的四五岁，大的已经上三年级了。在这个班级上课难度很大。首先，如果教学内容过于简单，小点的孩子会乐在其中，大孩子就会觉得无聊。其次，孩子们只和年龄相近的伙伴一起做活动，没有帮扶。最后，课堂掌握内容的程度不均衡，大孩子和小孩子最后的收获肯定是不一样的。后来我和我的团队采用了很多办法去改善我们发现的问题，想尽量把课上好。针对课堂内容的接受难易度我们设置了教学与游戏环节交叉进行的模式，教学完成后做游戏，游戏时，可以边玩边复习，这样在大孩子感觉无聊时可以转移注意力，小孩子也能在游戏中保持较长时间的注意力。针对大孩子只和大孩子交流，小孩子只和小孩子交流的情况，我们采取了座位交叉混排的手段，包括游戏分组，我们也是这样安排。

彭老师：有一次上课，我让小朋友围成圈玩一个游戏作为热身活动，游戏名叫“Big fish big fish how many fish do you wish”。游戏由 6 名小朋友和 2 名助教组成，但上课时只有 3 名小朋友到场，人数不足，我就安排另外 3 名助教共同参与。游戏一轮后，1 名小朋友就被淘汰了。他比较调皮，被淘汰后在教室里到处跑，大声喧哗。我安排 1 名助教带他在一旁玩另外一个游戏。其他人则继续之前的游戏。我暗示助教在玩游戏时尽量让助教被淘汰，让小朋友继续参与游戏中，这样越到后面的小朋友情绪会更高昂。玩游戏期间有其他小朋友到达教室，为了公平起见，我安排刚来的小朋友跟随被淘汰的小朋友一起玩另外一个游戏，以保证每个人都参与到游戏中，保证课堂的秩序。我认为玩游戏是儿童课堂教学活动中必不可少的环节，可以调动起儿童的兴趣，但是游戏也可能使儿童过于兴奋。在这一次的课中，玩过游戏后很兴奋的被淘汰的小朋友将继续在一位助教教师的帮助下分散注意力，安静下来。当然在游戏的过程中，教师也需要注意儿童的心理，不能引起儿童的不满，要注意游戏的公平性。

二、耐心与爱心——维系师生关系的纽带

付老师：有一天下午，我还没走到教室里，就听见里面有很大的嘈杂声，还伴随有惊呼声、摔倒声、劝阻声。我立刻意识到出事了，于是我走进教室一看，发现两个男同学在地上扭打着。看到我的出现，班上的学生安静了不少。打架的王同学和李同学也停了下来，但都瞪着眼睛怒视着对方。其他同学都在等着我处置这两名同学，但我意识到当面批评很不好，所以就让同学们都先坐好，毕竟课还是要上的。

等下课后，我把他们两个拉到教室外面，当我让他们分别给我讲讲打架的原因时，他们都显得分外委屈并且各执一词，试图把责任推给对方。原来，是王同学先动手，原

因是李同学给他取了个绰号。取绰号是这次问题的根本所在。于是我对李同学说："要是同学给你取了很难听的绰号你会开心吗，你有什么感受？己所不欲，勿施于人，知道吗？"我又对王同学说："不管怎么样动手打人都是不对的，以后有什么事记得跟老师讲，不要打架，知道吗？"他们在听了我的话之后意识到了自己的错误，向彼此道了歉并且向我保证以后不会再犯错了。

孟老师：2019年暑假，我在一个教育机构当英语老师，教的是初一的学生，有一个男孩子总是爱在课堂上说话，尤其是把老师讲的内容歪曲解释，引得周围同学发笑，并且影响到其他同学的学习。我走到他身边，告诉他保持安静，他才能安静一会。他的英语成绩也不是很好。有次我布置英语作文，题目是植树节，让他第二天交过来。可是第二天他并没有交作业，我让他站起来，反思自己的行为。之后，我又讲了写作的思路，让他再好好写作。他慢慢自己写出了一篇作文。我给予了鼓励，并询问同学们他的作文写得怎么样，同学们说写得好。他很开心，并向我承认错误，答应以后会好好写作文，觉得作文也不是那么难。

三、对症下药——解决课堂问题的关键

吴老师：有一次暑假，我在某个培训机构当老师，发现有个男生总是迟到。后来我想了个办法，每次上课时让他来点名。果然第二天，他来得很早，还因此受到了老师的表扬。当你让一个爱迟到的同学上课来点名，他就会有一种责任感。因为他不能迟到，别人需要等他点名。这样一来，他的责任感和领导感就踊跃出来了。我认为，孩子犯了错，千万不要当众批评他，可以在课后问清楚原因。如果是因为客观原因，那么可以理解。如果单纯是懒的话，那就需要进行教导。首先老师与他共情，表示有时候犯懒是可以理解的，因为自己以前也当过学生。但是如果别人可以做到不迟到，那么老师相信他也可以做到，这样也是给他信心和鼓励。最后让他来点名，这样他就会有责任感，就会去服从老师，改变自己的一些情况。

王老师：我曾经带过一个小孩。他很调皮，上课喜欢接话，喜欢做小动作，活泼好动。但是他很聪明，每次上课都能够回答出我提的问题，可是我就是不知道怎么去管好他。于是我就向其他机构老师请教经验。听取其他老师的建议后，我在课前和他"约法三章"。如果他能够一节课保持安静，就奖励他5个小星星，因为小星星积累到一定程度可以兑换礼物。但是后来发现这个方法很快也失效了。于是我又采取小组长制，让他担任小组长。他学得快，让他教其他学生，这样在很长的一段时间，他都没有违反纪律，而且整个班的学习水平也上去了。

陈老师：在我入职的第一天，其他老师告诉我说，班上有个学生性格比较古怪，而且对人总有敌意，让我多注意。上午他表现还是挺好的，没有什么异常情况，也喜欢回答问题，但是到了下午他因为旁边同学的几句话脸色大变，哭了起来，并开始骂同学，声音很大。刚好是下课时间，为了不影响秩序，我把他领到办公室安慰他。刚开始他不讲话一直哭，并且用白眼看我，我心里有点犯怵，但是想着这就是一个五年级的学生，不会太出格，可能只是想表达自己的负面情绪。我慢慢开导他，说同学们没有针对他的

意思，小孩子说话想到哪里就脱口而出了。我还说男子汉不能哭，况且他没有做错事，是很乖的孩子。虽然他不讲话但还是听进去了。等到他的情绪平复下来后，我让引起矛盾的同学叫他一起来上课，那个同学向他道了歉，最后该学生就回到座位继续上课了。后来几天我发现这个学生有点敏感，稍微说一下他都会出现第一天那样的情况。于是我就多鼓励他，也让同学们一起鼓励他，后来他就不那么爱哭了。

冯老师：我带的主要是阅读绘本的班级。班级里的学生年龄不一，小到6岁，大到12岁。英语水平也参差不齐，一些是英语初学者，一些是已经可以阅读较难绘本的大孩子。班级里男生偏多，很多时候特别顽皮，不爱遵守课堂纪律，总爱成群结队，打闹说话，管理起来很头疼。当时培训学校的绘本班不需要教学，孩子们上课跟随点读笔学习绘本内容就可以了。刚开始我只听他们阅读绘本，经过一段时间的观察，我根据学生的不同水平划分出不同小组。不同小组阅读不同等级的绘本内容。每读完一定数量的绘本后都会有一定的奖励机制，但没有达到目标的学生需要接受惩罚。在每节课开始之前我会选择难度适中的绘本，花一些时间详细讲解，并搭配童谣、动作以及道具，还会在每节课结束时指出他们容易出错的发音。所有阶段的学生都在学习自然拼读，因此我会根据自然拼读的规律纠正学生出错的发音，并根据发音拓展单词。每天我都会评出最努力、最认真的几名孩子。大部分学生为了得到奖励或不受惩罚，会专注读书，课堂纪律方面有了明显的加强。

第五章　儿童英语课堂中的游戏设计

第一节　儿童英语游戏设计——理论篇

一、外语教学游戏的定义及特点

（一）定义

亚里士多德把游戏定义为工作之余的消遣。福禄贝尔定义游戏是人类最纯粹的精神活动。德国心理学家格鲁斯对游戏的论点是，游戏是对未来生活的一种无意识的准备。瑞士心理学家皮亚杰基于认知理论提出了游戏即同化的观点，认为游戏在儿童的心理发展过程中是一种内在的需求，是促进儿童智力发展的重要手段。《教育大辞典》中对游戏的定义是："游戏是幼儿的基本活动，是适合幼儿年龄特点的一种有目的、有意识的，通过模仿和想象，反映周围现实生活的一种独特的社会性活动。"①

在儿童英语课堂教学中的"游戏"，是遵循一定的游戏规则、在教师指导和组织下进行的群体参与的游戏活动。这种具有群体参与性的游戏活动，可以激发起学生对学习的兴趣与热情，发展合作精神，符合儿童学习心理特点。鲁子问（2004）认为，外语教学游戏是具有教学性冲突的游玩活动，其目的是通过游戏掌握外语知识与能力。② 鲁子问（2005）强调外语教学游戏应具有三种不可或缺的本质特征：（1）游玩性：参与、呈现、多感官、多智能的活动，符合参与者的兴趣取向与心理特征，有明确的游戏规则。（2）教学性：通过游戏掌握目标知识，获取目标技能与能力等教学目标要素。（3）语言性：在语言学习中游戏，为语言学习而学习。③张翠云（2006）在《小学英语教学游戏的功能、实施与分类》中认为英语教学游戏不仅有利于激发学生的学习兴趣，促进学生学习与发展，还具有管理功能。

我们认为：外语课堂上的游戏是为了达到外语习得目的，需要遵循一定的游戏规则，在老师的指导和组织下完成的群体性的有趣的课堂活动。

---

① 教育大词典编撰委员会编．教育大词典（第二卷）［M］. 上海：上海教育出版社，1990：218.

② 鲁子问．小学英语教育学［M］. 北京：中国电力出版社，2004：51.

③ 鲁子问．小学英语教学游戏理论与实践案例［M］. 北京：中国电力出版社，2005.

（二）特点

综合不同学者的观点，外语课堂游戏具有以下特征：

1. 教学性

教学性是课堂游戏的本质。通过游戏掌握目标知识、获得目标能力等要素。在教学过程中，游戏只是形式和手段，而教学和学习才是目的。教学本身有其教学目的，游戏本身也有其游戏目的，但教学目的始终应是占主导地位的，而游戏目的应是从属于教学目的的。教学中，要以教学目的为中心来选择匹配的游戏，避免发生为了游戏而游戏的情况，使原本的英语游戏变成为漫无目的的嬉戏玩耍。

2. 游戏性

游戏性是课堂游戏教学的宗旨。既然是游戏，就应该让学生感觉到无拘无束、轻松愉快，让儿童在完全放松的情境下开展游戏活动。在这一过程中，幼儿体验到的是快乐和轻松，而不是负担和焦虑。真正做到让幼儿在游戏过程中，抛开课堂的拘束、桌椅间的束缚、师幼关系的约束，使幼儿尽情地沉浸在游戏带来的愉悦之中。

3. 语言性

所谓英语游戏教学的语言性，即英语游戏教学必须贯穿于英语语言学习之中，是为了促进语言学习而进行游戏的。教师在把握好教学目的和游戏精神的同时，要视语言性为英语游戏教学的灵魂。没有语言性的英语游戏教学，自然就失去了教学的实际意义，使英语游戏教学成为“无源之水、无本之木”了。

4. 自主性

英语游戏教学的初衷是激发儿童学习英语语言的兴趣和热情，调动他们的好奇心和注意力，使他们在自然、快乐、轻松的氛围下形成初步运用英语的能力。作为英语教师，应给儿童营造出宽松自由的游戏环境，给予充分发挥自主性的机会和空间，让儿童适当地按自己的方式和认知速度进行探索式的学习。

5. 整合性

英语课堂上的游戏应该最大限度地发展儿童的多元智能。儿童的语言智能、身体运动智能、视觉空间智能、数理逻辑智能、自我认知智能、人际交往智能等都能在课堂游戏中得到充分发挥。教师应根据学生不同的学习风格，采用适当的方法和策略，去发展每个儿童的自身优势，使儿童的身心得到最大限度的发展。

二、外语课堂游戏的分类

有关英语游戏教学的分类，不同的学者有不同的分类标准，可谓众说纷纭。英语教育家主要是根据教学的大环境来进行分类的。胡春洞在《英语教学法》（1990）中根据语言知识和技能的特点将英语教学游戏分为句型游戏、词汇游戏、拼写游戏、语音游戏、数字游戏、听做游戏、读做游戏、写作游戏、角色表演和智力游戏。鲁子问（2004）根据教学技能要素将英语教学游戏分为听力教学游戏、口语教学游戏、阅读教学游戏、写作教学游戏、演唱教学游戏和综合教学游戏。

一线教师对英语教学中游戏的分类更倾向于根据游戏教学所起的作用或者使用的形式来进行分类。潘虹（2012）在《关于游戏在小学英语教学中的运用》中按游戏的内容将英语课堂游戏分为：知识性游戏、技能性游戏和智力性游戏。其中知识性游戏包括字母游戏、单词游戏、语法游戏等，技能性游戏包括听说技能游戏、读写技能游戏等。①仲阳（2013）在《小学英语游戏教学设计应用研究》② 将英语课堂游戏分为反应型游戏、角色扮演型游戏、集体协作型游戏三大类。反应型游戏通过听英语指令做出相应的动作。听英语做事情（如：指图片、涂颜色、画图等），听问句抢答等游戏形式训练学生英文单词和句型的掌握。教师可以进行“听听做做”“听听猜猜”“比比谁更快”的反应游戏。在对话练习时采用角色扮演游戏，创设贴近儿童生活的情景，配合表情和动作，可以训练学生的语言表达能力。集体协作型游戏是以学生的小组合作交流为主体展开的，可以是展示性的，也可以竞赛性的。它包含以展示学习成果为目的的展示性合作游戏和竞赛性合作游戏。董晖（2017）按教学的目的和语言的习得过程将儿童英语游戏分为输入型游戏、操练型游戏和输出型游戏。③输入型游戏主要用于英文教学的输入环节。输入型游戏以教师教授为主，用以强化新授知识。输入环节的主要任务是将所要学的新内容以各种形式呈现给幼儿，吸引幼儿对所学内容的注意，让幼儿充分感知和理解所学的内容。操练型游戏主要用于英文教学的操练环节。操练环节的主要任务是进一步帮助幼儿感知理解所学的语言内容，并在教师的指导下进行一种初步练习，一般以模仿、操练为主。输出型游戏主要用于英文教学的输出环节。输出型游戏以学生说为主，用以巩固学生对当堂所学内容的掌握。

本章拟按照英语语言知识与技能，将儿童英语课堂上的游戏分为听说游戏、读写游戏、拼读游戏、词汇游戏、句型语法游戏、交际功能游戏。按照适用年龄，可分为幼儿游戏、小学游戏、中学游戏。按照是否使用道具，可以分为无道具游戏和有道具游戏。

三、儿童英语课堂游戏设计的基本原则

（一）目的性原则

在儿童英语课堂教学中，所有的活动包括游戏必须围绕目标进行，不能片面追求形式。游戏是服务教学的，游戏内容必须和教学内容相关。教师在设计游戏时，要考虑到教学的重难点和语言目标，如果只是单纯为了活跃课堂气氛或吸引孩子的注意力，就谈不上达到教学目标了。比如有的老师学完颜色后就只玩了击鼓传花，谁拿到有颜色的花就说英语，那就只是注意到了形式没有注意到内容！真正应该做到的是，老师可以将不

① 潘虹．关于游戏在小学英语教学中的运用［J］．职教论坛，2012（17）．

② 仲阳．小学英语游戏教学设计应用研究——以银川市西夏区第二小学为例［D］．宁夏大学硕士学位论文，2013．

③ 董晖．游戏教学法在幼儿英语教学中的应用研究［J］．三峡大学学报（人文社会科学版），2017，39（S2）．

同颜色的彩纸剪成不同颜色的物品，在做游戏复习单词的时候，要求同学按照指令把不同颜色的词和不同的物品搭配，这样在复习单词的同时又练习了听力。如此设计的游戏才能使教学更加有效，游戏才能更好地服务于教学。

（二）公平性原则

教师在游戏教学中应尽量使每个学生参与其中，一定要尽可能使所有孩子参与，而不只是照顾优秀的学生或者积极的学生。有的老师会忽略坐在后面和旁边的同学，或者不积极举手发言的同学。无论成绩好坏，每个孩子都应该被尊重！教师在设计游戏时应多安排集体游戏，特别是需要集体配合和协作的游戏，鼓励所有的学生参与其中。对于成绩不太理想的学生，教师可以在课前和课后进行辅导，课上给予更多机会让孩子有价值感荣誉感！要掌握每个孩子的性格特征和学习特点，对于内向和胆小的学生，教师要多给予一些鼓励，帮助他们多说多练，战胜自己。

（三）多样化原则

不断设计新游戏，不断翻新游戏的玩法。教师应根据教学内容和教学目标，多开发设计符合学生特点和学习需要的游戏，即便是同一项活动教师也可以根据年级不同，内容不同，通过不同侧面进行深层次挖掘，使活动随年级升高和内容加深，对学生有不同的能力要求和培养。

（四）适当性原则

在教学中要注意适时、适度开展游戏活动，在游戏中要注意课堂气氛和课堂节奏的调整和把握，要灵活处理教学内容与游戏之间的关系，要灵活处理和适当调整教学模式中的各个环节。切忌把课堂变成娱乐课，学生在游戏前一定要充分操练好语言并进行检测，小组互相学习后再进行游戏！

（五）启发性原则

在英语课堂上开展游戏活动是为了学习和巩固所学的知识，活跃课堂气氛，但也应在游戏过程中注意儿童的智力开发和多元智能的培养，挖掘孩子们的创造性和探究性。在游戏过程中，教师要适当给学生提示，引导并鼓励学生在游戏中获胜，培养孩子的挑战性和受挫折性，把真实的生活场景搬到课堂和游戏中去而不是单纯操练！游戏的启发性原则还体现在教师对游戏难度的掌握上，特别是对那些学习成绩较差的学生，在游戏中教师可以适当提示，启发并鼓励他们在游戏中获胜，培养他们的自信心，提高参与意识。对于成绩好的学生，可以提升游戏的难度，激发学生动脑思考。

四、英语课堂游戏的实施要诀

1. 先示范，后操作

充分利用助教或者学生，在游戏前先示范，配合精简的课堂指令，使游戏直观易懂。

2. 重复并清楚地示范

通常一次示范还不够，幼儿需要重复示范。示范要清楚，示范的速度要相对放慢一些。

3. 对比示范

在一些示范中，有正反两面。比如学生投篮，投中以后，老师说可以读单词，得一分。没投中，不能读单词，不能得分。老师需要把正反两面都示范出来。

4. 语言输入最大化

在学生水平允许的条件下，游戏考察的技能尽可能多样化。听说游戏优于纯粹的听力游戏，听说读写游戏优于纯粹的听说游戏。

5. 参与度最大化

游戏时尽可能多地让学生参与。集体游戏优于小组游戏，小组游戏优于单人游戏。

6. 游戏规则简单化

尽量使游戏的规则简单易懂好操作。

7. 游戏从易到难

考察技能先听说后读写，游戏速度先慢后快。

8. 游戏富于变化

不断对现有游戏进行创新，同一个游戏尽量不重复。

第二节　儿童英语课堂游戏案例

一、听说游戏

（一）价格竞猜（Guessing the Price）

游戏分类：听说游戏

活动目标：

1. 能听懂关于价格的提问并使用学过的数字来回答；

2. 能够相互用英语询问和回答物品的价格。

教学对象：学过数字的儿童

活动准备：文具、书籍、衣物、食品等。如果没有实物，可准备图片。如果有包/盒子/袋子可以准备一个，增加神秘感。

活动时间：5~10 分钟

活动过程：

1. 老师拿出一张卡片或一个物品，在纸条上写下物品价格；

2. 老师先简单介绍这个物品的来源，然后问全班同学提问，比如“How much is this pencil case?”

3. 学生们需依次举手回答他/她猜测的数字，比如“3 dollars”“5 dollars”；

4. 老师提示：“too high”或者“too low”，学生继续猜测；

5. 重复几次，到学生猜中为止。老师奖励猜中的学生一个小奖品。

课堂提示语：

T：Now let's play a game. Guess how much it is. For example，how much is this pencil case?

（老师从包/袋子/盒子里拿出一本书或者书的卡片，举起来向大家展示）

S1：30 dollars.（可以是学生和老师互动，也可以助教协助老师示范）

T：Too high.

S2：20 dollars.

T：Too low.

S3：22 dollars!

T：Yes，you are right! Excellent!

注意事项：

1. 为了增加游戏的趣味性，实物或图片上的物品不建议选择市场上随处可见的商品，可选择蕴含中外文化特色的商品，或有一定时代印记的物品，或教师珍藏的物品，也可在这个游戏中融入文化教育或价值观教育；

2. 为了节省时间和提高效率，需要限制竞猜的次数或给出物品的价格区间。

游戏拓展：

1. 方式拓展：等学生熟悉游戏流程之后，换一个学生提问，其他学生猜，猜中的学生获得奖品并成为下一个提问人。

2. 内容拓展：可以用于猜人或动物的年龄，提示语是“too young”或是“too old”，也可以问身高、体重等。

（二）耳语传单词（Whisper）

游戏分类：听说游戏

活动目标：

1. 能听懂并表达所学的单词或句子；

2. 能锻炼学生的反应能力，团队协作和竞争意识。

教学对象：5~7岁的有一定英语基础的儿童。

活动准备：带有单词或句子的卡片

活动时间：5~10分钟

活动过程：

1. 老师将学生分成两组；

2. 每组第一位同学抽取一张卡片；

3. 第一位同学将所看到的内容悄悄传递给下一位同学，并依次传递；

4. 最先传递完并表达正确的小组获胜。

课堂提示语：

T：Now let's play a game. This game is called "Whisper". I will divide you into two groups. The first student picks up one card and whispers it to the second student. Each student whispers the word to the next one, till to the last student. The last student speaks out the word. The team who says the right word faster wins the game.

（老师拿出卡片，将卡片分成两组让学生选择）

T：Are you ready?

S：Yes.（可以是学生和老师互动，也可以助教协助老师示范）

T：Let's begin.

S1：Tiger.

S2：Cat.

…

T：Your team is faster so you are the winner. Everybody is excellent!

注意事项：

1. 教师要提示学生在传递的过程中一定不要让其他学生听到；

2. 最后一个学生需要更大声地表达单词，说明本队已传递完毕，获胜。

游戏拓展：

1. 方式拓展：在传递较为简单的单词时，可以将 whisper 的方式变为在下一个学生的背后书写单词的方式，来传递单词。

2. 内容拓展：所要传递的卡片上的内容可以是单词，也可以是句子，甚至可以增加难度，用相关的颜色单词来表达，比如 yellow tiger，red cat。

（三）水果人（Fruit Man）

游戏类型：听说游戏

活动目标：学生能够认出并读出水果单词

教学对象：幼儿园中班或大班儿童

活动准备：白纸若干张

活动时间：5~10 分钟

活动过程：

1. 老师给每位学生发一张白纸，将学生分为两组；

2. 播放音乐，老师每隔三十秒念报一个单词，学生需要把听到的水果简单地画在纸上；

3. 音乐停止，学生停止画画，老师在每组选出一张画得最多的纸，并给予奖励。然后让对方一组的成员说出这张纸上画的水果的单词并给出奖励。

课堂提示语：

T：Everybody, listen to me. I will give you one piece of paper. And you are Group A, you are Group B. When I say a fruit word, you draw it on your paper. Apple, grape, banana…

T：Game is over. Now I choose one paper from Group A. What a beautiful picture! There are 3 fruits. So Group A can get 3 stars! Students from Group B, please read these fruits together.

S：Apple, grape, banana...

T：Very good. Group B can get 1 flower, too! Now Group A should read the words from Group B. Let me choose one paper. This one has 5 fruits! Amazing! Group B can get five stars. Now Group A read these words out.

S：Apple, grape, banana, orange, mango.

T：Excellent! Group A can get 1 flower. You are all talented artists!

注意事项：

在玩游戏之前学单词的时候，把图片展示出来给儿童看，或者拿实物或教具来教，让学生有较深的印象。

游戏拓展：

1. 方式拓展：老师可提前在黑板上画出一些水果，然后分组接力竞争在黑板上写出水果单词，哪一组写得又快又正确即为获胜；老师可以先放一段录音或者歌曲，根据学生能力选择慢放或者原放速度，让学生把听到的水果单词写下来，训练学生的听和写。

2. 内容拓展：可以将水果改成动物或其他幼儿喜欢的事物。

（四）寻宝游戏（Treasure Hunt）

游戏类型：听说游戏

活动目标：认识并且能够读出卡片上的词汇

教学对象：会读单词的幼儿园或小学儿童

活动准备：写有词汇的闪卡

活动时间：10~15 分钟

活动过程：

1. 老师准备一些写有词汇的闪卡；

2. 老师选择两位自愿参加活动的同学，抽取一张卡片并大声读出来，一位同学先在老师划分的范围内把卡片藏起来，不让另外一位同学看到，藏好后让另外一位同学开始寻找卡片；

3. 找卡片的同学离目标卡片越来越近的时候，其他学生会大声地读出卡片并且声音越来越大；如果找卡片的同学离目标卡片越来越远，同学们读卡片的声音会越来越小；

4. 随着同学们声音的提示，直到找到卡片，游戏结束。

课堂提示语：

T：Let's play a game, I will choose two students to show how to play this game. Please choose one card. Read it out together.

T：OK, you hide this card in this room. One student hides this card. And the other student goes to find this card. Now read this word together.

S：(Repeat the word.)

T：Now you go to find this card. He is close to the card. Please read this word louder.

T：Oh no, he is far away from the card, please lower your voice... Wow, he finds the card. Congratulations! One star for him.

注意事项：

1. 老师需要和同学们沟通好藏卡片的范围；
2. 老师带领学生一起读单词；
3. 由于游戏具有很大的空间灵活性，老师要强调好课堂纪律，避免意外情况发生。

游戏拓展：

方式拓展：对于初学单词的小学生，可以用实物代替单词卡。

二、读写游戏

（一）袋鼠跳（Kangaroo Jump）

游戏分类：读写游戏

活动目标：

1. 能够快速准确地拼写出图片对应的单词，掌握单词的正确拼写；
2. 能够正确读出该单词的发音。

教学对象：有一定词汇量的学生

活动准备：两组同学各拥有20张相同的带有图片的单词卡

活动时间：10~15分钟

活动过程：

1. 老师先准备20个单词卡并带领学生认读复习巩固；
2. 班上的学生随机抽取20名，分成两组，每组都有一样的20个单词卡；
3. 老师从单词卡中随机读一个单词，两组同学按排队顺序一个一个从各自小组的单词卡里快速找出老师指定的单词卡，同时要把单词卡上的单词写到黑板上；
4. 单词接力的方式为在同一起点袋鼠跳，跳的过程中要大声读出手中单词卡上的单词；
5. 教师计时，最快且正确无误地写完20个单词的小组即为冠军，并给予一定的奖励。

课堂提示语：

T：Now, let's play a game.

S：OK.

T：First, I will choose twenty students to play the game and divide you into two teams. Then I'll give each team 20 word cards and your word cards are the same. After I read words at random, each team should do an action of kangaroo jump and write words on the board one by one. In the end, the group who can write the twenty words correctly is the winner. Are you ready?

S：Yes!

注意事项：

小组同学在每一次答完题时，可将单词拼出来然后大声读出来，增强记忆。

游戏拓展：

1. 方式拓展：如果是动作类的单词，可以采用“你划我猜”的形式，每组 10 个学生，5 个来做动作 5 个来猜，最后在一定时间内，猜对的单词最多的小组获胜。

2. 方式拓展：可以在单词中间挖空，让学生排队把 20 个单词填上。一定时间内哪组最先完成且单词完全正确就获胜。

（二）杂志寻宝（Magazine Treasure Hunt）

游戏分类：读写游戏

活动目标：

1. 能够在规定时间内阅读完老师提供的材料，并找出相关词汇；

2. 能够用所学单词造句。

教学对象：能够独立阅读并造句的稍高年级学生

活动准备：准备一段阅读材料

活动时间：5~10 分钟

活动过程：

1. 老师先将准备好的材料分发给每位同学并让他们快速浏览；

2. 老师开始计时，让孩子大声读完材料，最先读完的学生可获得一个小奖励；

3. 所有人安静，老师开始讲规则，在规定时间内找到动词（或者其他类型词语），找到数量最多的可获得一个小奖励；

4. 从自己所找的词中任选 3 个动词分别造 3 个简单句并写在纸上，最先写完的同学获胜并获得奖励。

课堂提示语：

T：There are some articles on your desk. Please read it loudly. The first one could be rewarded.

Ss：(Read the articles loudly.)

T：If you finish it, you could raise your hands.

Ss：(Raised their hands.)

T：Next, please find out all the verbs in the article and circle them. If you are finished, you could get two stars. Go ahead!

Ss：(Read it and find out all the verbs.)

T：Time's up. Let me check who finds them all. If you finished, please raise your hand.

Ss：I did it.

T：Let me check.

…

T：×××gets two stars.

T：Last, find out three verbs in the article and use them to make three simple sentences. If you can make it, you will get three stars.

Ss：Do, have, like… I do homework at home. I have a book/ books. I like cats.

T：Three stars for…

注意事项：

1. 寻找的词语需要频率较高，且难度不太大；
2. 寻找的词不可无意义；
3. 词汇量的控制和难度适中。

游戏拓展：

1. 方式拓展：寻宝环节可以改成找词语。
2. 内容拓展：可以在写出句子后，让学生们相互纠正语法或时态错误。

（三）背后写字（Writing on the Back）

游戏分类：读写游戏

活动目标：

1. 能读并写出所学的单词；
2. 能正确拼写单词。

教学对象：一、二年级的学生

活动准备：单词卡

活动时间：5~10分钟

活动过程：

1. 把学生分成两组，每组5名成员排成一排；
2. 老师给第一名学生随机看一张卡片，该同学需要记住卡片上的单词；
3. 第一名学生用手指在第二名学生的背上写出单词，第二名学生点头示意已经明确该单词是什么；
4. 第二名以同样的方式传给第三名；
5. 最后一名学生在黑板上写出该单词，并读出来；
6. 最后一名学生排到第一名的位置，再开始游戏；
7. 最先写完5个单词的小组获胜；
8. 未获胜的小组须把黑板上已写的所有单词齐读一遍。

课堂提示语：

T：Now let's play a game. Boys and girls! Come here and make 2 lines!

T：The first student of each line should choose a card and remember it clearly. Then, use your finger to write the word on the back of a student in front of you.

T：The last student in the line writes the words on the blackboard and reads it. The group who can write the words correctly faster is the winner.

注意事项：

1. 游戏轮流进行，至少让每个学生写过、读过一遍；
2. 写字过程中不可以发出声音，否则这个单词不加分；
3. 最后一个学生要在黑板上写出并读出单词，最快的一组可以加一分。

游戏拓展：

1. 方式拓展：未获胜的小组淘汰，获胜的小组可以继续与下一组比赛。
2. 内容拓展：对于高年级的学生单词可以长一点，低年级的学生最好单词不超过4个字母。卡片可以是词也可以是图片。

（四）四“W”游戏（Four “W” Game）

游戏分类：读写游戏

活动目标：

1. 能够自己写出4个包含“W”的单词或者短语；
2. 能够读出所造的句子。

教学对象：小学四年级以上

活动准备：卡片、笔、纸

活动时间：5～10分钟

活动过程：

1. 老师在黑板上贴上who，what，where，when四张卡片，给每位同学发一张小纸条；
2. 学生以四人一组为单位，每个同学负责写出一个与W相关的单词或词组；
3. 最后用组员所写的四个单词或词组造句并读出来。（老师在巡视并指导）

课堂提示语：

T：Now let's play a game. Four students a group, each student write a “W” word. That is “Who?” a person, “When?” time, “Where?” place and “What?” action. Then make a sentence and read it out.

S1：Mike.（写在纸上）

S2：In the classroom.

S3：Yesterday.

S4：Take a shower.

T：OK, make a sentence.

Ss：Mike took a shower in the classroom yesterday.

注意事项：

1. 造句时应提醒学生注意时态和动词的单复数变化；

2. 如果学生写不出来，老师可以给一些提示卡。尽量创设一些搞笑的情境，增加趣味性。

游戏拓展：

1. 方式拓展：对于程度更好的班级，老师可以把所有小组所写的词混在一起，然后请每组分别挑选 4 个“W”中的一个来造句。

2. 方式拓展：对于低年级的学生，老师可以在黑板上写一些单词去提示学生。

三、字母与自然拼读游戏

（一）肢体字母（Body Letters）

游戏分类：字母游戏

活动目标：

1. 听懂字母并且准确读出字母；
2. 熟练地书写英文字母。

教学对象：学过字母的幼儿园大班的学生。

活动准备：A~Z 字母卡

活动时间：5~10 分钟

活动过程：

1. 老师将全班分成三组；
2. 每组选出代表轮流到讲台前；
3. 老师任意展示一个字母卡给讲台前的学生；
4. 代表需用肢体语言表达出他所看到的字母；
5. 队员需猜出他所表达的字母，队员只有三次机会猜，猜对数目最多的小组获胜。

课堂提示语：

T：Now let's play a game. You are Group One. You are Group Two. You are Group Three. Each group will have one person come to the front in turn. And I will show him/her card. There is a letter on the card. He/She should show the letter with his/her body language. And others in the group will guess what letter it is.

T：Now，Group One，who will come first?

T：Draw one card and show the letter with your body.

S：Letter C！

T：No！Group Two，what letter is it?

S：B！

T：Excellent！One star for Group Two.

注意事项：

1. 为了节省时间和提高效率，每个字母猜的过程应有时间限制；
2. 进行游戏前应学过每个字母对应的肢体动作或有相应每个字母肢体动作的展示；

3. 获胜队应有相应奖励，如加星星。

游戏拓展：

1. 方式拓展：换学生抽取字母卡。学生熟悉游戏流程后，可以每组派一个人去抽字母卡，然后其他组派代表写出抽到的字母。

2. 内容拓展：可以用于猜数字或模仿动物的声音猜动物，类似你画我猜。

（二）接糖游戏（Pass the Candy）

游戏分类：字母与拼读游戏

活动目标：

1. 听懂有关水果的单词并掌握单词的读音；
2. 掌握有关水果单词的拼写。

教学对象：学过水果单词的儿童，小学三、四年级学生

活动准备：糖果，水果单词卡片或图片，彩色小纸条（充当“糖纸”），写有惩罚的小纸条。

活动时间：5~10分钟

活动过程：

1. 老师组织学生们围成一个大圆圈，复习学过的有关水果的单词；
2. 老师向大家展示“糖”（用“糖纸”包着写有惩罚的小纸条）；
3. 老师随机抽一个单词卡，展示给同学们并和同学们一起读出该单词；
4. 老师将“糖”传递给旁边的学生；
5. 学生接住“糖”并说出单词的首字母。每位学生再依拼写说出顺着该单词的其他字母，依次向后传递。如果说对了就可以继续传递“糖”；若学生没有说对，则按照“糖”里面的内容接受惩罚；
6. 一轮游戏结束后，根据学生的表现给学生发糖果。

课堂提示语：

T：Now let's play a game. I will choose a card from these word cards, and you need to spell the word in the card. But each student can only say one letter of the word one by one.

T：Let's begin. The first word is Apple! And you should spell the word one by one.

S：A.

S：P.

S：P.

S：L.

S：E.

T：Great! The next word is banana.

注意事项：

1. 为了保证游戏的趣味性，惩罚可以是做鬼脸、讲笑话或模仿一个动物；
2. 当一轮单词拼完后，可再接着上一轮结束的学生开始；

3. 当学生熟悉游戏规则后，教师可以让学生抽取单词卡片；

4. 提前告知学生奖励的糖果下课后才可以吃。

游戏拓展：

1. 形式拓展：等学生熟悉游戏的流程后，可以让学生自己说出一个与水果有关的单词，然后一个接一个地拼出来。

2. 内容拓展：可以将水果种类的单词换成任意需要记忆的单词。

（三）找朋友（Finding Friends）

游戏分类：自然拼读游戏

活动目标：

1. 能够根据字母的发音正确地拼读单词

2. 能够根据字母的组合正确地读出单词

教学对象：学过简单词汇的，能自然拼读的幼儿。

活动准备：三个字母骰子（其中一个骰子需要用元音字母）

活动时间：5~10 分钟

活动过程：

1. 老师拿出三个字母骰子并介绍游戏规则。（分三个小组，每小组每一位同学到讲台上掷骰子，然后掷出来的字母组合成单词。最先正确读出单词的小组加一分。）

2. 老师选三位同学到讲台上掷骰子，学生根据他们掷出来的字母组合成 CVC 单词。

3. 第一个能正确拼读出单词的小组，将赢得一分。

4. 老师可以从赢得的小组再选出一位同学上来掷骰子。

课堂提示语：

T：Now let's play a game. Please look at this. Do you know what they are?

（老师手举着字母的骰子展示给同学们看。）

S1：They are dices.（可以是学生和老师互动，也可以助教协助老师示范。）

T：Look. What's on the dice? Who can tell me?

S2：Some letters.

T：Yes，you are right. Each dice has 6 letters. You will be divided into three groups. I will select one student from each group to throw the dice. The group that can blend the three letters into a word will be the winner.

S3：OK.

T：Excellent！Let's begin！

注意事项：

1. 为了增加游戏的趣味性，每个骰子需要涂上不同的颜色来区分，字母也可以用不同的颜色来写。（其中一个骰子上需写上元音字母。）

2. 字母能否组成功，要看学生的单词功底。老师可适当给予引导。

3. 为了节省时间和提高效率，老师需要计时，需要限制猜单词的次数，不能够无限制地去猜。

游戏拓展：

1. 内容拓展：有的字母可以组成不同的单词，如果有小朋友认不出组成的新单词，可以让会认的小朋友来教大家。

2. 内容拓展：本游戏还可以由老师自己用这三个字母组合出新单词，让小朋友们拼读并且辨认此单词是否正确。

（四）鸵鸟游戏（Ostrich Game）

游戏分类：自然拼读游戏

活动目标：

1. 能迅速认出卡片上的内容，并读出来；

2. 锻炼学生反应能力，并检验所学内容。

教学对象：有英语基础的学生

活动准备：卡片、夹子、彩笔

活动时间：5~10 分钟

活动过程：

1. 老师拿出一张卡片或一个物品，并在卡片上写下单词或字母；

2. 老师先让全班学生坐下，然后介绍游戏规则；

3. 把全班分成两组，从小组中选出两个孩子面对面坐下，并把手背到背后（手从背后放下视为犯规）假装鸵鸟；

4. 老师分别在两位同学的身后用夹子夹上写有学习内容的卡片；

5. 听教师说“Ready，go!”，两个孩子开始伸长脖子偷看对方背后的闪卡究竟是什么，先看到的先举手回答，答案正确加分，可以让全班参与这个游戏中来。

课堂提示语：

T：Now let's play a game! There are some cards with some words on them. I will choose two students and stick the cards on the backs of them, and they need to put their hands on their backs like ostriches, then they should work hard to see the words on the back of each other. The faster is the winner. And if someone puts his hands down, he/she will lose the game.

注意事项：

1. 可引导幼儿念字母，如果 26 个字母念完后还没有小朋友能说出对方的闪卡单词则活动结束，再换组进行，能说出单词的给予奖励；

2. 注意孩子的安全。

游戏拓展：

1. 内容拓展：把背后的卡片内容换成图片，锻炼孩子的认读能力。

2. 方式拓展：等孩子对游戏流程熟悉之后，再增加游戏人数及难度。

四、词汇游戏

(一) 划单词 (Crossing the Words)

游戏分类: 单词游戏

活动目标:

1. 能够听认单词;
2. 能够正确书写单词。

教学对象: 小学四年级学生

活动准备: 准备30个左右单词,空白卡片数张

活动时间: 5~10分钟

活动过程:

1. 老师准备30个单词;
2. 给学生分发纸张,让每个学生从30个单词中随机写出10个单词在纸上;
3. 老师从30个单词中随机念单词,学生听到自己纸上的单词就划掉;
4. 先划掉10个单词的学生获胜。

课堂提示语:

T: Now let's play a game. There are some words. Let's read them together.

T: Now, I will give you two minutes to choose 10 words and write them down on the paper.

T: Now, I will read 10 words among them. Listen carefully and cross the words you hear.

T: The first one who crosses 10 words is the winner. The winner can…

注意事项:

1. 为了游戏的趣味性,老师随机念单词;
2. 玩游戏之前,老师要带读单词,确保学生会认、会读。

游戏拓展:

1. 方式拓展:请学生当小老师。等学生熟悉游戏流程之后,再换另一个学生念单词,其他学生则边听边划。
2. 内容拓展:可以用短语或句子代替。

(二) 丢雪球 (Throwing the Snowball)

游戏分类: 单词游戏

活动目标:

能够按要求正确说出单词。

教学对象: 三、四年级学生

活动准备: 废纸、纸篓

活动时间:5~10分钟

活动过程：

1. 教师事先将废纸揉成团制成雪球，准备好纸篓；
2. 给学生分发雪球，并分成两组进行比赛；
3. 老师发出指令，学生需按要求正确说出单词，说出后，即刻将雪球扔入纸篓；
4. 说对单词并将雪球扔入纸篓就得分。

课堂提示语：

T：Now let's play a game. Everyone has a snow ball. You should listen to me carefully and say the words correctly, then you can throw the snow balls into the basket and get one score. You're divided to two teams. The team who gets more scores is the winner.

T：Let's begin! Listen, say a word about fruit.

S：Apple. (Throw the snow ball into the basket.)

T：Team one gets one score.

…

T：Team two is the winner.

注意事项：

1. 注意纸篓摆放的位置，尽量降低游戏难度，增加游戏乐趣；
2. 说对单词的学生扔雪球入篓才可以计分，其他学生乱扔的不算数。

游戏拓展：

1. 内容拓展：可将单词换成句子来进行。

2. 方式拓展：还可以换一种玩法。老师发令小组扔雪球，看哪组先扔进纸篓，就获得答题权。老师出题，学生回答正确就计分。

（三）套圈圈（Throw the Circle）

游戏分类：词汇游戏

活动目标：

1. 能够听懂老师说的单词并且根据老师说的单词做出迅速判断；
2. 锻炼听说能力和反应能力。

教学对象：学过简单词汇的幼儿或者小学低年级的学生

活动准备：书、钢笔、铅笔、尺子、书包等文具（如果没有实物，可准备图片），三个纸做的圆圈圈

活动时间：5~10分钟

活动过程：

1. 老师拿出卡片或者实物，先复习已经学过的单词。

2. 学生们排队依次轮流玩游戏。老师读出单词，学生需依次将圈圈丢在正确的卡片上，并且读出来这个单词。（学生可套三次圈）

3. 学生如果投掷正确并且读出来可以得一分。

4. 重复游戏，每个人都参与。老师奖励给积分高的同学一个小奖品。

课堂提示语：

T：Now let's play a game. There are some picture cards. Before the game，we will review these words. OK！Now，I will put these cards on the floor.

（老师拿出一些有图片的卡片，举起来展示给大家，复习过后放在地上）

Where is the book?

S：In here.（学生将圈圈扔到正确卡片上，可以是学生和老师互动，也可以助教协助老师示范）

T：Yes，you are right！Excellent！And where is the ruler?

S：In there.

T：You are very good！

（学生说错时老师可以进行引导，可多试几次）

注意事项：

1. 学生投掷时需要限制距离，保证公平；

2. 尽量让每个人参与到，奖品和积分设置要得当。

游戏拓展：

1. 方式拓展：等学生熟悉游戏流程之后，换一个学生提问，其他学生投掷，完成的学生可成为下一个提问人。

2. 内容拓展：可以多准备一些卡片，可以换卡片的内容，也可以换成其他文具、动物或颜色。

（四）炸弹字卡（Bomb）

游戏分类： 词汇游戏；听说游戏

活动目标：

1. 能认读卡片上的单词；

2. 能够在看到炸弹卡片时迅速做出指令动作。

教学对象： 学过简单词汇的低年级学生

活动准备： 写着书、钢笔、铅笔、尺子、书包、橡皮单词的卡片。其中橡皮卡片上画一个炸弹。或者可多准备一些单词，多画几个炸弹。

活动时间： 5～10 分钟

活动过程：

1. 老师拿出单词卡片展示给同学并且教读几遍；

2. 老师依次抽出一张卡片；

3. 老师请助教做示范，老师问 What's this?

4. 学生们回答卡片上的单词；

5. 老师又拿出一张炸弹卡片，问 What's this?

6. 学生们回答 Boom！并且双手抱头。

课堂提示语：

T：Now let's play a game. For example.

（老师抽出一张卡片，举起来展示给大家）

What's this?

S：It's a book.

T：Very good！And how about this one?

S：It's a pen.

T：You are so smart！Oh what's this?

S：Boom！

T：Ah！

（将全班分成两组，人多的话可多分几组，每组基础分数为五分，每轮指定不同的动作，学生看到炸弹词卡时做出指定动作（一轮一个指定动作）并说 boom，反应快并做出指定动作的小组，可以加分。如果反应慢或者读错了单词，则会扣分。演示时需包括不同可能。学生如果不会读单词，助教可以提示。

注意事项：

1. 老师需要在黑板上写上每一组的名字和对应分数；
2. 为了提高游戏趣味性，每一轮可以指定不同的动作，避免单调。

游戏拓展：

1. 方式拓展：等学生熟悉游戏流程之后，换一个学生提问，其他学生读，完成的学生成为下一个提问人。
2. 内容拓展：适当增加单词数量，加快游戏速度。

五、语法游戏

（一）趣味造句（Funny Sentences）

游戏分类：语法游戏

活动目标：

1. 学生能够正确读出句子；
2. 学生能够正确写出学过的单词。

教学对象：四年级

活动准备：白纸

活动时间：10~15 分钟

活动过程：

1. 将班级分成 6~7 人的小组；
2. 把准备好的纸发给每个小组，一个小组一张纸；
3. 老师可以事先在纸上写出人物、时间、地点、活动，再将纸发到每组同学手中。每组学生在纸上根据老师所给的提示写出相应的单词，写完后折起来不让别人看见，然后继续传给下一个人写，等大家都完成以后，任意抽取一名同学来读这个句子，造句正确的得分；

4. 小组的每个组员都必须参与造句；

5. 比如：A famous name：Cheng Long /A place：in the theatre /Time：at midnight/ Action：cry/Another action：eat/An object：a chair = Crazy sentence：Cheng Long cries and eats a chair in the theater at midnight.

课堂提示语：

T：Now let's play a game. I will divide the class into four groups. The first student writes a name and folds it, then send it to the second student. The second student writes down a time and fold it, then sends it to the third student. The third student writes down a place, the fourth student writes down an activity. Then, the whole sentence is finished. Finally, the teacher chooses one student to read this sentence.

注意事项：

1. 注意不要让其他同学看见自己写的内容；
2. 每个学生都应参与到游戏中；
3. 将造好的句子写到黑板上；
4. 句子完整、单词正确拼写、造句无误的小组可得到奖励。

游戏拓展：

1. 内容拓展：添加更多的句子成分。
2. 方式拓展：每个组写不同的句子成分并打乱，由成员抽取组合成不同的句子。

（二）头脑风暴（Brainstorm）

游戏分类：语法游戏

活动目标：

1. 能回忆并熟练运用所学过的单词；
2. 能正确写出所学过的单词。

教学对象：三年级

活动准备：无

活动时间：5~10 分钟

活动过程：

1. 将学生分成 6~7 人的小组，教师说出一个学生最近学过的单词，让学生们说出与这个词有关的任何词汇。

2. 让同学们展开联想，老师在黑板上分别写出名词、形容词、动词这三栏。学生说出相关单词并根据词性轮流在黑板上写出相对应的词汇（采用接力的形式），写在老师说的那个单词周围，并用直线连接，涂成光线散射状。

3. 在规定时间内，写的词语多的小组获胜。

课堂提示语：

T：Now let's play a game. Seven students are in one group. I'm going to give you one word，and you're going to take turns to write some words on the board. The words you write must be related to the words I gave you. For example，doctor.

S1：Nurse.（可以是学生和老师互动，也可以助教协助老师示范）

S2：Hospital.

T：Yes，you are right！Excellent！

S3：…

注意事项：

1. 尽量保证让每个学生都能写出和说出；

2. 可在学生联想时稍加限制，如只要求给出适用于该中心名词的形容词或者动词；

3. 说出和写出最多的组可获得奖励。

游戏拓展：

1. 方式拓展：同样的活动也可以用于带领学生导入课文的阅读。选取一个主题词让学生联想，并拓展其对课文内容的相关思维。

2. 内容拓展：对于程度较好的班级，可提供词根或者前后缀，如给出-ment 这个后缀，再引导学生说出 development，improvement，argument 等一系列包含此后缀的单词。

（三）单词配对（Matching Words）

游戏分类：语法游戏

活动目标：

1. 能用形容词修饰名词；

2. 能辨别形容词和名词的匹配性。

教学对象：有一定英语基础的儿童

活动准备：形容词和名词的单词卡、魔术盒。如果有包/盒子/袋子，可以准备一个，增加神秘感。

活动时间：5~10 分钟

活动过程：

1. 老师拿出两个魔术盒，分别是名词和形容词的魔术盒；

2. 老师先简单介绍两个魔术盒的作用，然后请一个同学上台抽卡片（一个盒子抽一个卡片），并组成短语，比如“beautiful girl”；

3. 邀请其他同学一起读，引导学生发现形容词修饰名词的规律；

4. 老师想出名词，引导学生思考形容词可以修饰名词；

5. 重复游戏，老师奖励第一个说出形容词的学生一个小奖品，并给他充当小老师的机会。

课堂提示语：

T：Now let's play a game. I have two boxes. We should pick one in each box. Who can try?

（老师拿出形容词卡片盒子和名词卡片盒子，并邀请同学来抽取卡片）

T：Cara picked "Ugly" and "Duck". Can you combine them?

S1：Ugly Duck.

T：Yes，you are right！Excellent！

T：Now，next one.

注意事项：

1. 为了增加游戏的趣味性和协调性，挑选的名词多为人物或动物单词，形容词多为搞笑有趣的单词。

2. 为了节省时间和提高效率，需要限制思考形容词的时间。

3. 教师需要正确辨别学生给出的形容词是否可以修饰该名词。如果不适合，则需要给学生正确的引导。

游戏拓展：

1. 方式拓展：等学生熟悉游戏流程之后，换一个学生给出名词卡片，其他学生思考其形容词，学生需要辨别形容词是否与该名词匹配。

2. 内容拓展：可以提出形容词，让学生思考名词。也可以此方法训练学生对副词的使用。

3. 内容拓展：教师使用魔盒时，可以设置不匹配的组合，让抽中的学生思考匹配的单词。

（四）疯狂造句（Crazy Sentences Making）

游戏分类：语法游戏

活动目标：

1. 能正确理解简单句结构（主语+谓语+宾语+状语）；

2. 能熟练运用并正确造句。

教学对象：有一定英语基础的学生

活动准备：写有主语、谓语、宾语和状语的卡片，用有趣的造型做出来的魔术盒。

活动时间：10 分钟

活动过程：

1. 老师拿出三个魔术盒，分别是人名、动作、地点；

2. 老师先简单介绍三个魔术盒里的内容，然后分三个小组，每个小组选一个同学上台分别在三个魔术盒里抽一张卡片，并组成完整的句子，比如"Tang Seng eats hamburger in the sky."；

3. 组成完整的句子之后，第一个正确说出完整句子的同学，老师奖励一个小奖品，并给他/她所在的组加一分；

4. 邀请其他同学一起读，多重复几次，引导学生发现造句的规律（主语+谓语+宾语+状语）。

课堂提示语：

T：Now let's play a game. I have three boxes. I will choose one student from each group. Who can try?

（S1 picks "Tang Seng", S2 picks "eats hamburger " and S3 picks "in the sky" ）

T：Can you combine them into a sentence? Let's see who is the fastest one?

S2："Tang Seng eats hamburger in the sky. "

T：Yes, you are right! Excellent! One gift for you, and one score for Group Two!

T：Now everyone read it together.

T：Another chance, who can try?

…

T：Now you can make sentences in your group.

…

注意事项：

1. 介绍规则要清晰，游戏要设计得更加生动有趣；
2. 尽量挑选学生熟悉的人名、有趣的动作和特别的地点，使句子组建具有趣味性；
3. 为节省时间和提高效率，教师需要限制学生思考完整句子的时间；
4. 及时给予学生正确的反馈及奖励。

游戏拓展：

内容拓展：加上更多的状语，如时间状语、原因状语等，发挥学生的想象力，组成一个更复杂的句子。

六、交际功能游戏

（一）找朋友（Finding Friends）

游戏分类：交际功能游戏

游戏目标：

1. 通过角色的扮演认识新朋友，发挥学生的交际能力；
2. 通过职业特征进一步提高学生对职业的理解；
3. 通过一问一答的方式，培养学生的英语情感能力和语言知识能力。

教学对象：学过与职业相关的英语表达的小学高年级学生

活动准备：带有职业名称的角色卡片和写有句型的卡片

活动时间：5~10分钟（每个学生扮演者需要熟知自己的角色）

活动过程：

1. 8人一个小组，老师告诉学生，这是模拟认识新朋友的游戏，同一组的"teammate"里有teacher，doctor，nurse，police，等等；

2. 复习与职业相关的英文表达；

3. 老师把角色卡片分发给学生，并告诉学生将要扮演的角色；

4. 学生在组内互相用英语介绍自己职业的相关信息（不能直接说出这个单词，可借助其他方式，比如道具、表情、动作等）；

5. 最快找齐相同角色的学生获胜。

课堂提示语：

T：Now let's play a game. Do you know how to make a new friend? Yes, you need to find the person who does the same job with you. You can ask him or her some questions about their jobs. But you cannot say the job directly. If you two do the same job, you are the teammate. OK, let's begin.

S1：Hello, I am Daisy. What's your name?

S2：I am Lily. Where do you work?

S1：I work in school. How about you?

S2：Me too. What do you usually do?

S1：I teach students.

S2：So am I. So we are friends.

T：You're the fastest to find all your friends, so you're the winner. I will give you three points.

注意事项：

1. 为了增加游戏的趣味性，可以加入一些肢体动作来辅助这个游戏。

2. 为了节省时间和提高效率，需要提前多次让学生熟悉句型。

3. 可以让学生互相提问。拿着卡片提问，有助于调动学生的积极性。

4. 最快找到搭档的一组同学可以积3分，第二名积2分，第三名积1分。

游戏拓展：

1. 内容拓展：内容可以换成描述动物特征，间接猜出是什么动物。

2. 内容拓展：也可以通过颜色、味道和形状等描述蔬菜水果。

（二）购物（Shopping）

游戏分类：交际功能游戏

活动目标：

1. 能听懂关于价格的提问并使用学过的数字来回答；

2. 能够相互用英语询问和回答物品的价格。

教学对象：学过数字的学生

活动准备：文具、书籍、衣物、食品等，还有模拟的美元硬币或纸币。如果没有实物，可准备图片。

活动时间：5~10分钟

活动过程：

1. 老师把学生分为两组，一组是售货员（手里有卖的东西），一组是顾客（手里有图片纸币）。

2. 老师示范两组同学之间可能涉及的对话，比如“Can I help you?”“I’ d like to buy a pencil.”“How much is this pencil? ”“3 dollars”…

3. 售货员和顾客之间进行交易。

课堂提示语：

S1：Can I help you?

S2：Yes. I'd like to buy a pencil.

S1：How much is it?

S2：3 dollars.

S1：OK, here're 5 dollars for you.

S2：Here's 2 dollars change.

S2：Thanks.

S1：You're welcome.

注意事项：

1. 实物或图片上的物品最好是大家所熟悉的，不能太生疏。最好是学生对数字的掌握已经很熟练了。

2. 价格需与物品一一配对，使价格具有明确性。价格最好为整数，与实际生活相关，从而锻炼学生的自主能力。

3. 可以进行比赛，看谁买的东西多，而且看谁能在一定时间内把买到的东西用英文表达出来。

游戏拓展：

内容拓展：可以用于有数字加减法的游戏，找零钱或者买多件商品。

（三）动物特征说一说（Animals’ Features）

游戏分类：交际功能游戏

活动目标：

1. 学生能说出目标动物的单词；
2. 学生能说出动物的身体部位的单词；
3. 学生能说出形容词；
4. 学生的反应能力得到训练。

教学对象：学习过动物单词的儿童

活动准备：有动物剪影的 PPT

活动时间：5~10 分钟

活动过程：

1. 老师带领学生复习动物单词；
2. 将学生分成小组（根据学生人数）；

3. 老师呈现完整动物剪影（有明显特征的动物）；

4. 老师向学生提问“What is this?”“It is...”，第一个回答出来的学生将为其小组获得一分；

5. 加大难度，向学生呈现动物的部分剪影（动物特征），并且询问“Who has a long nose?”引导学生回答“Elephant has a long nose”...；

6. 继续进行游戏，最后总计分数，分高的小组获胜。

课堂提示语：

T：Now！Let's play a game. Guess what's this?

(放出动物剪影)

S：It's an elephant.

T：Great！It is an elephant.

T：What is this?

(询问其他动物剪影)

S：It's ...

T：Wow，it is a part of an animal. Who has a long nose?

(老师放出部位剪影)

S：Elephant has a long nose.

注意事项：

1. 图片特征要明显，尽量选择小朋友们熟知的动物；
2. 注意修饰词的多样性（long，short，sharp...）；
3. 增加竞技性，减少操练。

游戏拓展：

1. 方式拓展：可以让学生提问，学生回答。
2. 内容拓展：联系动物的生活习性，让学生描述动物，其他同学猜测。

学生用句型“I have a...”描述自己或同学。

（四）开火车（Driving a Train）

游戏分类：交际功能游戏

活动目标：

1. 能听懂关于姓名的提问并回答；
2. 能够相互用英语询问姓名。

教学对象：学过问候语的幼儿

活动准备：用纸板做一个火车头

活动时间：5~10 分钟

活动过程：

1. 老师先打招呼介绍自己的名字；
2. 老师询问小朋友们是否记得周围小朋友的英文名，让小朋友进行回忆；

3. 老师拿出制作的火车头介绍这个开火车的游戏，然后示范游戏，并随机询问几个小朋友“What’s your name?”，让小朋友来回答；

4. 学生们需围成一个圈，等待老师的小火车；

5. 每次到一个新的小朋友面前，需要老师和学生们一起询问“What's your name?”这个小朋友需要用英文回答“My name is ...”或者“I am...”；

6. 回答正确的小朋友才能上火车，直到所有的小朋友都上了火车游戏才结束。

课堂提示语：

T：Now let's play a game. Guess what's this?

(老师拿出制作好的火车头，举起来展示给大家)

S：It's a train.

T：Have you ever seen a train?

S：Yes!（学生与老师模仿火车)

T：It's great! Now Let's drive a train!

S：Yes!

(老师模仿火车围着学生转)

T：What's your name?

S：My name is ...

T：Excellent! Get on the train!

注意事项：

1. 为了增加游戏的趣味性，可以多做一些火车上的物件，让学生有身临其境的感觉。火车头的制作也可夸张一些。

2. 老师要顾及每一个孩子，鼓励每一个孩子投入到游戏中来。

游戏拓展：

1. 增加音乐：可以控制小朋友们的节奏，训练他们的肢体反应能力。放音乐也更能烘托气氛。

2. 内容拓展：可以加入地名，比如开火车去学校，等等。

第六章　读者剧场在儿童英语教学中的应用

第一节　读者剧场的定义、特点及构成要素

一、读者剧场的定义

读者剧场（Readers Theater，RT）也称为团体朗读（Group Reading）、多部朗读（Multiple Reading）、舞台朗读（Staged Reading），或是协力朗读（Collaborative Reading）、室内剧场（Chamber Theater）、朗读剧场（Interpreters Theater）、讲台剧场（Platform Theater）、演书（Book Performing），等等。① 无论“读者剧场”的英文名称是什么，读者剧场作为戏剧教学的新形式，被公认为是促进学生语言学习的有效办法，是一种新的阅读教育模式，尤其为辅助有阅读困难的学生提供了有效的学习策略。

但究竟什么才是“读者剧场”呢？亚当斯认为，“读者剧场”是在“二战”之后发展起来的，是一种结合传统戏剧和口头故事讲述的综合表现形式。② 根据他的观点，“读者剧场”是以剧本化阅读的形式出现的，在表演过程之中原有的阅读材料被改编成口语化的、戏剧化的剧本，读者剧场的实践者在表演中可以向观众传递信息并施加影响。

对于“读者剧场”的定义可谓百家争鸣。Martinez（1998）等人对读者剧场的定义为：读者剧场一般以“短剧或诠释性朗读”的形式出现，在练习和排练的过程中忽略对道具和台词记忆的要求。③

Carrick（2001）认为“读者剧场”是结合了口头阅读、文学、表演的一种综合性的艺术形式。他指出读者剧场把戏剧的元素引入阅读教学，把教室变成一个舞台，成功的读者剧场表演者在舞台上变成了闪耀的明星。同时，他也指出在读者剧场中，当朗读者呈现角色时，他们不但反映读本，也同时重新评估及修正自己对文本内容的理解，更

---

① Aaron Shepard. Fluency: A Vital Key to Comprehension [J]. Instructor, 2004, 113 (05): 12-13.

② Adams, M. J. Beginning to Read: Thinking and Learning about [M]. Cambridge, MA: MIT Press, 1990.

③ Martinez, M. Rose, N. L. I Never Thought I Could Be a Star-A Readers Theatre Ticket to Fluency [J]. The Reading Teacher, 1999, 52 (04): 326-331.

进一步了解到语言的多样化。①

Walker（2005）把“读者剧场”描述成为一种大声地朗读阅读材料的活动。它通过口语诠释与故事沟通，而非通过动作。读者朗读剧本，台词是朗读者对着剧本念的。读者剧场不需要熟背台词，也不需要服装、舞台布置或者特殊灯光，除非老师和学生自己要这么做。②

Worthy 和 Prater（2002）把“读者剧场”定位为对书面材料的反复排练和表演，最终实现碎片化的词汇变成有意义的词汇的整个过程。③

在中国台湾地区的学者们率先对读者剧场进行了深入研究，并对其中的一些关键概念进行了定义。张文龙认为，读者剧场简称 RT，是一种发声阅读模式，即口头朗读的剧场形式。④邹文莉认为，读者剧场是以文学为主的发声阅读活动。读者利用口语讲述故事，用文学与观众交流。它是最简单的剧场形式。台词是“念”出来，而不是“背”出来。读者剧场读者坐着或站在定点上直接将故事念给观众听。

梅明玉通过实际的教学认为，读者剧场的教学方式符合现代教育学和心理学的发展要求，它融合了直接法（Direct Method）、社团语言学习法（Community Language Learning Method）、交际法（Communicative Teaching Approach）、任务学习法（Task-based Learning）、全身反应法（Total Physical Method）等多种教学思想的优点，对学生的语言技能、交流技能和心理素质等都有促进作用。同时，它也适应了当今英语语言课程教学的发展趋势，实现了课堂教学的多方面的转变。⑤

虽然诸位研究者对读者剧场的定义各有不同，但也存在交叉重合的共识部分。研究者们普遍认为：读者剧场（RT）是一种在舞台上朗读剧本，寓教于乐的阅读教学方式。它不同于传统的戏剧表演，读者通过口述表达剧中人物的想法、观点或情感。不像戏剧需要用到许多背景道具、化妆、灯光、服装等舞台效果来提升观众的理解度。RT 读者只能靠自己的声音、表情、手势或简单的移位来传达文学作品，使文学作品复活，因此 RT 需要来自读者及观众更多、更丰富的想象力。

RT 是一种可以引起高度动机的学习策略。RT 的戏剧成分使学生了解到阅读是一种具有实验性的活动——学生可以试着用不同的朗读方式来诠释不同的意义。透过音量高低、重音和语调变化，RT 读者深入所读内容，赋予文字及角色生命。当 RT 读者呈现

---

① Carrick，L. Internet resources for conducting Readers Theatre. Reading Online，51（1），Retrieved July 23，2007 from http：www. readingonline，org/electronic/carrick/.

② Lois，Walker. How to Beat the Bully：Readers Theater Script［M］. West Vancouver Scripts for Schools，2010.

③ Worthy，J. & Prater，K. “I thought about it all night”：Readers Theatre for reading fluency and motivation. The Reading Teacher，2002，56（3）：294-297.

④ 张文龙．读者剧场的诞生与发展［J］. 英文工厂，2005（19）：23-28.

⑤ 梅明玉．戏剧技巧在英语教学中的运用——基于读者剧场［J］. 唐山师范学院学报，2007，29（6）：136-138.

角色时，他们不但反映读本，也同时重新评估及修正自己对文本内容的理解，①更进一步了解到口语语言的多样化。

国外教育界对于 RT 在教学上的益处有很多报道。他们发现 RT 可以增进学生的阅读流利度（reading fluency）以及对于视觉词（sight words）的认识，提升阅读理解度，提供学生机会去分析对话及沟通意义，更可以提高对以戏剧方式呈现的文学的欣赏能力。Harris 和 Sipay（1990）将这种朗读剧本的方式描述为“孩子认为最有趣的口语活动之一”。② Coody（1992）则认为剧本朗读为目标性阅读（purposeful reading）提供了有效的材料。透过这个互动式的活动，学生们充满活力、积极投入在回应和诠释文学作品中。RT 不但强化了阅读的社会性，③ 而且也为不同程度的学生提供了一个合作练习的机会，因为 RT 的执行需要所有角色一起不断进行剧本合作朗读练习。因此学生的朗读流利读以及对内容的了解及诠释也随着朗读次数的增加而增加。

除了提供合作学习的机会外，RT 更提供学生在公开场合表达的机会，它给予学生一个容易而且动力强大的方式去练习阅读。透过这种阅读方式，学生被鼓励融入感情，而且练习重要的口语流利度指标，例如停顿、语调和音调等。RT 中角色的扮演更可以帮助学生了解文学中的要素，像是动机和角色辨认，当其他学生聆听 RT 读者进行表演时也同时提升听的能力。④ RT 可以为寻常教室内的阅读活动提供一个有趣、有效的延伸活动。

Walker（1996）提出了 RT 对英语为第二语言（ESL）或外语（EFL）教学上的益处。她认为读者剧场在英语教室中，俨然就是 FUN 的代名词。既要有“全语言”（whole language），也要有“阅读策略”。她认为，读者剧场让学习英语的外国孩子增加读者信心、口语能力、表达及合作学习的技巧，而学生的词汇能力也自然而然地如花朵般盛开绽放。

虽然戏剧和 RT 一样都能为孩子提供丰富的语言学习机会，但是因为戏剧牵涉了导演、服装、走位、场景道具、化妆和排演等过程，相较之下，与戏剧有类似功能的 RT 执行起来就容易多了，除了好的剧本和朗读者之外，其他什么都不需要，更关键的是 RT 的语言学习效果也更好。

RT 活动里的老师或学生不需要特殊的戏剧训练或戏剧学位，它之所以受到许多课堂的欢迎，正是因为每一位老师都可以完成一个很棒的读者剧场。老师们所需要的仅是对说书的热爱、大声朗读的能力和趣味感！

在 RT 的实施过程中，剧本的内容和具体情节是通过旁白者的穿插衔接，以及每个

---

① Carrick, L. Internet resources for conducting Readers Theatre. Reading online, 51（1）, Retrieved July 23, 2007 from http：www. readingonline, org/electronic/carrick/.

② Harris, A. J. & Sipay, E. R. How to Increase Reading Ability：A Guide to Developmental and Remedial Methods [M]. New York：Longman, 1990.

③ Busching, B. A. , Readers Theatre：An education for language and life [J]. Language Arts, 1981（58）：330-338.

④ 邹文莉 . 创意无限的读者剧场 [J]. 英文工厂，2005（19）：23-28.

角色表情丰富的剧本朗读来呈现的。让参加 RT 的观众通过表演者的声音和表情等多种元素去欣赏其表演，同时通过观众自己的想象力在头脑中完成剧本意义的最终构建。因此，RT 需要阅读者对剧本反复阅读，同时需要参与者具备丰富的想象力去参与剧本的不断修改和最终呈现。①

读者剧场的教学技巧才开始发展不久，各种操作模式在持续地萌生，其操作方法有初阶朗读（Primary Reading），轮流朗读（Round Robin Reading），即时朗读（Instant Reading），合作朗读（Cooperative Reading）和舞台朗读（Staged Reading）。这也是针对儿童英语教学最实用且最有效的方式。②

初阶朗读主要是针对比较年幼的孩子或是英语启蒙的孩子，在这个阶段的朗读活动中，剧本情节通常非常简单，台词多是单词片语的不断重复。旁白叙述者通常由老师扮演，孩子以倾听故事并根据暗示重复句子的方式来参与剧场，而且多以齐声朗读的方式呈现。

轮流朗读是指不指定分配角色，朗读者可以围成一个圈，每个朗读者循着顺时针或者逆时针的顺序轮流朗读。每轮完一圈，先花时间讨论各自的朗读或者剧本的角色，然后交换角色和剧本开始下一轮。这种操作方法可以让孩子有机会朗读不同角色的所有台词，经历各种不同的声音实验。

即时朗读，顾名思义就是指拿到剧本之后在非常有限的准备之后就开始进行分角色的朗读。被指定的朗读者在他们的座位上大声将台词念出。老师纠正他们的发音，说明字义，朗读者在剧本上做笔记，但是朗读活动得持续进行。然后教师请同样的朗读者在全班面前集合，进行第二次朗读。

合作朗读就是分小组朗读。多数的 RT 剧本需要 5~8 个朗读者，可以根据需要将全班分成若干个小组，然后发放剧本，并分派练习场地给各个小组，接着全班解散，各小组分组练习朗读。每个小组运用合作学习的技巧自己分配台词、排练剧本，并且自己提出改进的办法与建议。之后可以让学生自己找课下的时间练习，为小组表演排定日程，分别进行表演。

舞台朗读相对于前面四种方式，是最为正式的读者剧场表演。它是排练过的、准备充分的，且风格独具的读者剧场表演。在设计为“舞台”的区域中，朗读者有其指定的位置，入场及退场都是经过计划和排练的，并且朗读者被要求特别注意他们的手部动作、脸部表情、简单的剧服配件，以及剧本中所提及的其他表演层面的简易道具。

儿童英语教学中的 RT，主要让儿童借助不同的声音、不同的表情、不同的身体语言把故事中的角色、感情表现出来，使故事本身更加栩栩如生。孩子天生爱模仿、乐于扮演不同的角色，读者剧场便是让他们发挥想象力和满足表达欲的平台。这种特殊的“阅读+表演”的方式能有效激发儿童的英语学习兴趣，帮助儿童获得对英语文本的理

① 邹文丽．创意无限的读者剧场［J］．英文工厂，2005（19）：23-28.

② Lois Walker. Readers Theatre：Effective and Fun［M］. English Works，Taiwan：East & West Book Co. Ltd. 2005.

解，深化儿童对英语语言文化的体悟，提升儿童英语朗读的流畅度，不仅有效培养了儿童的语言能力，更健全了他们的人格，使其形成英语人文素养，同时提高他们的合作学习及社交能力。在这个过程中，语言教学中重要的几个元素——语言（language）、创意（creativity）、乐趣（enjoyment）、理解（comprehension）及重复学习（repetition）都可以一一达成。①

二、读者剧场的特点

（一）以学生为主的阅读活动

很多的课堂学习模式都是以老师为主。但是在 RT 模式中，学习焦点会从老师身上转移到学生身上。学生是 RT 阅读活动的主体，有轮流朗读、即时朗读、合作朗读等，其主体都是学生，老师只是起引导者（facilitator）的作用。这种以学生为中心的学习模式，不仅有效、有趣，而且可以促进从儿童至成人阶段的学习。

（二）口语的阅读活动

RT 是一种以文学为主的口语阅读活动。主要是以下两个原因：其一，RT 中的剧本台词区别于原文本的书面语言，都是口语化的语言；其二，在 RT 中，故事是通过扮演旁白和人物的朗读者们通过口述语言所传达。

（三）动态阅读

读者剧场的精华就是“Drama and literacy from the page to the stage”。把文学作品从纸上搬到舞台上，实现从“静态阅读”到“动态阅读”的转变。在 RT 中，孩子能用心体验、动手操作、口语表达、肢体表演等。通过 RT，他们能够真切感知语言有道理且有功用，而且还有使用的情境。这样有了学习的动机，学习语言就会变得容易了。

（四）小组阅读——通过小组练习，激励学生大声朗读，提高口语能力

RT 由于角色人数的限制，通常一个班级需要分成若干个小组。每个小组拿到剧本后自己分配台词，排练剧本，并且提出改进的办法与建议。RT 可以激发学生为了更好的表演而提高口语能力。这种自主性极强的小组阅读机制为孩子提供了一个充分提高其创造性思考、阅读理解力，以及口语能力的平台。

（五）舞台阅读——为学生提供发表的舞台，以满足学生的表演欲望

舞台阅读作为 RT 活动的方式之一，其最大的特点就是给学生提供一个公开发表的机会，满足孩子的表演欲望。当孩子们成功地扮演完角色，他们会兴趣倍增，信心加强，受到很大激励。同样，当孩子流畅的语言及出色的表演得到观众的赞叹时，这种成

① 沈蓉蓉．读者剧场在儿童英语教学中的应用［J］．英语广场，2018，89（5）：167-168.

功的欢愉更可以让他们一直保持旺盛的表达表演欲望。

（六）通过小组练习，熟练对剧本的理解，提升口语的流利度

RT剧场可大可小，多数RT剧本需要5~8个朗读者。可以根据朗读者数量的需求将班级分成若干个小组。每个小组可使用同样的剧本，也可使用不同的剧本。各小组内部使用合作学习的技巧，反复朗读和排练剧本，这种重复朗读对于剧本理解力以及口语的流利度都能起到很好的改善作用。

（七）另一种形式的戏剧，无需背台词脚本，最简易的剧场形式

读者剧场根源于戏剧教学，是戏剧教学的一种更为简单且易于操作的形式。在RT中，台词是“念”出来，而不是“背”出来的，对表演者没有特别的要求，既不需要道具或戏服，也不需要灯光、音响等设备。RT其实是在最简单的形式下，将故事的内容分为旁白和任务角色，以想象的场景，通过团体朗读的形式呈现出来。

（八）引导观众创作一个想象的场景

在RT中，没有许多背景道具、化妆、灯光、服装等舞台效果来帮助观众提升其理解度。RT读者只能靠自己的声音、表情或简单的位移将观众带入一个想象的场景。因此RT需要来自观众更多、更丰富的想象力，透过读者的身体和声音与他们共同经历文学作品。

（九）所有读者均分台词，避免过分强调某些主要角色

RT是团体朗读的模式，为了避免像一般戏剧太偏重某些角色而失去读者剧场团体阅读的意义，RT中每个角色台词分量都差不多。如果碰到台词分量比较重的部分，可以让两个以上的学生同时朗读该台词，或将该台词拆成数块让更多人来朗读。

（十）学生人手一剧本，时时可演出，处处皆舞台

RT与戏剧教学存在显著的差异，不需要背台词，不要求舞台背景、服装和道具，不强调舞台动作和走位。这也是RT之所以能得到老师肯定的原因，因为老师普遍认为戏剧教学由于有太多的要求反而失去了其在英语教学上的真正意义。而RT这种简单易操作的形式，可以轻易地实现学生人手一剧本，时时可演出，处处皆舞台。

三、读者剧场的构成要素

“读者剧场”比传统的戏剧演出更适合被运用在语言阅读教学上。由于其特别重视口语层面的表达，强调用丰富的语言表达诠释故事的精彩内容，而不强调服装、道具、音效、舞台背景等方面，所以读者必须对剧本的内容架构、角色之间的关系、剧情等有更加深入的理解，才能用语言将正确的意义传达给观众。

Adams认为“读者剧场”的构成要素主要包括以下五个部分：

（一）手持剧本

“手里拿着剧本”是读者剧场表现整体的一部分，也是区别于传统戏剧教学的最显著特征之一，所有读者人手一本剧本，无需背诵，只需念诵。

（二）可饰演多个角色

一个人可以同时分饰多个角色：此过程可以锻炼朗读者的角色转换能力和声音的表现力。

（三）排练并不断改写剧本

通过排练和改编剧本，把剧本改编为适合表演者语言能力的朗读表演的版本。

（四）通过声音重建剧本意义

以抑扬顿挫的朗读或者演唱和丰富的面部表情对剧本进行展现，带领听众进入情境，并在观众的脑海中重建剧本的意义。

（五）旁白

“叙述者”（旁白 Narrator）是读者剧场实施过程中必不可少的一个角色，叙述者的职责是为整个读者剧场设定表演的情境，另外将每个角色的舞台表演整合在一起。

第二节　读者剧场在儿童英语教学中的作用

一、消除焦虑，激发儿童的英语学习兴趣

外语学习的焦虑是指个体在学习或需要使用第二语言时，因不能克服心理障碍而自尊心受挫和内疚感增加的一种紧张不安的情绪状态。学者们针对焦虑与外语学习之间的相关性进行了研究。结果表明，焦虑在很多时候会阻碍学习者第二语言的学习过程和效果，外在典型反应为“学习者手心出汗”“心跳和脉搏加快”，甚至“语音变调”“逃避英语课”等。而学龄初期儿童刚接触英语，往往会因自身年龄、语言差异、文化不同等表现出明显的焦虑心理。①

Horwitz 和 Cope（1986）根据他们所设计的“外语课堂焦虑量表”（Foreign Language Classroom Anxiety Scale）指出，外语学习的焦虑在小学生当中是普遍存在的，主要集中在对“用目标语表达、测试、游戏竞赛等方面”。他们特别指出“说”目标语言是外语学习中最难的一部分，而目前对于交流能力的普遍重视更加剧了学生

① Phillips, E. M., The Effects of Language Anxiety on Students' Oral Test Performance and Attitudes [J]. The Modern Language Journal, 1992, 76 (4): 14-22.

的焦虑。①

研究者们还发现第二语言学习的焦虑程度和学生所取得的相关成绩有着密切的联系。很多学生和老师认为，英语学习的焦虑已经影响到他们的英语学习。换句话说，学生和教师认为对英语学习的焦虑是学生进一步学习英语、提高英语水平的“拦路虎”。

事实上，大多数儿童在英语学习初期，会对这门陌生的语言表现出浓厚的兴趣。但是随着学习年限的增长，这样的情况开始渐渐发生转变。当老师在课堂上提问题时，他们不仅不再积极举手回答问题，甚至开始逃避老师的目光；回答问题时局促不安或沉默不语；参与课堂活动的自觉性越来越低。这些都表现出了学生在英语学习上的焦虑情绪。长此以往，焦虑情绪会变成厌恶情绪。

实证研究将读者剧场运用于儿童英语教学当中有助于降低学生的焦虑情绪。Harris 和 Sipay 将 RT 这种朗读剧本的方式描述为孩子认为最有趣的口语活动之一，可以有效降低儿童在英语学习中的焦虑感。② 我国台湾学者邓文莉认为，在 RT 中，台词是“念”出来而不是“背”出来的，这将大大降低学生的压力和焦虑。李静采用行动研究法，对小学五年级的学生进行了为期十五周的行动研究。通过课堂观察记录、课后访谈以及教师自我反思，量化资料有力证明了 RT 是可以降低学生的英语学习焦虑感的。③

RT 是朗读者之间相互合作的互动式活动，可帮助害羞的儿童和语言发展迟滞的学生克服窘境。学生通过和同伴一起朗读、合作，会减少孤立感的存在。在 RT 的实施过程中，学生是一起朗读文章，而非自己一个人朗读；每个学生负责一个部分，大家轮流进行朗读。这个方法有助于帮孩子建立信心，因为它不具有威慑感，无竞争压力。这种“全员参与”的课堂活动可以有效降低儿童语言学习中的焦虑感。

总之，RT 要求学生进行小组合作，配合演出，角色交流，增加使用英语的频率。而且在实施过程中，学生不需要背诵台词，而是手里拿着剧本，通过声音的变化和简单肢体动作、表情等将故事展现在观众面前。这种“全员参与”的合作学习的课堂模式，可以让孩子们真正把英语说出来、唱出来，在玩中学，在读中学，在合作中学。在 RT 所创造的轻松有趣的语言学习环境中，孩子的焦虑感自然下降，学习兴趣也会相应提升。

二、提高阅读流利度

阅读流利度已被许多研究视为衡量孩子阅读能力的重要指标之一。各界对于流利度的定义不一，大体是指能够快速、平顺、不费力且有自动的认字解码技巧的发声阅读行为。美国国家阅读委员会（National Reading Panel，NRP）则明确将其定义为“快速、正确、带有感情地朗读文本”。有研究发现，阅读流利度不仅可以甄别高水平和低水平

① Horwitz，Michael B. & Cope，J.，Foreign Language Classroom Anxiety［J］. The Modern Language Journal，1986，70（2）：125-132.

② Albert J. Harris，Edward R. Sipay. How to Teach Reading：a Competency-based Program［M］. New York：Longman，1979.

③ 李静 . 读者剧场在小学英语教学中的运用研究［D］. 山东师范大学，2015.

英语读者，缺乏阅读流利度还将导致阅读理解障碍。① 如果阅读时没有了流畅性，即使是这个世界上最好的书本，其中包含的想象力和幽默感只是一团胡乱的文字罢了。② 著名学者 Hudson（2005）指出：阅读流利度是一个通向理解的大门，也是阅读的最终目的，对儿童整体阅读的发展至关重要。③ 有效提高儿童的阅读流畅性，不仅能够激发儿童的英语阅读兴趣，提升儿童的英语阅读能力，而且能促进英语阅读教学的高效展开。④

随着对英语阅读教学和"阅读流畅性"的关注和理解的深入，目前针对如何改善学生"阅读流畅性"的课题研究也在日益增多，在研究过程中也提出了很多理论和具体的教学策略。

在众多旨在提高阅读流畅性的教学策略中，RT 正在引起越来越多的教育工作者和研究人员的关注，并把它作为一种语言学习领域的激励性和策略性的工具。⑤ 读者剧场最大的优点之一，就是可以增加学生阅读的流畅性。⑥ 阅读是否流利，取决于读者对于文字和主题的熟悉度，初学者由于必须花费许多精力去认识单词，阅读当然会不太流利。那么该如何帮助孩子提高阅读流利度呢？NRP 建议两项教学方式——重复朗读和个人默读。这两种方式能帮助学生提高阅读流利度，重复朗读还要求在指导下重复阅读内容，而个人默读则鼓励孩子大量阅读而不加以指导及规范。RT 所强调的就是用不断重复的朗读来理解剧本、诠释剧本、传达故事。许多研究已经证明了重复朗读在提高阅读流利度上面的贡献。

Samuel（2002）发现，反复地对文本进行阅读可以使得学生在"阅读流利度"方面获得明显提高。同时反复阅读对于阅读理解力也能起到很好的改善作用。⑦ Worthy 和 Prater（2002）认为 RT 不仅能激发和提高学生的阅读流畅性，而且也满足了不同学生的阅读水平和阅读兴趣。⑧ Tyler 和 Chard（2000）指出 RT 给了参与的学生反复阅读文本材料的动力。反复的阅读有效地提高了阅读的流利度。⑨

---

① 李光泽．英语阅读流利性研究的现状与展望［J］．语文学刊（外语教育与教学），2011（12）：78-80.

② Blau. Surefire Strategies for Developing Reading Fluency［J］. Instructor, 2001, 110（7）：28-30.

③ Hudson, R. F. Reading Fluency Assessment and Instruction：What, Why, and How［J］. *The Reading Teacher*, 2005, 58（8）：702-714.

④ 董桂娟等．英语阅读流畅性教学的有效开展［J］．中国教育学刊，2013（07）：55-58.

⑤ Casey, S. & Chamberlain, R. Bringing Reading Alive through Readers Theatre［J］. *Illinois Reading Council Journal*, 2006（39）：47-56.

⑥ Allington, R. Fluency：A Vital Key to Comprehension［M］. Print, Cambridge, MA：MIT Press, 2004.

⑦ Samuel, S. J. The Method of Repeated Reading［J］. *The Reading Teacher*, 1997,（50）：376-381.

⑧ Worthy, J. & Prater, K. I Thought about It All Night：Reader's Theatre for Reading Fluency and Motivation［J］. *The Reading Teacher*, 2002（56）：294-297.

⑨ Tyler, B. & Chard, D, J. Using Readers Theatre to Foster Fluency in Struggling Readers：A Twist on the Repeated Reading Strategy［J］. Reading & Writing Quarterly, 2000（16）：163-168.

与单调乏味的反复阅读相比，在RT实施过程中进行的阅读对学生来说更有趣味性，更有吸引力。在朗读剧场实施过程中，每个学生都被分配特定的角色和剧本，仿佛他们在进行戏剧表演一样。为了获得更好的表演效果，赢得同伴或观众的称赞，发自内心的动力将促使他们对阅读材料进行反复阅读，这比传统教学中强迫学生们去反复阅读有更好的效果。

RT实施所需要的大量反复的朗读练习正是提高阅读流利度的关键要素之一。在RT活动中，学生的阅读流利度，以及影响阅读者流利度的关键因素，如重音、高低起伏、音调、速度和停顿，等等，都会自然而然地得到提升。

三、培养儿童核心素养

2014年教育部研制印发《关于全面深化课程改革落实立德树人根本任务的意见》，提出“教育部将组织研究提出各学段学生发展核心素养体系，明确学生应具备的适应终身发展和社会发展需要的必备品格和关键能力”。学生发展核心素养，主要指学生应具备的，能够适应终身发展和社会发展需要的必备品格和关键能力。核心素养以培养“全面发展的人”为核心，分为文化基础、自主发展、社会参与三个方面，综合表现为人文底蕴、科学精神、学会学习、健康生活、责任担当、实践创新六大素养。①

随着“核心素养”的发布，英语课程标准也做出相应调整：从综合语言能力-语言技能、语言知识、情感态度、学习策略和文化意识五个方面转向了英语学科核心素养培养-语言能力、文化品格、思维品质和学习能力四个方面。② 从英语课程标准做出的调整我们可以看出，英语学习在重视认知能力如语言表达能力、思维能力，问题解决能力等，也会更重视非认知因素的能力的培养，如情感态度、价值取向、自我管理和责任担当等。

RT剧本可融入多门学科知识（如美术、音乐、科学等学科知识），在老师剧本讲解、示范朗读的过程中，它能发挥传递知识的作用。同时RT剧本可以是来自不同主题的故事、绘本等，如“接纳”“意志力”“分享”“自我认同”“守规则”等，引导学生学会观察，发挥想象力，在情景中思考问题、解决问题，树立对美好品质的向往，促进核心素养的发展。在RT开展的过程中，真实有效的戏剧情境，互动合作的剧本朗读能激发学生的参与意识、探究与自主学习意识。每一次集体（小组）的活动都能帮助学生树立目标意识、集体意识、规则意识。表演结束之后的老师反馈和同学相互评价能培养学生发现问题、解决问题的能力，同时这种活动过程中的互动合作提高了他们的合作学习及社交能力，从而“建构知识、习得技能、培养品格”，实现核心素养的提高。

---

① 中华人民共和国教育部．教育部关于全面深化课程改革落实立德树人根本任务的意见［EB/OL］，2014-03-30. http：www.moe.edu.cn/publicfiles/business/htmlfiles/moe/s7054/201404/167226

② 盛慧．基于核心素养培养的儿童教学策略研究［J］．兰州教育学院学报，2018，12（34）：162-163.

第三节　读者剧场在儿童英语教学中的实际应用

一、读者剧场应用于童谣绘本的教学

童谣（Nursery Rhyme）是英语启蒙最有效的利器这一理念受到了大家的广泛认可。英文童谣是儿童英语学习的敲门砖，这种重复的、押韵的、有节奏感的童谣可以吸引孩子的注意，提高孩子的兴趣。

绘本在儿童语言发展上所扮演的重要角色早已得到相关文献及研究的肯定。Huck, Helper, Hickman（1987）都强调过阅读绘本对语言发展的重要性,① Pesola（1991）称绘本为最有效的教学工具之一，因为绘本提供了真实的语料（authentic materials),② 不同的体裁及各式语言技巧，更具趣味与视觉美感。他们明确指出，阅读绘本有助于儿童的语言发展，大量接触绘本的儿童比其他儿童具有更好的语文能力。③

儿童在学习外国语言时，绘本可以激发他们的学习动力，帮助他们学习词汇及语法，促进听说读写四大能力的提升。此外，阅读英文绘本符合英语教学知名学者 Steven Krashen（1981）所提出的语言学习成功的三大要素——提供可理解的语言输入，真实自然的语言情境及低压力，儿童因而可以自然而然地习得英语。

英文绘本的价值及在英语学习上的功用虽被多数英语教师肯定，然而面对初学英文、程度尚浅的儿童，在几十人一班的班级教学中如何激发学生阅读英文绘本的热情？如何实现让孩子们从“听”绘本，到“说”绘本、“演”绘本的跨越？如何让孩子真实感知语言的功用与魅力？读者剧场可以帮我们一一实现。

如何将 RT 应用于童谣、绘本的教学中？以下是两个可供参考的读者剧场应用于童谣绘本教学的例子。

例 1 是 Eric Carl（卡尔爷爷）的经典绘本 *Brown bear, brown bear, what do you see?* 该绘本被编成了童谣，朗朗上口。此剧本在原文本的基础上基本没有做改动，适用于 RT 当中的“轮流朗读”模式。

例 2 是 Rod Campbell 的绘本 *Dear Zoo*。这个 RT 剧场可以制作一些简单的道具，如动物头饰，有趣真实，还能增强剧场效果。

例 1：*Brown bear, brown bear, what do you see?*

角色：Brown bear, red bird, yellow duck, blue horse, green frog, purple cat, white dog, black sheep, goldfish, teacher

Narrator：Brown bear, brown bear, what do you see?

---

① Huck, C. Literature as the content of reading [J]. Theory into Practice, 1977, 16: 363-371.

② Pesola, C. A. & Torgesen, J. K. Repeated Reading and Reading Fluency in Leaning Disabled Children [J]. Reading Research Quarterly, 1985, 20 (2): 180-188.

③ 张湘君．英文绘本创意教学［M］．北京：北京联合出版公司，2017.

Brown bear: I see a red bird looking at me. Red bird, red bird, what do you see?

Read bird: I see a yellow duck looking at me. Yellow duck, yellow duck, what do you see?

Yellow duck: I see a blue horse looking at me. Blue horse, blue horse, what do you see?

Blue horse: I see a green frog looking at me. Green frog, green frog, what do you see?

Green frog: I see a purple cat looking at me. Purple cat, purple cat, what do you see?

Purple cat: I see a white dog looking at me. White dog, white dog, what do you see?

White dog: I see a black sheep looking at me. Black sheep, black sheep, what do you see?

Black sheep: I see a goldfish looking at me. Goldfish, goldfish, what do you see?

Goldfish: I see a teacher looking at me. Teacher, teacher, what do you see?

Teacher: I see children looking at me. Children, children, what do you see?

ALL CHORUS: We see a brown bear, a red bird, a yellow duck, a blue horse, a green frog, a purple cat, a white dog, a black sheep, a gold fish, and a teacher looking at us. That's what we see.

例 2: *Dear zoo*

角色: Narrator, elephant, giraffe, lion, camel, snake, monkey, frog, dog

Narrator: I wrote to the zoo for a pet. They sent me a …

Elephant: I am an elephant, I am very big.

ALL CHORUS: Too big, too big, send him back, send him back.

Giraffe: I am a giraffe, I am very tall.

ALL CHORUS: Too tall, too tall, send him back, send him back.

Lion: I am a lion, I am very fierce.

ALL CHORUS: Too fierce, too fierce, send him back, send him back.

Camel: I am a camel, I am very grumpy.

ALL CHORUS: Too grumpy, too grumpy, send him back, send him back.

Snake: I am a snake, I am very scary.

ALL CHORUS: Too scary, too scary, send him back, send him back.

Monkey: I am a monkey, I am very naughty.

ALL CHORUS: Too naughty, too naughty, send him back, send him back.

Frog: I am a frog, I am very jumpy.

ALL CHORUS: Too jumpy, too jumpy, send him back, send him back.

Dog: I am a dog, I am cute.

ALL CHORUS: Cute dog, cute dog, we love it, please keep it, keep it.

Narrator: He's perfect, I kept it.

如果是在幼儿园或者初学英语的小学低年级班级开展 RT 活动，此剧本可以改编得更简单。大部分台词由 Narrator（老师）来承担，学生只负责表演部分和相同的台词（“send him back, send him back”和“please keep it, keep it”）的朗读。

二、读者剧场应用于自然拼读教学

自然拼读（Phonics）教学法是目前国际上最为推崇的英语教学方法，也是美国儿童语言启蒙所采用的方法。所谓“自然拼读”就是根据语言发音的自然规则归纳而成的一种发音学习方法，它是根据“字母”（letter name）本身代表的“发音”（letter sound），以及不同字母组合（letter sound blending）的发音，找出相同的音源，做有条理、有系统的整合。该教学法能训练学生看到大部分单词立即直觉反应如何发音，锻炼孩子的正确发音，锻炼学生的独立音感，使学生拥有听音辨词、见词读音的能力。

在自然拼读的教学过程中，如果只是单纯地教授字母或字母组合的发音规律，然后就某一系列的单词反复练习，这种枯燥单调的操练活动往往达不到预期的教学效果。而将读者剧场引入自然拼读的教学中则可以很好地解决这个问题，在巩固和内化自然拼读规律的同时也深化了音、意、形的转化，促进了学生对已学词汇的复习和强化记忆。① 以下是两个可供参考的读者剧场剧本应用于自然拼读教学的例子。例 3 中的剧本以 Raining 为主题，在描述下雨天情境时，学生经过反复练习朗读之后在不知不觉中习得辅音字母组合“ -dr”的发音。例 2 中的剧本主要是针对分离元音“e-e, a-e, i-e, o-e, u-e”的练习。

例 3：Raining（“r” blends— dr, gr, cr, gr, tr）

S1：Drip drop, drip drop.

S2：Rain goes drip,

S3：Rain goes drop

S1, 2, 3：Rain goes drip drop.

S4：A green, little frog,

S5：Goes croak, croak,

S6：Croak in the grass,

S7：Croak under a tree.

ALL CHORUS：Rain, rain, go away.（Repeat for twice）

例 4：Happy Birthday（分离元音 Split Vowel Pairs：e-e, a-e, i-e, o-e, u-e）

S1：Peter has a pet.

S2：Kate has a cat.

S3：Mike has a cake.

---

① 陈虹．PEP 小学英语教材自然拼读融入教学模式探究［J］．基础外语教育，2018，20（5）：62-67.

S4：A rose candle on the cake.

S5：Cut the cake for the cute pet.

ALL CHORUS：Happy Birthday!

三、读者剧场应用于视觉词教学

关于视觉词（Sight Words）的界定大体可以分为三种观点。第一种由 Johnszai 于 1974 年提出，他认为视觉词就是高频词（high-frequency words），这些词汇提高了文章的流利性和连贯性。第二种概念认为，视觉词是不符合拼读规律、可以被很快地识别出来的词，比如 love，have 等。第三种概念认为，视觉词是能被完整地记住而不需要在脑海中解码的词。① 目前最受推崇并被广泛采纳应用于教学的视觉词是由美国伊利诺伊大学语言学教授 Edward William Dolch 通过对儿童读物的分析和统计后整理出的使用频率最高的词汇，一共 220 个。正是它们构成了英语读物的“骨架”。这些视觉词中占据了学生早期阅读文本的 60%~80%。

Alexander 和 Heathington（1988）认为学习高频词有四个方面的作用：（1）打下阅读基础；（2）加快阅读速度；（3）提高阅读能力和流畅性；（4）教会学生领悟学习单词的技巧。高频词最大的作用就是帮助学生打好阅读基础。

例 6 中的 RT 剧本是基于儿歌 *This is the way* 改编的，能让孩子在轻松愉快的环境中习得视觉词。

例 5：I like to (walk, jump, play, laugh, draw, write)

Teacher：Hey, my dear students, what do you like to do?

Reader 1：I like to walk.

Reader 2：I like to jump.

Reader 3：I like to play.

Reader 4：I like to laugh.

Reader 5：I like to draw.

Reader 6：I like to write.

例 6：This is the way I go to school

Reader 1：This is the way I go to school
Go to school, go to school

Reader 2, 3, 4, 5：Go, go, go to school
By car, by bus, by bike and by scooter
Go, go, go to school

ALL CHORUS：This is the way I go to school

① 高胜男．打开英语阅读的大门——用 Phonics 和 sight words 发展学生阅读能力的文献综述[J]．小学教学研究，2018（09）：8-11.

(Sing together)　Go to school, go to school
This is the way I go to school
So early in the morning

Reader 2: This is the way I read in class
Read in class, read in class

Reader 1, 3, 4, 5: Read, read, read in class
Read for fun, fun to read
Read, read, read in class

ALL CHORUS: This is the way I read in class
(Sing together)　Read in class, read in class
This is the way I read in class
So early in the morning

Reader 3: This is the way I count to ten
Count to ten, count to ten.

Reader 1, 2, 4, 5: Count, count, count to ten
One-two-three, four-five-six
Seven-eight, nine and ten
We count to ten

ALL CHORUS: This is the way I count to ten
(Sing together)　Count to ten, count to ten
This is the way I count to ten
So early in the morning

Reader 4: This is the way I play with friends
Play with friends, play with friends

Reader 1, 2, 3, 5: Play, play, play with friends
Do Re Mi, So La Ti
Come and play with me
Play, play, play with friends

ALL CHORUS: This is the way I play with friends
(Sing together)　Play with friends, play with friends
This is the way I play with friends
So early in the morning

Reader 5: This is the way my school is fun
School is fun, school is fun

Reader 1, 2, 3, 4: Fun, fun, school is fun
ABC, 123, so much fun as you can see

Fun, fun, school is fun.

ALL CHORUS: This is the way my school is fun
School is fun, school is fun
This is the way my school is fun
So early in the morning
We all like going to school!
This is the way we go to school!
Go to school, go to school
This is the way we go to school
So early in the morning.

在教学中，可以先让学生把此文本中所有视觉词（Sight Words）圈出来，学生会发现视觉词占到该剧本的80%以上，句型简单，重复度高，朗读、歌唱加表演让孩子乐此不疲，在轻松愉悦的环境中就习得了很多的视觉词，也学会了如何在真实语境当中使用这些词。

四、读者剧场应用于英语分级阅读教学

分级阅读（Leveled Reading）是一种世界性的阅读趋势。① 儿童通过分级阅读产品搭建的“脚手架”能从容自如地完成阅读进阶，从阅读兴趣构建，到阅读能力培养，再到阅读思维的形成，培养孩子成为终身的阅读者。②

欧美比较常见的有两种分级方式：第一，意识指导性的阅读方式，从A—Z，根据26个字母排序，面对的读者群为26个级别；第二个分级标准，就是Lexile分级系统，其实是一个分数系统，从初读者开始划分，最高到1700分。但是对EFL的中国学生来说，这两套系统都是无法照搬的。

2018年5月，著名英语教学专家何其莘教授与杨孝明教授联袂编写的《新国标英语分级阅读》问世了。《新国标英语分级阅读》符合我们不同年龄学习者的认知能力、母语水平和兴趣所在，与我们现行中小学英语课程标准相配套。

小学阶段的分级读物与小学年级同步分为六级，主要以绘本的形式呈现，主题从简单的“春天、生日、太阳”到“智慧、感恩、冒险”，从孩子们耳熟能详的中国成语故事，如狐假虎威、井底之蛙、守株待兔，到国外经典的童话寓言故事，如发现新大陆、哈利国王与牧童，等等，语言简单且地道，为RT的剧本改编提供了非常好的素材。将RT与分级阅读有机结合可以轻松培养儿童的阅读兴趣，实现阅读进阶，也为小朋友们“用英语学习世界文化，用英语讲述中国故事”奠定了坚实的基础。

---

① 王泉根．儿童阅读与儿童分级阅读［N］．人民政协报，2019.6.3（010）.

② 付立平．培养孩子成为终身阅读者［N］．中国新闻出版广电报，2019.5.10（008）.

第四节 读者剧场的执行过程

Kellehe（1997）将读者剧场分为四个阶段或步骤：（1）阅读原文本故事；（2）分析原文本并改编成剧本；（3）练习及排练；（4）表演。但是如果是将“读者剧场”运用于儿童英语教学势必需要做相应的调整。

首先，学龄初期的儿童尚不具备自主阅读、分析并改编剧本的能力；其次，作为一个教学活动，“读者剧场”还需要评价、总结以及反思，这样才能发挥其作为一种阅读教学延伸活动所该有的效果。因此，在这个基础上我们做了相应的调整。读者剧场在儿童英语教学过程中具体分为以下八个步骤。

一、剧本改编

起源于戏剧类型的读者剧场，拥有和喜剧一样的弹性与包容。不只是故事，任何题材都可以被当作剧本。因此训练老师改编剧本的能力非常重要。首先，老师们要跳出传统剧本的框架，无论是童诗、短文，还是教材里的课文等题材，都可以用读者剧场来呈现。① 当然，这些角色可以是人，可以是动物，甚至是面包、烤炉、闹钟、瓜果……全都有自己的戏份。

剧本改编最关键的地方就是要抓住书面语言与口语语言之间的差异性。书面语言往往句子长、从句多、时态多样，而且大多不是以第一人称进行，一句话的信息量比较大。而口语语言大多以第一人称说话，以简单句呈现，以现在时态进行，而且一句话中通常仅含有一项信息，简单易懂。

为了降低剧本改编的难度，老师可以选择一些有大量对话的短篇故事。同时在剧本改编时，还得注意旁白（narrator）部分的改写，例如将以下旁白改写成剧本时：

书面语言 Story：

Once upon a time, there were three little pigs. The three little pigs were getting big and their mother wanted them to move out and live in their own house.

口语语言 RT Script：

Narrator：Once upon a time, there were three little pigs.

Mother Pig 1：You were getting bigger and bigger.

Mother Pig 2：It's time to move out and find your own home.

对于高年级，如五、六年级的孩子，可以让他们参与改写剧本。老师在课堂上介绍故事后，便可利用互动式的阅读活动，让孩子把内容再读一次，找出并写下故事中所有角色的名字，并确定角色及旁白总人数。角色决定之后，可以把故事再读一遍，增加对故事剧情及角色的了解。然后师生一起修改故事，将故事的文本改成剧本形式。透过剧本的改写，孩子可以比较及了解书面文字与口语文字的差异及特性，全面提高孩子的听

① 邹文莉．创意无限的读者剧场［J］．中国台北：英文工厂，2005（19）：23-28.

说读写综合能力。剧本编排时，为了更好地呈现故事，可在相应的台词处加上一些姿势（如 Act like a monkey）、声音（Roar like a lion）、语气（Commanding tone）、说话对象（Turn to face Mary）、表情（Smile at audience）、情绪（Be angry，sad，happy 等）。

二、剧本制作与讲解

读者剧场的呈现形式为学生手持剧本进行朗读，因此剧本的制作与装订方式非常重要。首先要注意左边有足够的留白以供装订（方便学生在朗读时翻页）。封面除了剧名、作者外，加上角色一栏，让学生填入自己扮演的角色，并用不同的颜色来区分不同的角色。这一步也可以交由学生，让学生用有色荧光笔将自己的台词着色。如此一来，在小组练习时，组员角色替换时，只要换剧本即可，剧本跟着角色走，不跟人走。另外在剧本内容中，角色的名称尽量明显（可加粗加大）。不同角色的台词之间要有明显的留白。

老师将剧本发给每位学生，并和学生一起念剧本的标题和作者；鼓励学生对故事内容、主角等作预测；在讲解时，除了剧本上刻意设计的动作、表情说明外，老师可鼓励学生在对角色充分理解的基础上，在台词之前自行加上一些形容词或者副词来提示朗读的方式及情绪表达。如：

Reader 1：(Cold and angry) I would not go.

Reader 2：(Sadly) You would not go then.

三、教师示范朗读

把已经制作准备好的剧本发给每个读者剧场的朗读者，教师要先带着学生一起朗读。教师在示范朗读的过程中一定要注意语气、语调、声音的高低，以及表情和动作，亲自向学生演示如何通过语速、语调以及表情来传达不同的意义。

例如，从剧本中选一个句子，先是慢慢朗读，然后快速朗读，或者先静静地朗读，然后大声地读。接下来让学生思考朗读方式是如何影响意义传达的。

四、学生朗读练习

前文中我们提到读者剧场是阅读教学的延伸，所以它不仅仅是表演，更是一个阅读活动。因此，学生在朗读练习时，可不拘泥于朗读某一个角色的台词，而是可以相互调换，朗读不同角色的台词。交换角色的朗读也是让基础较弱的学生朗读较长、较难或是颇具分量台词的好时机。

一轮朗读结束之后，可花时间讨论剧本。每个角色应该是什么样子？他们分别具有什么样的个性？他们的声音听起来应该是什么样子？角色是该站着还是坐着？他们可能是会什么样的心情，什么样的打扮？这些思考都有助于帮助学生了解整个故事。

在朗读练习时，教师要提醒同学们跟上同伴的念读，做好自己读的准备。

由于在读者剧场中，朗读者是在没有背景、道具、服装等的帮助下来说故事（story-telling），所以朗读者在朗读台词时的音调、动作、表情等就显得尤为重要，这些可以帮助观众更好地了解剧情，也可以让朗读者更为投入。

五、学生角色分配

在经过反复多次且学生尝试了不同角色的朗读练习之后，学生应该都会有自己比较喜欢的部分，这个时候教师可以鼓励他们自愿选择最喜欢的部分。但是如果出现“争角”的情况，老师就自己决定，宣布角色分配的结果，并在教室的一角张贴角色名单。

对于团体中显得害羞迟疑或者不情愿加入的同学，老师应该给予特别的关注。多鼓励，多引导，可以为其分配台词很少的角色。如果有些学生确实不愿意朗读或者水平还有欠缺，那么教师可以为他们安排读者剧场中的其他“角色”，请他/她为表演的学生们提词，或者鼓励其作为合唱阅读（choral reading）当中的一员，只参与合唱阅读的部分。

记住，台词较长、较难的部分不可分给自信心较弱的孩子，这样反而会增加孩子的焦虑感，从而失去了在教学中采用读者剧场降低孩子英语学习焦虑感的初衷了。

六、小组配合排练

排练是读者剧场的精华所在。经由这样的练习，学生成为口语流利的读者。因为在将自己的诠释以声音传达给他人之前，学生必须先了解故事，而且在读者剧场的环境下，重复的阅读材料一点也不乏味，反而更有趣。①

排练的过程中，老师应鼓励朗读者深入探究每个角色。强调眼神的接触、措辞用语、人物性格发展、刻意设计的动作或手势，以及表演的活力，这样在排练时可以把握好节奏。同时老师要适时给出正面且有针对性的意见，尽量使批评温和些。比如可以试着说“巫婆，用你最吵、最尖锐的声音来读这句台词”而不是“Janice，我根本听不见你说什么”。

正式表演之前的排练，如果有机会可以试着在表演实际举行的场地做排练。如果办不到，也可挑一个和当天所使用舞台类似的地方进行练习。从进场、退场及每一次舞台移位，直到整体动作顺畅，朗读者对于这种模式感到舒适为止。

七、正式表演

在正式表演时，旁白（narrator）可站在舞台两端（教室两侧），其余人则站成一排，如果有空间也可站成半圆形面对观众。可每人一个谱架，这样演员可腾出双手做动作；若没有谱架，则可要求朗读者手持剧本，用单手做动作。需注意的是最好要求所有朗读者以同一边的手（左或右）拿剧本，而且手持剧本的高度也要有所要求，不能太高遮住脸，也不能太低，造成甚至朗读者自己都看不清楚。教师可要求他们将剧本举到与胸同高的位置。

---

① Blau. Surefire Strategies for Developing Reading Fluency [J]. Instructor, 2001, 5, 110 (7): 28-30.

为年龄小或刚开始学英文的学生设计的故事情节往往很简单，孩子朗读的部分并不多，可以把表演重点放在肢体语言的表达，这样演出才有可看性，孩子也能借由肢体语言来理解故事。如果是高年级的孩子，英语程度较好，剧本剧情较长较复杂，更需要学生能够用适当的表情、声音来诠释故事中角色的心境，引起观众的共鸣，达到练习读者剧场的目的——用声音表情流利地阅读。

其次，在表演时，由于没有扩音设备，所以演员应尽量大声朗读以便台下的观众倾听。而对于初次登台的学生来说，最重要的是让他们不要担心，忘词、笑场只是一个小的失误而已，不要害怕，继续演下去就好。如果观众笑了，那么等到笑声停下来后再继续演出。最重要的是演出必须继续。

八、交流反馈

正式演出结束之后的交流反馈是非常有必要的，事实上这也是培养学生积极反思、发现并解决问题的能力的手段，而且有助于下一次 RT 活动更顺利成功地开展。演出后，请所有的剧场参与者回想整个经过，找出表演过程中发生的问题以及当时的处理过程，并做好详细记录。同时，列出下回表演时将以哪些不同的方式来准备剧本演出，并将重点放在积极有建设性的方面，而非消极面。给孩子大约十分钟的时间进行小组讨论，然后请每组向全班报告他们觉得有用的方法。在这个过程中，老师应该积极引导，避免出现同学之间相互埋怨或指责的情况。

第五节　读者剧场在儿童英语教学中的注意事项

一、根据儿童接受能力选择剧本主题、编排剧本内容

英语水平较低的学生特别喜欢情节简单、剧情容易预测、押韵的，以及台词简短并具有重复性的剧本。① Lois Walker 指出，“一个改编自熟悉故事的短剧本，内含许多简短的重复台词会比较好”。比如在她针对幼儿园孩子进行读者剧场的实操中，她就指出剧本 *I Know an Old Lady Who Swallowed a Fly* 的效果很好，因为故事进行时，旁白承担了绝大部分的台词，而孩子们的台词都一样，只有一句话“Perhaps, she will die”。而 *Ladies First*（Dixon, Davies, and Politano, 1996）这个剧本对于孩子来说非常陌生，台词太长且缺乏重复性，所以效果不好。

因此，我们建议低龄儿童或者初学者的英语教学中的“读者剧场”应选择孩子熟悉的故事或者主题，且剧本要做到台词简单、韵律感强，朗朗上口且多重复。在台词的分配上，可以倾向于独白（往往由老师充当 narrator），而孩子的台词尽可能简短，或者以合唱阅读（choral reading）的形式出现。此阶段的读者剧场可在一些耳熟能详的童谣

① Lois Walker. Readers Theater in the Elementary Classroom [M]. East & West Book Co. Ltd., 2005.

和绘本的基础上进行改编。

而高年级的英文水平较高的孩子往往需要更具“戏剧性、冲突性”且更具挑战性的文本。改编材料的选择也更为广泛，如节日、预言、神话或传奇、发明家的故事、探险家的故事、民间或神话故事等。如果老师担心太多的课外补充会影响学生的课本内容的学习，也可以只将课本内容改成读者剧场剧本。

二、统筹兼顾，合理分配表演角色

如果剧情需要特别突出某个角色，建议该角色在下一次的读者剧场活动时以配角的身份出现，避免总是某一个或者某几个学生担当主角。

或者可以让几个朗读者来承担主角的台词，这样参与面会更广，比如在 *Three Little Pigs* 当中，就可以有 Mother Pig 1，Mother Pig 2 的角色。

害羞迟疑、自信心不足的孩子可以先从 All Chorus 部分开始。虽然只是简单的重复，但是在这个过程中孩子会表现出一种“团体精神”，觉得自己是这个“大事”的一份子，不是“孤立无援”的，这种感觉对于 ESL 和 EFL 的朗读者来说太重要了。

三、多元评价，积极正面鼓励学生

一场读者剧场活动是否成功可以从以下六个方面进行评价：剧本的合适性，剧本小组成员间合作的默契程度，小组每个成员是否平等参与，小组成员在呈现过程中是否自信，小组在表演过程中如何运用合唱式演说，以及读者剧场的有关要素、小组成员声音大小和声音表达是否有趣等。

既然评价面不是单一的，那么评价手段就更要求多元了。在读者剧场活动的评价过程中，可以结合美国哈佛大学著名心理学家霍华德·加德纳（Howard Gardner）提出的“多元智能理论”并结合“学生发展核心素养”进行多元评价。评价的内容应针对多方面发展的潜能，如情绪管理、社交技能、情感态度、实践创新、责任认同等方面的表现。评价的视角可针对过程性评价、发展性评价。但不管怎么样，老师应该始终认同——每个人都有自己相对的优势智能和弱势智能。教师在评价中应该遵从多元智能理论，以学生发展核心素养为导向，从多方面出发进行评价，充分肯定孩子的优点，提高孩子的自信心。因为在 EFL、ESL 学生学习英语的早期，构建自信心是非常重要的，它是影响学生英语学习成绩的一个非常重要的因素。

读者剧场中孩子可以唱，可以读，可以演，需要每个参与者的相互配合、通力合作才能很好地完成。有的孩子韵律感很好，声线很美；有的孩子擅长表演，可以把握整个剧场的节奏；有的孩子读音很好，有的孩子善于带动气氛……只有多元评价才能引领学生多元发展。

当然评价是为了总结经验，发现问题，为更好地开展读者剧场活动助力。所以除了肯定学生的优点，还必须指出活动中所出现的问题，给学生及时纠错，这样才能让学生真正进步。易瑾认为，教师的纠错风格及不当评价，会挫伤学生的积极性，从而导致学生产生焦虑。① 所以在纠错中老师一定是从正面进行有效引导，而非一味地负面批评。

比如老师可以说“Amy，你今天的表情有点不到位哦，如果能和你彩排时一样放得开就完美了”，而不是“Amy，你今天表情完全不到位，真不知道你想表达什么！”；又如用“Jason，你可以更自信更投入一点，大声地读着你的台词部分，老师相信你下次一定会很棒！”来替代“Jason，轮到你朗读时，你还在迟疑不读，拖了整个剧场的后腿！”始终记住：读者剧场重在创造一个语言环境，给学生提供一个能开心地朗读英语的平台。

四、整合 RT，发挥最大效应

读者剧场不仅是一个朗读剧场，我们还可以将它整合发挥最大效应。如从朗读（reading）到述说（telling），从朗读（reading）到写作（writing），从朗读到创意戏剧（creative drama），让读者剧场成为全面提升语言能力的跳板。②

读者剧场活动在班级被使用过一段时间之后，同学们对剧本的改编与最终的形成都有了一定的了解。这个时候老师就可以把剧本阅读的经验推到各种不同的“说故事”活动。此时，学生将会十分熟悉故事的叙述，对从“阅读”到“述说”已有充分准备。

读完剧本后，老师可以与班级讨论故事，确认故事的主旨，可在黑板上以图表的方式呈现出故事中大纲。描述故事大纲时，必须考虑情节中的人、事、时、地、物。比如：故事中都有谁（who）、在哪里（where）、什么时间（when）、发生了什么问题（what）、为什么会发生（why）、又是怎么解决的（how）。这个过程会让学生内化一个完整故事的基本要素。在“说故事”活动进行初期，教师可以要求学生在故事大纲中涵盖故事的首句、末句，以及任何应该记住的关键词（key phrases）、歌谣（chants）或句子，选定学生并请他们以自己的话重述整个故事或重述喜欢的故事段落。也可以将班级学生分成数个合作学习小组，继续以此方式进行重述的活动。

幼小的孩子可以用画画来代替书写，连接图片完成活动。如在 *The Very Hungry Caterpillar* 的剧场活动之后，笔者曾试图让孩子用图片的形式把整个故事表达出来，大多数孩子在画 caterpillar 从 Monday 到 Friday 所吃的水果种类上会有点混乱，但是能将整个故事表达完整。

在说故事的过程中，从组织材料到学习研究技巧中获得的知识对所有其他学习领域而言都弥足珍贵，而由公开演说中所获得的技巧则让人一辈子受用无穷。③

同样，当学生经由不断重复且密集的阅读或者舞台读剧的读者剧场活动之后，他们已经对于故事情节熟稔于心，且准备好从阅读故事进入创作故事。以下是几个可供参考的写作活动：（1）改变故事的结局，为它写一个新结局；（2）从剧本中找出一个最喜

---

① 易瑾．小学高年级学生英语课堂学习焦虑与教学策略研究［D］．长沙：湖南师范大学，2015.

② Lois Walker. Readers Theater in the Elementary Classroom［M］. East & West Book Co. Ltd.，2005.

③ Barbara Budge Griffin. Guidebook Storyteller Series［M］. Medford：B. Griffin，1986.

欢的人物加以描写，可让学生对身高、身形、发型、脸型、眼珠颜色、衣着进行描写，性格特征很重要；（3）为喜欢的读者剧场剧本写一封推荐信；（4）将剧本中的故事重新编成适合年幼孩子的读者剧场剧本；（5）找剧本原作者不同系列的作品进行改编剧本。当然，基于读者剧场剧本的写作活动还有很多种，可以根据班级学情开展更多或者更有趣的活动。

RT中的朗读者通过声音、表情、动作向观众传达故事中的角色。如果老师能够让学生将故事中的情境与自己的情绪、经验及价值观作连接，这就是“戏剧”。在RT的延伸拓展活动中，老师提供增进沟通技巧、创意解决方案、合作互动及创意感的活动，充分调动学生的积极性，培养其思考问题、解决问题的能力和创新性思维。

在RT剧本经由不断重复的即时阅读或者舞台读剧等形式之后，可以开展一些创意戏剧活动，提高孩子即兴创作的能力。如让学生以自己的方式将RT剧本戏剧化。学生可以自己分配角色重新演绎故事，可使用布偶、裁剪的纸板，也可以使用服饰配件、道具、面具等，借由这些再加上手势、动作、舞台效果让戏剧活跃起来；又如将学生分组，请他们演出剧本故事“开始前”或“结束后”那一刻的情境。这些场景来自小组的团体想象，并可为阅读经验增加深度与广度。还可以提问学生“对故事剧本中解决问题的方式是否满意，是否有别的解决方式?”，将得到的建议列成清单，并请同学列举是否也遇到过类似的问题等。创意戏剧的活动有很多种，剪纸、画画等等都是可以的，教师可根据具体的RT剧本设计更多的创意戏剧活动，充分发挥学生的积极创作的能力。

在读者剧场活动中，从听老师讲故事、示范读剧本，再到学生自己进行剧本朗读、上台表演剧本，到自己说故事、练习编剧本、即兴创作等一系列的活动，学生在一种“合作、社会性的学习模式”① 中，将听、说、读、写四种能力的学习结合在一起，再加上“表演”的乐趣，有利于在快乐中全面提升语言能力。

① 邹文莉．创意无限的读者剧场［J］．中国台北：英文工厂，2005（19）：23-28.

第七章　儿童英语教学评价

第一节　教学评价的定义与功能

一、教学评价的定义

教学评价是以教学目标为依据，按照科学的标准，运用有效的技术手段，对教学过程及结果进行测量，并给予价值判断的过程。教学评价包括对学生学业成绩的评价和对教师教学质量的评价。被称为评价之父的泰勒（1994）提出“评价过程在本质上是确定课程和教学大纲，在实际上实现教育目标的过程。但是，鉴于教育目标实质上是指人们发生的变化，也就是说，所要达到的目标，是指望在学生行为模式中产生某种所期望的变化，因此，评价是一种确定行为发生实际变化的程度的过程。”①施良方等（1999）认为教学评价是一种依据教学目标、运用科学的操作手段，收集教学方面的信息、判断教学过程和教学结果价值的过程，教学评价的目的是为被评价者和决策部门提供改进与完善的依据。②

教学评价这一概念包含三层含义。第一，教学评价要以教学目标和一定的价值标准作为判断的依据。教学目标和价值标准不是固定的，他们随着社会的发展、科学的进步而不断地发生变化。因此，教学评价的依据及标准就本质而言是由社会的发展决定的。第二，教学评价要采用各种科学而可行的方法和技术收集教学信息，这样才能保证教学评价活动得以顺利开展，从而获取丰富的教学信息。第三，教学评价是对整个教学活动过程的评价，它涉及教学的各个领域。通过教学评价，能使教师和学生知道教学过程的结果，及时地提供反馈信息。③

课堂教学评价是教学评价的主要部分，是促进学生成长、教师专业发展和提高课堂教学质量的重要手段。弗·鲍良克在《教学论》中指出：课堂教学评价是根据一定的教育价值观及评价标准，运用可行且适宜的评价手段，通过系统的资料搜集和整理分析，对教师和学生在课堂上进行的教与学的活动过程及其效果作出的价值判断。他指出

---

① 泰勒著，施良方译：课程与教学的基本原理［M］. 北京：人民教育出版社，1994.

② 施良方 . 教学理论：课堂教学的原理、策略与研究［M］. 上海：华东师范大学出版社，1999.

③ 曹艳敬 . 小学英语教学评价方式的应用研究［D］. 天津师范大学硕士论文，2016.

课堂教学评价是教育评价中最基本、最重要的组成部分。① 罗少茜（2002）认为：课堂教学评价是一个收集、综合和分析信息的过程，是通过收集教师教学的信息，学生日常学习和课堂学习的信息，来了解学生的学习和需要、了解学生的各项技能发展水平和发展潜力等状况，从而帮助教师做出相应的决定，提高课堂效率。② 可以说，课堂教学评价是对课堂教学这一价值事实进行评价，通过收集、综合和分析课堂学生学习和教师教学的信息，帮助教师了解学生的学习和需要，做出相应的决定，提高教师的教学质量，达到师生的有效互动。③

二、教学评价的功能

一般来说，教学评价具有以下几项功能：

1. 导向功能。是指教学评价能够引导评价对象自身朝着已设定的理想目标前进的功能和效力。也就是说，教学评价发挥着教学活动中的“指挥棒”的功能，要想更好地发挥其导向功能，就要依据已经制定好的教学目标制定与之相匹配的评价内容和标准，从而对教学效果实行全面的评价。教学评价还应该适应教育教学实际，顺应时代发展，及时调整评价的内容和重点，体现出教学评价的发展性和先进性。

2. 诊断作用。是指教学评价认定、判断评价对象合格与否、优劣程度、水平高低等实际价值的功效和能力。它主要表现在，一是用于配置和决策，如通过对学生德、智、体等方面的评价，来鉴定学生的发展水平，以便合理制定教学方案，进行因材施教；二是进行认可和鉴定，旨在对教师的教和学生的学进行评定，促进教学效率的提高。

3. 反馈作用。是指教学评价能够促进被评价对象为实现既定的理想目标不断改进和完善自己的行为的功能。主要是利用“反馈原理”，通过评价对教学活动和教学过程进行监控并根据获得的信息，矫正不利于目标实现的教学行为，强化利于目标实现的教学行为，提高教学效率。

4. 促进作用。是指教学评价对评价对象的学习等活动进行调节和控制的功效和能力。一方面评价者要给予被评价者一定指导；另一方面被评价者要根据评价者的指导，了解自己的长处与短处，实现自我完善。学生评价不仅要帮助优秀学生进入良性循环，不断挖掘潜力，最大限度地获得成功，而且也要避免使困难学生进入恶性循环，让他们树立自信，看到进步的希望，相信只要努力就一定能获得成功。

5. 激励作用。教学评价应该成为激发学生动机的源泉。教师对学生的进步和成绩的认可有利于激发学生的学习热情，增强他们的学习动机，强化正确的学习态度和方法；当学生有困难和不足时，应鼓励学生吸取教训，减少和控制失误，避免重蹈覆辙。

由此可见，恰当的教学评价能让学生感受到自己的成长，产生荣誉感、自豪感和成

---

① 弗·鲍良克著，叶澜译．教学论［M］．福建：福建人民出版社，1981.

② 罗少茜．英语课堂教学形成性评价［M］．北京：外语教学与研究出版社，2003.

③ 王英杰．小学英语课堂教学评价体系研究［D］．东北师范大学硕士论文，2011.

就感，利于激发学生的积极性、主动性和创造性，变被动学习为主动学习。

第二节 儿童英语教学评价的原则与方法

一、儿童英语教学评价的原则

英语教学评价是在英语教学活动中，根据英语学科的教育目的和原则，对教育过程和所产生的成果进行定性和定量的测量，进而做出价值判断，并为孩子的发展和教学的改进提供依据。英语课程的评价要尽可能做到评价主体的多元化、评价形式和内容的多样化，以及评价目标的多维化。评价应反映以人为本的教育理念，突出学生的主体地位，发挥学生在评价过程中的积极作用。评价应关注学生综合语言运用能力的发展过程以及学生在学习过程中情感态度、价值观念、学习策略等方面的发展和变化。评价应采用形成性评价与终结性评价相结合的方式，既关注过程，又关注结果，使对学生学习过程和学习结果的评价达到和谐统一。①儿童英语教学评价应该遵循以下原则：

（一）激励学生为主的原则

儿童英语教学评价应以激励学生的学习兴趣和自信心为主要目的，采用符合学生认知水平、具有多样性和可选择性的评价形式。评价要有利于学生不断体验英语学习过程中的进步与成功，有利于学生认识自我，建立和保持英语学习的兴趣和信心。小学阶段的评价应以形成性评价为主，重点评价学生平时参与各种教学活动的表现。小学中、低年级的终结性评价应采取与平时教学相近的、生动活泼的活动形式。小学高年级的终结性评价也应主要采用与平时教学活动相近的方式进行，合理采用口试、听力和笔试相结合的方式，考查学生基本的理解和表达能力，重点考查学生用英语做事情的能力。终结性评价的成绩评定可采用等级制或达标的方法，不宜采用百分制。

（二）学生在多元评价中的主体地位

评价主体要多元，专家评价、领导评价、教务处评价、同行评价、教师自评、学生评价和家长评价相结合的多元评价模式会比较准确和客观。学生是学习的主体，也是评价的主体。评价应反映以人为本的教育理念，学生的主体地位要得到重视，学生在评价过程中的积极作用应该得到充分发挥。评价标准的确定、评价内容和方式的选择以及评价的实施等均应以促进学生的发展为目标。在各类评价活动中，学生都应该是积极的参与者和主动的合作者。学生应当在教师的指导下，学习使用适当的评价方法和可行的评价工具，了解评价标准和学习进程，发现和分析学习中的具体问题，主动反思和调控自己的学习策略，认识自我，树立自信，不断明确自己的努力方向。

---

① 中华人民共和国教育部．义务教育英语课程标准（2011 版）．北京师范大学出版社，2011：33-34.

课堂教学评价应该侧重学生的课堂参与、学生的情感体验、学生的合作能力、学生的学习效果、学生的学习方式。关注学生在课堂教学中的表现，关注学生在课堂上师生互动、生生交流、自主学习、合作学习等。学生是学习和评价的主体，学生应该是评价的参与者和合作者。通过学生的自评，教师能了解学生的学习进程，发现学习中的问题，不断地反思和完善学习策略。通过学生对教师的课堂教学进行评价，教师能了解学生的想法，更有助于教师及时改进和调整自己的教学。学生的评价更具客观性和准确性。树立以学生为主体的评价观念，能更加尊重学生，能更好地激励学生的学习，促进学生的全面发展。

（三）评价指标的全面性和有效性

教师应当综合考虑《义务教育英语课程标准》所规定的语言技能、语言知识、情感态度、学习策略和文化意识这五个方面的目标要求及特点，根据学生实际情况，确定评价标准，选择评价内容，采用恰当形式。应避免过分强调对知识的考查和脱离语言实际运用的倾向，以切实提高评价的有效性。每一项评价项目的要求应该具体，有较强的可操作性。

要在大量的实证研究的基础上制定儿童英语课堂教学评价体系，通过多次实证研究验证其实效性和可行性，通过反复实验与改进来制定有效的评价体系。只有进行实证研究，课堂教学评价研究才能有实质性的进展，才能解决实际问题。

（四）教学评价的实效性

儿童英语课堂评价的作用是让学生在评价过程中反思自己的学习行为，发现学习中的问题，调整学习策略，以便在原有的基础上得到最大限度的发展。因而，课堂评价要贯穿教学始终，尤其要讲求实效。在大班教学中，教师无法对每个学生逐一进行评价，而小组评价就在一定程度上解决了这个问题，小组评价同时也促进了小组内的合作与交流，发挥了学生之间互相监督和鼓励的作用，促使每个学生都能积极参与课堂教学活动。教师还要考虑评价的时机问题，小组评价贯穿课堂教学的全过程，但并不适用于每个活动，应把握评价的最佳时机，促使学生积极参与，否则过多评价会占用时间，事倍功半。小组评价的最佳时机是：上课开始前两分钟；课堂活动交替时；课堂活动进行中。

（五）评价方法的合理性和多样性

在设计和实施评价的过程中，教师应根据各阶段教学的特点与评价目的，充分考虑儿童的年龄、心理特征及认知水平，选用合理、多样的评价方式，如自我评价、同伴评价、家长评价、教师评价等，实现形成性与终结性评价相结合。形成性评价可采用与课堂教学活动接近的形式以及平时测验、学习档案、问卷调查、访谈等形式。学生可以在教师指导下，根据自己的特长或优势选择适合自己的评价方式。在平时的教学中也可以利用表格分析评价法、整体评价法、教学环节剖析评价法、主题研讨法和经验总结法相结合，有计划地对教师的课堂教学进行评价。

终结性评价主要检测学生综合语言运用能力的发展程度，包括语言技能、语言知识、情感态度、学习策略和文化意识五个方面。终结性评价应根据教学的阶段性目标确定评价的内容和形式，可以包括口语、听力、阅读、写作和语言知识运用等部分。终结性评价应将知识与技能的评价有机结合起来，着重考查学生在具体语境中运用英语的能力，渗透对情感态度、学习策略和文化意识的考查。考试形式应灵活多样，以口试、听力和笔试相结合的方式，合理配置主观题和客观题。小学的终结性评价应充分考虑小学生的认知特点，选择恰当的形式和内容，做到简明、实用。

二、儿童英语课堂评价的主要方法

英语教学评价是在英语教学活动中，根据英语学科的教育目的和原则，对教育过程和所产生的成果进行定性和定量的测量，进而做出价值判断，并为孩子的发展和教学的改进提供依据。

儿童英语教学评价，按照评价方式可分为口头的、书面的；按照评价对象可分为自评、互评、家长评、师生评；按照评价的时效性可分为即时评价、延时评价；按照评价的结果可分为形成性评价和终结性评价等。

（一）以鼓励为主的口头评价

口头评价是即时评价方法中的一种。口头评价是教师在日常英语教学中最常使用的评价方式，教师能根据教学中出现的具体情况，对学生的表现直接进行评价，使学生快速意识到自己的问题和不足，并为其指明方向。美国著名的心理学家杰特的研究表明，教师的期待与鼓励会影响学生的成绩和教师对学生的评价。对于儿童英语学习的口头评价应以鼓励表扬为主，批评纠错为辅。

肯定表扬性口头评价，一般是对学生在学习过程或学习活动中出色的表现所给予的肯定和赞扬。在教学过程中，学生需要鼓励，针对学生的即时表现，配合适当的、积极的评价，更能激发学生学习的兴趣和努力的欲望，学生会觉得自己被肯定、被赞扬，从而获得成功的喜悦和信任。在英语教学中，常用的课堂用语有“Very good!”“Excellent!”“Nice work!”“Well done!”“You did a good job!”等。

包容性口头评价，是指在学生学习过程中，对于学生偏离主题的答案或观点，教师不应急于否定，应包容学生的错误答案，尝试无错误答案教学，保护学生的求知欲，不挫败学生学习的积极性。但是包容不等于纵容，教师应根据具体学生的具体情况，多角度评价学生。包容性口头评价有“Not bad!”“Try again!”“Can you try it another way?”等。

激励性口头评价，是指在学生回答得不完整，或者学习活动完成得不全面时，教师对学生进行鼓励，引导学生进一步学习探究的评价方式。例如：“Be brave!”“Come on!”“Have a try, please!”“Don't be shy!”“Try your best!”，等等。

纠错性口头评价，是指教师在学生的学习活动偏离教学目标时，对其进行的一种评价方式。其评价的目的不是批评，而重在改正，通过评价给与学生一定的指导，使学生能回到正确的教学活动中来。例如："I know you have already tried your best, but there's only a little mistake!" "I don't think you are right in this problem. Let me help you!"，等等。

(二) 任务竞赛评价

任务竞赛评价法，指教师在组织学生做游戏或者完成相关任务的同时，以竞赛的形式，对在游戏、任务中的获胜者给予不同形式的评价鼓励，来评价儿童的英语基础知识和能力的掌握情况。任务竞赛评价法可以寓教于乐，极大地激发小学生的学习兴趣，对于树立学生的学习自信心，完成教学目标有很大的帮助。

集体听做游戏、数数游戏、猜词游戏（教师有目的地准备一些词或词组，让一名学生看后做动作，另一名学生根据动作猜词）、情景表演等，都能配合竞赛形式，激发学生的参与热情，使学生在游戏中交流合作，巩固新知，提高学习效率。例如，在讲授完对话课文后，教师鼓励学生将习得的对话内容展现出来，面对不同能力的学生，教师可将任务分为三个层次，并给予评价指导：能够读出来的小组，每人可以得到一颗星；能够背诵的小组，每人可以得到两颗星；能够表演出来的小组，每人可以得到三颗星。教师通过对任务难易程度的设置，将评价的权利给予学生自己，学生根据自身能力选择任务，并且获得相应的奖励。教师应充分利用评价激发学生的学习热情，鼓励学生多展示自己，提升自己。

(三) 合作互评法

合作互评法是指在儿童英语课堂中，以"小组"为单位进行评价的方法。合作互评法可以树立儿童的集体观念，培养伙伴间合作学习的习惯，培养创新能力、合作能力和实践能力。分组的形式也有很多，可以分成男生、女生组，也可以根据座位分成若干合作小组，结合教学内容小组形式开展竞赛活动，激发学生的学习兴趣，调动学生的积极性。

(四) 学习档案袋

学习档案袋是一个反映学习成果的集合体，它展示了每一个学生在学习过程中所作的努力、取得的进步，能对学生的学习过程和学习结果进行监控和追踪。学习档案袋不同于分数和等级，它可以保留大量学生学习过程的信息，既是对学生学习过程和情感态度的评价依据，也是教师、家长、学生之间沟通的桥梁和纽带。档案袋评价法可提高学生的自我反思、自我监控、自我评估和自我改进的能力，从而树立学生学习的自信心，促进学习效率的提高。

档案袋一般包括封面、前言、自我介绍、日常表现、收获园地等模块。学习档案袋可以由学校或老师统一设计，也可以由学生自行设计。有的学生把档案袋设计成一条龙，龙头是封面，龙尾是开启档案袋的开关，非常有创意。档案袋里通常装有：(1)

每周自己最满意的作业和最不满意的作业；（2）测验结果，以测试语言知识和技能为主的小测验和以考查语言综合运用能力为主的小表演，以月为单位进行评定并反馈给家长；（3）情感态度、口头表达、书面表达、听写成绩和基本学习策略五个方面，以周为单位，采用 A、B、C、D、E 五个等级的形式进行评价；（4）每月上交一次的英语手工作品，如 postcards、price tags 等；（5）学生参加校内外英语活动的获奖证书复印件、照片或参赛证等。

制作学习档案袋是记录学生成长的手段。因此，教师应当尊重学生的自主权，对于档案袋的内容，教师更多的应该是给予指导，引导学生积累可以反映自己的成长与进步、成功与失败的内容，引导学生对学习档案内容进行反思，从而自我完善、自我提高。档案袋要放在学生触手可及的地方，便于学生查阅和积累，切勿将其变成一种摆设，或者应付检查的材料。另外，需要注意档案袋整理的频率。整理得过于频繁，会造成学生的负担；长时间不整理，又失去了记录成长的意义。建议一学期整理 5~8 次为宜。

（五）有趣的作业评价

作业的形式有很多，既有传统的作业，如单词和句型练习的摘抄、背课文、听录音及简单的课文翻译等，又有课堂手册，这是必不可少的，但一定要有量的限制，不然学生们就会感到机械、枯燥，很难引起兴趣。作业应以学生为主体，力求促进学生全方位的发展。既要有操作性的练习，也要有自主实践活动；既包括语言知识，又包括对英语国家文化的了解。

根据学生兴趣来设计作业：作业设计要多样、新颖、有趣，要能激起学生学习的兴趣。例如：

（1）对于喜欢音乐、唱歌的学生，可以让他们利用旧曲调，自己配入新歌词。如学习了服装类词汇后，把“What are you wearing? I'm wearing...”带入《两只老虎》的曲调。

（2）对于喜欢画画的学生，可以让其为自己的画配上英文解释，来对所学内容进行巩固练习。如学习了有关公园的活动内容后，学生可以自己画一幅公园的图画，并标注各种有关的英语单词或句型。

（3）对于喜欢讲故事的学生，可以鼓励他们在学习课文内容的基础上，将课文改编成故事讲出来，充分发挥想象力。

（4）对于喜欢表演的学生，可以引导他们自由组合，改编课文，用表演来练习口语，促进其表演能力的提高。如表演买东西、在餐厅点菜、在体育馆打球，等等。

（5）让学生根据自己感兴趣的话题，制作图文并茂的英语小报，以此收集英文信息。如在学习“运动”（Sports）这单元后，让学生设计一张与运动有关的英语小报，介绍与奥运会或军运会的历史及与其有关的运动项目，以及学生感兴趣的体育运动、喜欢的运动员等。

根据学生的学习程度，每周布置适合各层次学生学习的作业，由易到难。学习相对困难的学生选做 C 类作业，学习优秀的学生选做 A 类作业，起到扩展知识的作用。人性化的作业不是为了将学生分成等级，而是使他们更好地完成作业，使每一位学生都能参与到学习中来。同时，学困生如果能认真完成 B 类作业同样会得到老师的表扬。

（六）英语书面考试

英语书面考试需要以适当形式考查学生对语言知识、语言技能、文化知识等的掌握情况，而不是孤立地考查知识点，更不是考查对知识的机械记忆。2011 年版《义务教育英语课程标准》中提出："英语书面考试的命题应遵守以下原则：要着重考查学生的综合语言运用能力，避免单纯考查语言知识；要充分考虑学生的实际生活和身心发展水平；要选用真实、地道的语言素材，根据语言实际使用情况命题；要确保试题的信度和效度，杜绝繁、偏、旧的试题，要控制题量；要根据试题的考查目的和考查重点，科学合理地制订评分标准。"

总之，英语课程的评价要体现新课程的评价原则，要采用科学、合理的评价方法、评价形式和评价手段。教师要不断学习和了解国内外语言评价的理论与实践研究成果，钻研语言评价技术与手段。既要保持和改进传统的行之有效的评价方法，更要积极尝试、实验新的评价方法。在具体的评价实施过程中，要根据不同阶段英语学习的内容、目标以及评价的不同功能，选择恰当的评价方法，并进行合理组合。

第八章　儿童英语教具与辅助教学技术

第一节　儿童英语教具的设计与制作

由于物理世界是向儿童传达意义的主要手段，因此在外语课堂需要借助各种各样的教具来帮助儿童理解目标语的意思。如果教师能充分利用事物、物体和语言来表达意思，那么对孩子们来说英语学习会更容易，也会更快乐。各种各样使用过或废弃的材料，如酸奶纸盒、旧卡片、明信片等都可以用来制作教具。

下面介绍几种儿童英语课堂上常用的教具，教师和学生可以一起制作。

一、闪卡（Flashcards）

加德纳的多元智能理论表明，教师应该在课堂中吸引不同类型的学习者，尤其是视觉型学习者，因为属于这类智能的青少年学习者的比例非常高。闪卡色彩鲜艳，可对视觉学习者产生影响；闪卡也是非常方便的资源，在课堂的每个阶段都很有用，是呈现、练习和巩固词汇的好帮手。另外，闪卡还可以广泛应用到记忆、操练、识别、全身反应等活动中。

闪卡可以购买，也可以自己动手制作。有些课程教材包提供了配套的闪卡，可以成套购买。即使教材没有配套的闪卡，也可以很容易制作自己的闪卡。可以使用杂志上的图片，也可以绘制简单的图片，或从网上下载图片。重要的是确保卡片的尺寸均相同（不同组的颜色不同）。为了延长卡片保存的时间，还可以给每张闪卡过塑。除了价格低廉和方便保存外，自己制作闪卡的优点是，可以根据自己的特定需求制作一整套卡片，比如制作一套故事书或分级读物的闪卡。

二、教室内的海报（Classroom Posters）

（一）课堂规则海报

教师可以和学生一起动手制作英文课堂规则海报，如图 8-2 和图 8-3 所示。教师首先和学生一起商讨课堂规则，如“Speak in English”“Put your hand up when you want to speak”等，由学生投票决定哪些规则将被写在课堂规则海报上并需要全班同学严格遵守，并将课堂规则添加在学生感兴趣的卡通模板上，然后彩印出来。也可以和学生一起亲手绘制课堂规则海报。需要注意的是，打印或手工制作的海报在上墙之前，最好粘贴固定在同样大小的硬纸板上，方便长期保存和搬运到其他教室。

图 8-1　Flashcards

图 8-2　Classroom Rules Poster 1

图 8-3　Classroom Rules Poster 2

（二）教室其他海报

教室的墙壁上还可以粘贴打印或者由教师和学生手工制作的英文海报，如家喻户晓的英文童话故事、常见单词分类图、绕口令等。儿童特别喜欢童话故事，比如图 8-4 的小红帽的故事。在课堂上使用绕口令（如图 8-5 所示）是练习发音和学习英语传统文化的一种有趣方式。教师和学生还可以一起制作一些单词分类的海报，比如食物（如图 8-6 所示）、动物（如图 8-7 所示）、交通工具等。

图 8-4　Story Poster

图 8-5　Tongue-twisters Poster

图 8-6　Food Poster

图 8-7　Dinosaurs Poster

三、星星排行榜（Star Chart）

如图 8-8 所示，选择一个星图设计，添加任意数量的学生，也可以为不同的学生组使用不同的设计。教师可以根据需要添加任意数量的空格，因为学生在整个一年或整个学期中会收到更多的星星。

图 8-8　Class Star Chart

四、玩偶教具

（一）木偶（Puppets）

可以是纸袋木偶、手套木偶、手木偶或手指木偶。除了实际的木偶，一个简单的“舞台”是非常有用的，非常适合表演对话和戏剧。

（二）班级吉祥物（Class Mascot）

教师和学生一起制作一个班级吉祥物，如泰迪熊、布娃娃，或一个特殊的木偶，或一些具有当地意义的东西。

（三）纸娃娃（Paper Dolls）

可以用纸为芭比娃娃制作教学服装，但必须定期更换。

五、游戏教具（Game Tools）

（一）纸板箱（Cardboard Boxes）

收集鞋盒或其他盒子来归档——有盖子的更有用。这些盒子可以用纸覆盖、装饰或贴上标签。箱子也可以用作建筑砖，用来“建造”商店、房屋、城堡、森林等。

（二）纸牌游戏（Card Games）

绝大多数纸牌游戏可以变成语言纸牌游戏，帮助学生进行某种语言互动。

（三）棋盘游戏（Board Games）

年纪大的孩子（和老师）可以做各种棋盘游戏。棋盘游戏不仅对放松和/或语言工作有用，而且制作棋盘游戏也是一项真正的挑战。例如，你可以编一些障碍板游戏，主题是穿越丛林，或是过一个美妙的生日。

（四）玩具（Toys）

汽车、动物、家具等。语言教室里的玩具用途无穷。它们也有助于孩子把教室外的世界和教室内发生的事情联系起来。

（五）积木（Building Blocks）

可选乐高或其他类型的积木，木制的或塑料的都可以，做成多种教具，如蛋糕、房子、水果等。

六、阅读教具（Reading Tools）

（一）读本（Readers）

编码

不建议按难度给书编代码。孩子们应该阅读他们想读的书，而不是老师已经准备好的书。所以，教师可以尝试一些其他的方法来组织书，比如按主题来组织——“动物”“童话”“事实”。当然，这意味着老师必须先把所有的书通读一遍，选择并分类。这是一种可以与其他人一起进行的有益活动。

展示书籍

把书放在低位的书架上，或者放在英语角有明显标记的盒子里。关键是无论怎样整理书籍，都应该尽量确保孩子们在身体上能够接触到它们。

借书卡

在每本书里面放一张大卡片，当学生借阅时，他或她会在卡片上写上自己的名字和日期，并把卡片夹在书中。学生们可以轮流当图书管理员，指导其他同学填写卡片。这样可以了解每本书受欢迎的程度。

（二）书籍/阅读卡（Reading Cards）

制作一个能快速阅读的阅读卡片集非常有助于学生选择读本。除了对故事的简要介绍外，教师还可以在卡片背面添加思考题。这些题可能是关于孩子的第一语言故事的问题，也可以是英语方面的问题。

七、环境创设教具（Environment Design Tools）

（一）日历（Calendar）

日历应该显示日期、天气和节日。

（二）时钟（Clock）

在语言教室里，时钟是非常宝贵的，可以告诉学生时间。

（三）地图（Maps）

在教室里放一张世界地图或一个地球仪。当地的地图也很有用，它清楚地标明了河流和山脉等。

（四）其他学科的挂图（Wallcharts）

市场上有许多为语言课堂制作的其他学科的挂图。如果要在语言课堂上做 STEAM 或参加其他跨学科的项目，可以提前在教室里挂上有关的挂图。

第二节　信息技术在儿童英语课堂中的应用

网络的发展和移动终端设备的普及，为信息化逐步应用于移动学习与学校教学等方面创造有利条件，促使学习者实现个性化自主学习。各种新型教学模式在信息化的环境下不断完善和发展，极大地推动了教育教学的改革。信息化 2.0 时代的到来，大数据、云计算、互联网、智慧教室等已逐渐进入各学校，新的技术对传统课堂模式带来巨大冲击，也为儿童英语教学方法和手段革新带来了新的契机。

《义务教育英语课程标准（2011 年版）》要求教师提升自身文化修养、语言素质与语言运用能力，合理利用有效的教学资源创造适合学生学习语言的情境，引导学生参与课堂并通过各种积极的方式习得英语知识。同时还要求教师具备教学实践能力，能够确定合理且操作性强的教学目标，选择合理的教学方法，设计恰当的教学步骤，合理使用现代教育技术，培养学生的信息素养，提高学生的学习能力。

一、基于微课、教育 APP 的翻转课堂

翻转课堂（Flipped Classroom，Inverted Classroom）是指通过借助现代教育技术手段预先录制授课视频来取代以知识讲授为主的传统课堂，要求学生课前进行自主观看学习，然后利用课堂时间集中解决学生在课前预习时所产生的困惑和疑问，实现知识内化的一种教学形态。翻转课堂通过采用先进信息技术，将传统课堂“预习—课堂讲授—复习”的学习流程转变为“提前学习—自我练习—课堂讲解与答疑—总结提高”的学

习步骤，提高了教师教学的效率，赋予了学生学习的自主性，增强了教学效果。学习过程通常包括两个阶段——知识传授和知识内化。在翻转课堂上，传授知识与内化知识这两个环节被彻底颠覆，知识传授及拓展凭借信息技术手段在课下完成，知识内化则在课上完成。翻转课堂的本质是利用信息技术和个性化培养，调动个体行动者，培养学习者的创新能力，重构教学双过程，进而形成开放性知识。

小学英语翻转课堂是在小学英语课堂中以学生为中心，综合多种教学资源，通过师生、生生的良性互动，创造英语学习语境，通过课前学习新知识，课内巩固知识达到内化，以培养学生自主学习能力，形成初步的综合语言应用能力，促进心智发展，提高综合人文素养的一种复合型学习模式。除了微课视频外，基于移动终端设备的教育类型App是很好的翻转课堂的平台。作为目前信息技术发展的典型代表，儿童英语教育类App拥有多样且丰富的学习资源，具有较强的趣味性和便捷性，具有可测评反馈和及时互动的功能，能满足儿童个性化学习等需求，将教育App应用在翻转教学中将有力推动教育信息化进程。儿童可以利用这些App在课下通过微视频等完成自主学习，在课上则和教师进行互动，解决学习中遇到的问题。

二、交互式电子白板

交互式电子白板是一种以计算机技术为基础，将传统的黑板功能和多媒体技术优势结合在一起的信息化交互式课堂教学工具，是汇集了尖端电子技术、软件技术等多种高科技手段研发的高新技术产品，它通过应用电磁感应原理，结合计算机和投影机，可以实现无纸化办公及教学。使用压感原理的触摸式白板相当于计算机的一个触摸屏，是一种可以用手指或笔触来完成指定工作的人机互动式输入设备。依靠这种新兴信息技术的特点和优势的支持，教学双方能够在课堂教学中更为容易地实现教师与学生、学生与学生以及师生与机器之间的全面交互和交流，构建出新的现代课堂教学环境。

在传统的教学方式中，小学英语教师一般通过口述故事或者情节，或者播放视频或展示图片来进行情境导入。交互式电子白板的引入，教师可以让教学内容活起来，生动形象地展示教学情境，开阔学生的视野，增强英语教学的趣味性和互动性。通过有效的情境导入，培养起学生的有意注意，学生不知不觉融入到英语学习课堂中，为学好课文打下良好的基础。交互式电子白板除了自带的图片、场景、声效、游戏等资源，还可以直接在课堂上链接互联网，在很大程度上调动了学生的眼、耳、口、脑等多元智能，满足了学生视听感官的需要。除此之外，教师还可以将在网络、书籍等地方搜集到的资料，利用白板进行有机整合。

最近几年出版的儿童英语教材大多配有电子白板课件，课件直接安装在电脑上，配合电子白板即可使用。课件整合了大量音频、视频、图片、互动游戏、测试等，让英语课堂变得更加快乐、有趣、高效。

三、电子邮件的使用

教师可以帮助中高级学生使用电子邮件完成作业或者与他人用英语进行交流。教师可以使用以下方式帮助学习者开始使用电子邮件：

（1）首先向学生解释电子邮件系统的基本功能。向学习者展示主题行以及发送、回复和转发功能。确保他们都知道你的地址和他们自己的地址。可以向他们展示如何为类创建组地址。

（2）帮助学习者开始学习。可要求所有的学习者在规定的时间内给教师发一封简短的邮件。也可以给所有的学习者发一条信息，并要求学生回复。提醒学习者回复电子邮件可以成为与朋友保持联系的一种方式。

（3）使学习者的努力有价值。如果教师要求全班同学给自己发邮件，尽量在邮件到达时及时（一两天内）回复。教师的反馈有助于学生亲眼看到电子邮件作为一种交流媒介的潜力。

（4）指出电子邮件是练习自发的书面交流技巧的一种方式。通过电子邮件让学生们互相交流，让他们有机会使用书面媒介进行相对自发的交流。鼓励学生在高度互动、相对非正式的电子邮件媒介中写作，可以让他们更清楚地认识到自己在半计划语言使用方面的优势和劣势。

（5）鼓励学习者写简短的电子邮件。电子邮件通信时，人们往往只倾向于阅读邮件的开头。如果收到的消息太长而不能立即阅读，人们倾向于将它们归档以备以后阅读，也有可能忘记或者删除。

教师还可以使用电子邮件向学习者提供反馈。使用电子邮件行进行反馈的好处有：

①充分保护学习者的隐私。学习者可以在没有任何人看到他们对反馈的反应的情况下阅读反馈（与面对面或小组情况相反）。当反馈是复杂的，并且有很多信息需要接收时，这是非常有用的。如果反馈是批判性的，它也可能是有用的，尽管有时书面批评听起来很冷淡。

②更全面的反馈。在学习者的书面作业中插入手写的反馈意见会受到时间和空间的限制。有了电子邮件反馈，如果需要详细说明某一点，就不必限制措辞。还可以为每个学员建一个文件夹，记录他的学习进展情况，跟踪对学习者的持续反馈。

③更及时的反馈。大多数电子邮件系统都可以发送一条消息，告知电子邮件是何时被接收的。这可以帮助老师识别没有收到电子邮件的学习者。在每封邮件的结尾都有一个问题，要求学习者针对反馈中的某一点进行回复，这也很有用。这有助于确保学习者不仅接收了电子邮件反馈信息，而且必须阅读它们！

四、人工智能技术

伴随神经网络、脑科学研究的迅速进步，人工智能在云计算和大数据等相关技术的支持下，迅速被运用到各个领域。以人工智能为核心的新技术与教学融合将成为下一个核心驱动力。① 2017 年，国务院颁布的《新一代人工智能发展规划》提出“利用智能技术建立以学习者为中心的教育环境，提供精准推动的教育服务，推动人工智能在教学

① 李春琳．人工智能在外语教学中的应用及研究热点．中国教育信息化，2019（06）．

中的全流程应用”。

人工智能在教育中所需用到的技术主要包括：①自然语言理解技术，这让计算机与人之间能用自然语言来有效沟通，包括机器理解、机器翻译等。②人机交互技术，包括语音识别、语音合成、情感交互等。③知识图谱技术，指建立语义网络，使用网络中的关系来分析解决问题。④生物特征识别技术，包括指纹识别、语音识别、人脸识别等。①

近几年，市场上的人工智能儿童英语教育产品主要分为以下五类：英语口语学习与测评、智能作业批改、英语分级阅读、智能陪练、教育机器人。

（一）英语口语学习与测评系统

英语口语学习与测评系统多运用 NLP（自然语言处理）以及语音识别等人工智能技术，来测评学习者的口语语音语调、标准度、流利度以及口头表达能力，替代教师对学生的口语陪练、口语考试测评及评分统计等相关工作。人工测评往往伴随着一些主观因素，智能评测更具客观性、稳定性，可以高效完成自动评分和成绩统计以及学情分析任务。

以应用软件英语流利说为例，它开发了世界领先的多粒度和多维度的实时语音识别和游戏化教学，每日更新地道美语对话，提供对话闯关游戏，通过硅谷的实时语音分析技术，让用户轻松愉快练口语。

（二）智能作业批改系统

智能作业批改的的流程是教师先从线上布置作业，系统地利用丰富的语料库资源，使用自然语言处理、图像识别以及数据挖掘等人工智能技术把学习者的作业与语料库进行检测对比，进行自动批改，给出个性化的学情分析报告，对拼写、语法、句型和搭配方面能够迅速地标注错误部分和错误原因。学习者能在作业提交后马上得到反馈并了解最新的学习进展，并据此来实时调整学习进度和难度并推荐合适的习题。但是目前的智能作业批改系统在提示学生作业的主题相关性、篇章结构和内在逻辑性、思想的创新性等方面还略有欠缺。

以批改网为例，人工智能系统能自动识别词汇、搭配、语法等常见错误并给出修改建议；能自动积累老师的批改经验，并用于作文批改，老师无需花费大量时间重复批改相同的错误；能实时对用户提交的作文进行批改，并立刻给出作文分数及分析反馈；能指出作文每一句中存在的拼写、语法、词汇、搭配错误，并一一给出修改建议。除此之外，批改网还为学生用户提供特定知识点的扩展训练、搭配推荐、参考例句等，帮助学生自主学习。

---

① 吴晓如，王政．人工智能教育应用的发展趋势与实践案例［J］．现代教育技术，2018，28（2）：5-11.

（三）英语分级阅读

运用了人工智能技术的英语分级阅读App，可以根据学生的不同认知水平来选择阶梯式的读物，匹配适合学生个人的书目，解决了学生阅读难度太高的书会失去阅读兴趣、阅读难度低的书无法提升阅读能力的问题，使其感受阅读的乐趣。相较于传统分级阅读，人工智能的分级阅读依据不同学生的兴趣爱好和阅读能力的学习数据挖掘行个性化精准阅读，使学生阅读兴趣明显提高，学生阅读习惯大为改进，大大提高了教师的工作效率，把教师从收集和推荐书目，监督学生阅读等大量重复性工作中解放出来，同时实现了学生自适应阅读，达到了分级阅读的核心目的。教师和家长也可快捷精准地全方位监测分析学生的学习情况。

国内目前分级阅读方面的产品主要有Reading Pro、英语总动员、巴布阅读、读伴儿图书馆等。近些年来，国外的英语分级阅读平台也进入了中国市场，如LitPro立博蓝思英语阅读自主学习平台。该平台是美国学乐集团与蓝思机构共同研发的集英语阅读能力测评、阅读资源个性化检索、英文原版电子图书在线阅读、阅读效果检测、教育交互和管理于一体的英语自主学习平台。

（四）智能学情分析和智能情绪识别

智能学情分析是指在积累了学生学习成绩、学习进度、学习习惯等数据后，对其进行智能分析，并给出分析报告，协助教师对学生学习情况进行管理，设计个性化教学方案，为学生量身定制不同于他人的学习策略和学习方法，让孩子更为有效地学习。最近十年，人工智能的自适应英语学习平台陆续进入中国市场，如Imagine Learning（想象力英语）。人工智能自适应系统能实时测控儿童的英语水平，根据学生完成课程的情况，自动生成后续课程，而且为儿童建立独有的学习轨迹和成长曲线，让家长和老师随时掌握儿童的学习进度和效果。

智能情绪识别系统由教育培训机构和技术公司合作开发，如好未来、VIPKID等，通过人工智能图像识别技术，智能情绪识别可以识别学生课堂表情来判断学生学习的兴趣、困难点和集中度。2018年10月，新东方正式发布的首款AI类教育产品BlingABC“AI班主任”，可以通过人脸属性分析和检测、语音识别、NLP（Natural Language Processing）等人工智能技术来发现学生在语言学习中的问题，根据学生上课时的参与度、回答时长、情绪表现和学习结果来进行量化分析。

（五）教育机器人

教育机器人除了在科学、技术、工程和数学（STEM）等方面起着重要作用，在外语教学中的应用也越来越普遍。机器人可以根据学生的认知能力来为其定制学习内容，引导互动学习，营造母语式的外语学习环境，在潜移默化中提高外语语言能力。科大讯飞的“阿尔法大蛋”，ROOBO公司推出的小布机器人，与此配套的Let’s Chat系统，可以进行语音识别、口语评测、绘本伴读等功能，能够智能适配学生的学习水平，从而实现因人施教。通过教育机器人的辅导和在线教育的讲解，可以将学生的薄弱知识点精准定位到纳米级别，实现因材施教的“自适应”的理想学习方式。借助自然语言处理和情感机器人，能帮助孩子真正做到“爱上英语、开口说英语、说好英语”。

附录一　经典英文绘本教学设计

绘本1　*David Goes to School*《大卫上学去》

绘本简介

（1）作者简介：

大卫·香农（David Shannon）是美国著名的童书插画家，美国凯迪克银牌奖得主。这一系列有关David的故事灵感，来自于他在五岁时所做的第一本图画书，就是之后让他一举成名的《大卫，不可以》（*No*，*David*!）。该书曾获1998年凯迪克银奖、1999年美国图书馆学会年度好书推荐、1998年《纽约时报》年度最佳图画书。*David Goes to School*是*No*，*David*！的姊妹篇，曾入选杂志编辑推荐书目（Booklist Editors' Choice），获得学校图书馆学刊最佳图书奖（School Library Journal Best Book）。

（2）绘本介绍：

Picture Book：*David Goes to School*

当父母们看到这个咧着大嘴、露出参差不齐牙齿、眼睛眉毛都跳起来的小男孩时，是不是会倒吸一口冷气？没错，这就是让爸妈和老师们都头疼的David！调皮的大卫，在家不老实，上了学也不老实，他又闯了什么祸呢？《大卫上学去》和每一位小朋友分享了大卫第一次上学的成长经历，让小朋友们了解如何在老师的帮助下，学会什么是“可以的”“好的”行为，学会与别人相处，并且尊重学校里的规矩。规矩也许会给人约束，但会给更多人带来安全与更大的自由。守规矩是会被人喜爱和尊重的。

教学设计

Picture Book: *David Goes to School*

Teaching aims:

The students can

(1) Comprehend the story and read the story;

(2) Tell right class behavior from bad and keep some school rules in mind;

(3) Learn expressions: no yelling, no pushing, no running in the halls, sit down, don't chew gum, raise your hand, keep your hands to yourself, pay attention, wait your turn, Shh!

(4) Make English class rules with the help of the teachers.

Teaching steps

Greeting	Say hello to the students; sing and dance *Hello Song*	T: Hello, everyone! Nice to meet you. I'm your English teacher Jessie. Now let's say hello to each other, OK? (Throw the ball to a student and ask him/her to introduce himself/herself in one sentence) T: Now, everybody stands up. Let's sing Hello Song together!
Lead-in	Emphasize the class rules and then elicit the protagonist of the story	T: Before the class, I will show you something (several class rules). What are they? Let's look at the first one… “Looking Eyes, Listening Ears”: you should listen to the teacher carefully in the class; “Quiet Mouth”: you should keep quiet during the class; “Walking Feet” “Helping Hands” … Do you think class rules are important? Can you obey these rules? T: Today, we will learn a story *David Goes to School*. It's about a little boy, David. The story was written and illustrated by David Shannon. Are the two David the same person? Can you guess? S: … T: 其实，这本书是美国著名的童书插画家大卫·香农的大卫系列经典绘本之一。大卫·香农（David Shannon）是美国著名的童书插画家，美国凯迪克银牌奖得主。这一系列有关David的故事的灵感，来自于他在五岁时所做的第一本图画书《大卫，不可以》（*No, David!*）。

续表

Introduction to the story	Introduce the 3 elements in the cover page	T：Let's look at the cover! What can you see in this picture? What is the name of the boy? What does he look like? Where is he? What is he doing? S：… T：The boy is named David. He has two small eyes and a triangle nose and a big mouth with some triangle teeth. He looks very funny, doesn't he? Where is David? Look，this is the blackboard! We can see he is in the classroom. What is David doing? David is throwing the paper plane in the classroom. Is it right to throw the paper plane in the classroom? Yes? Or No? What will happen in the story? Guess!
Reading Comprehension	1. Watch the video and ask questions	T：Let's watch the video. After that，I will ask you some questions.（可用汉语回答） 1. Who said to David in the story? 2. What does David do in the story? 3. Do you think his behaviors are right? 4. Can you help David to correct his behaviors?
	2. Read the first half of the picture and learn some expressions	T：Now，let's read the book together and help David to do the right thing. **Page 1** T：What can you see in this picture? We can see a woman. Can you guess who she is? She is crossing her arms around her chest. How does she feel? Angry or happy? What did she say to David? **Page 2** No yelling，no pushing，no running in the halls.（边讲边做动作）No yelling，no pushing，no chewing gum. You are staying after school. （Do you know how to sing the song with these words? Let's sing it together!（Music：*Twinkle Twinkle Little Star*） T：OK，very good! Why does the teacher say these words? What on earth happens to David? **Page 3** T：Look，we can see a boy. Who is he? Where is he? S：David is behind the door. T：Look at his face! He is grinning. how does he feel? S：He feels a little bit sorry. T：Why? S：He is late for school. T：So teacher said，"David! You are tardy/late!" T：Is it right to be late for school? What should David do? S：He should get up early and get to school on time!

续表

Reading Comprehension	2. Read the first half of the picture and learn some expressions	**Page 4** T：Look at this page! What's David doing? S：He is making a face on the platform. T：Can you guess what class he is taking? Look at the blackboard，"2+2=4"! S：He is taking a math class. T：Is it right to make a face in front of the class? T：The teacher said，"Sit down，David!" What should David do? S：He should go back to his seat and sit down quietly. **Page 5** T：Now David goes back to his seat. But what will happen to him next? T：Look! What is he doing? S：He is chewing gum in class. And he is pulling the gum out. Yuk!!! T：The teacher said，"Don't Chew gum in class!" What should David do? S：He shouldn't chew gum or eat any food in class. **Page 6** T：What happened to him next? T：Look! David stands up and answers questions without raising his hand. The little girl beside him is raising her hand. T：Whose behavior is right，David or the little girl? S：The girl! T：The teacher said，"David，raise your hand." T：What should he do? S：He should raise his hand before answering questions. **Page 7** T：Wow，the math class is over. Now let's have a look at what the next class David will take. There are so many colors. What class is it? S：They are having an art class. T：Do you like drawing or painting? David likes painting too，especially painting with his hands. But what is he going to do? S：He is going to touch the little girl's hair with his painted hand. T：What did the teacher say? S：Put your hands to yourself! T：Yes，you are right! The teacher said，"Keep your hands to yourself." T：What should David do? S：He should keep his hands to himself.

续表

Reading Comprehension	2. Read the first half of the picture and learn some expressions	**Page 8** T：Now the art class is over. It's finally the last class in the morning. So let's guess what the last class is. Look！It is a globe，a potato in the cup，a rocket. S：It's a science class！ T：In the science class，what is David doing? Look！He is looking outside at the clouds. What do the clouds look like? T：They look like dinosaurs. S：David is absent-minded in class. T：Let's say "pay attention" together to draw his attention back. T：You did a good job. Is it right to look outside the window in class? What should David do? S：He should pay attention in class.
Words Game	教学用语：stand up，sit down，raise your hand，keep your hands to yourself，pay attention 所需教具：短语卡	教师以短语卡教学生们读一个短语，并加上动作。当老师说"teacher says，raise your hand"，学生们必须做出举手的动作。如果老师没有说"teacher say"，只说出短语时，学生不能有任何动作。做错动作的人淘汰出局，获胜者获得奖励。
Reading Comprehension	Read the second half of the picture book with questions and answers	**Page 9** T：The bell rings. The science class is over. I'm very hungry. How about you? S：We are very hungry too. T：It doesn't matter. It's time for lunch. Now let's look what will happen in the dining room！ T：All the students are carrying their plates and the milk and lining up for lunch. But what is David doing? How does he feel? S：He cuts in the line and he takes it for granted. T：How do other students feel for his behavior? S：Other students feel very angry，especially the first boy. They are accusing his behavior. T：Now who wants to be a little teacher to tell David to wait his turn? T：Very good. Cutting in line in public is wrong！What should David do? S：He should wait his turn.

续表

Reading Comprehension	Read the second half of the picture book with questions and answers	**Page 10** T: Do you still remember the first boy in the line. So what will happen between the first boy and David? T: Look, what happened? S: They are fighting with each other and blaming each other. T: What did the teacher say to them? S: "I don't care who started it." T: What does it mean? S: … T: Fighting and blaming each other is wrong. What should they do? S: They should apologize to each other. T: Everybody, stands up. Let's sing and dance together. (Song: *Let's Go to School*) **Page 11** T: After the lunch, what should we do at noon? (做出睡觉的动作) S: We should take a nap. T: Do you usually take a nap at noon? If yes, raise your hand! T: Very good. You have a good habit! Does David take a nap at noon? S: No. T: What is he doing? Where is he? Look at the ball! S: He is playing the ball in the playground. T: Very smart! Now the bell rings again! The break time is over and all the students go back to class except David. T: What did the teacher say to him? S: The teacher said, "David! Recess is over!" T: What should David do? S: He should go back to class when the bell rings. **Page 12** T: Now David has gone back to the class! What class are they taking? Look! So many books. What are they doing? S: They are reading books. T: Look! What is David doing? S: David is singing and dancing with two pencils. T: Why does the little girl feel very angry? S: David is too noisy and disturbing others. T: What did the teacher say? S: The teacher said "Shhhhhhh". T: Is it right to make noise in the reading room? What should David do? S: He should be quiet when reading.

续表

Reading Comprehension	Read the second half of the picture book with questions and answers	**Page 13** T: The first class in the afternoon is over. What is the next class? T: Maybe music class or…We can see David is pressing his stomach. T: What does he want to do? S: He wants to go to bathroom/toilet. T: But he has gone to the bathroom many times. So teacher said, "Again?" T: Is it right to go to the bathroom many times during the class? What should David do? S: He should pay attention to the teacher. **Page 14** T: What will happen to him? What is he doing? S: He is drawing pictures with crayons. T: Where is he drawing? S: On the desk. T: David has drawn pictures all over the the desk. What did he draw? S: Earth, alien, dog… T: Can he draw pictures on the desk? S: No! T: What did the teacher say to him? T & S: "That's it, Mister! You're staying after school!" T: 老师非常生气，让大卫放学留下来，你们想想老师让大卫留下来做什么呢? What must David do? S: Clean the classroom. **Page 15** T: Maybe you are right. Let's check. David cleans all the desks after school. You are very smart! And then, the teacher said, "David! have you finished it?" Has David finished? S: Yes. T: How do you know? S: The desks are shining. T: The teacher gave David one little golden star and said, "Good job, David!" Does David like the star? Why? S: He likes the star because he is very happy! **Page 16** T: In the end, David goes to home happily. What did the teacher say to him? T & S: "Yes, David…You can go home now."

续表

Whole-Class Activity	The Wrong and Right Chart 所需教具：图表 1 张，贴有磁条的单词卡 24 张	Wrong 1：Be late/tardy for class. Right 1：Come to the class on time. Wrong 2：Make faces in class. Right 2：Sit down in class. Wrong 3：Chew gum in class. Right 3：Don't chew gum in class. Wrong 4：Answer questions without raising hand. Right 4：Raise hand before answering questions. Wrong 5：Keep your hands to others. Right 5：Keep your hands to yourself. Wrong 6：Look outside the window in class. Right 6：Pay attention in class. Wrong 7：Cut in line when waiting for lunch. Right 7：Wait your line. Wrong 8：Quarrel and fight with others. Right 8：Do not fight with others. Wrong 9：Stay outdoors after the bell rings. Right 9：Go back to the classroom quickly when the bell rings. Wrong 10：Make noise in the reading room. Right 10：Keep quiet in the reading room. Wrong 11：Go to the toilet many times for no reason. Right 11：Pay attention to the teacher. Wrong 12：Write or draw on the desk. Right 12：Do not write or draw on the desk.
Group Activity	集体制作 Class Rules 海报 所需教具：彩笔、彩色卡纸	分三组在老师的指导下制作英文海报

绘本 2　*What's the Time, Mr. Wolf*? 老狼，老狼，几点钟？

绘本介绍

这是一本充满童趣的指偶绘本，看看图片上狼先生的装扮，有没有感觉 Mr. Wolf 是个吃货？不过，虽然这是位吃货狼先生，但是他的生活还是井井有条，丰富多彩。比如除了吃，他还会看书、打扫卫生、布置好桌子，等等。绘本以一直吵着肚子饿的狼先生和小狼为主角，描绘了他们一天的生活，书中处处充满了惊喜，每个页面都隐藏着两个时间（传统指针时间和电子数字时间），还有很多和狼相关的故事中的主角，如小红帽、小羊、小猪。故事情节生动有趣，能让小朋友们在角色扮演中培养一定的时间观念，强化他们的情感表达能力。

Picture Book *What's the Time, Mr. Wolf?*

教学设计

Picture Book: *What's the Time, Mr. Wolf?*

Teaching aims:

The students can

Comprehend the story and read the story;

Ask and answer the time by using "What's the time, Mr. wolf? It's … o'clock.";

Know the clock and make a clock by hand;

Raise their sense of time and learn to plan their schedule.

Teaching difficult point: Enable Ss to recognize the clock and raise their sense of time.

Teaching key point: What's the time? It's ______ o'clock.

Teaching tools: Wolf head-wears, PPT, music, picture book, paper clocks, 1 clock made by non-woven cloth, 1 poster

Teaching steps

续表

Greeting (3 mins)	Say hello to the students; Sing *Hello Song*	T：Hello, everyone! Nice to meet you. I'm Mr. Wolf. You can call me Rita. Now let's say hello to each other, OK? Let's say hello to Rita Rita... And she is little wolf, Amber. Let's say hello to Amber, Amber... say hello. T：What is your name? S：Anna. T：Let's say hello to Anna. OK? Let's say hello to Anna, Anna, Anna... say hello.
Lead-in (5 mins)	Ask questions	T：Today, we will learn a story *What's the time, Mr. Wolf*. It's illustrated by Annie Kubler. Look at the cover! What can you see in this picture? S：狼、桌布、刀叉、酒. T：What will Mr. Wolf do? Before reading this picture book, I have some questions for you. What do you do when you wake up?（铃声响起） T：Do you take naps every day?
Read the story (15 mins)	Read the story by action and expression	T：Let's see what does Mr. Wolf do in a day, OK? S：... T：Let's read this book together. **Page 1** T：What can you see in this picture? ...This is Mr. Wolf. It's me. And this one, little wolf, she is little wolf. Look! What's this? S：钟. T：Yes, there are two clocks. What's the time? S：It's 7 o'clock. **Little Wolf**：*What's the time, Mr. Wolf?* **Mr. Wolf**：*It's seven o'clock. Time to get up. I'm so hungry*! What time do you get up? And what will you do after getting up? ...Let's see what will Mr. Wolf do after getting up. **Page 2** **Little Wolf**：*What's the time, Mr. Wolf?* **Mr. Wolf**：*It's eight o'clock. Time for breakfast*! *I'm still hungry*! **Page 3** **Little Wolf**：*What's the time, Mr. Wolf?* **Mr. Wolf**：*It's nine o'clock. Time to brush my sharp, sharp teeth*!

续表

Read the story (15 mins)	Read the story by action and expression	**Page 4** **Little Wolf**: *What's the time, Mr. Wolf?* **Mr. Wolf**: *It's ten o'clock. Time to get dressed! Look at me, I must eat more!* **Page 5** T: Who wants to be Mr. Wolf? And little wolf? **Little Wolf**: *What's the time, Mr. Wolf?* **Mr. Wolf**: *It's eleven o'clock. Time for play! I'll pick you up for lunch. Yum, Yum !* **Page 6** **Little Wolf**: *What's the time, Mr. Wolf?* **Mr. Wolf** : *It's twelve o'clock. Time for lunch! But I'm still very, very hungry!* T: Look! What do they eat? Juice, carrots, hamburger, salad, bread, strawberries... Mr. Wolf eats a lot of food, but he is still very hungry! **Page 7** **Little Wolf**: *What's the time, Mr. Wolf?* **Mr. Wolf**: *It's one o'clock. Time for a nap! Sweet dreams! I must eat more. I want to eat pigs.* **Page 8** **Little Wolf**: *What's the time, Mr. Wolf?* **Mr. Wolf**: *It's two o'clock. Time to read a book! Pigs, I want to eat pigs! It's delicious.* **Page 9** **Little Wolf**: *What's the time, Mr. Wolf?* **Mr. Wolf**: *It's three o'clock. Time to clean the dining-room! It's so dirty. We should clean it.* **Page 10** **Little Wolf**: *What's the time, Mr. Wolf?* **Mr. Wolf** : *It's four o'clock. Time to fetch the table cloth!* **Page 11** **Little Wolf**: *What's the time, Mr. Wolf?* **Mr. Wolf**: *It's five o'clock. Time to set table!* **Page 12** **Little Wolf**: *What's the time, Mr. Wolf?* **Mr. Wolf**: *It's 6 o'clock. It's dinner time! Are you ready?* T: Mr. Wolf and little wolf are hungry at any time!

续表

Read the story (15 mins)	Read the story by action and expression	Guess! Why does Mr wolf feel hungry all the time? And what will they eat at dinner time? … Maybe a hamburger? Maybe a pig? **Page 13** **Mr. Wolf:** *After eating a lot of food, I feel full. It's time to go to bed. Good night!*
Retell the story (5 mins)	Review the story book by using a clock	T: Look, what's this? It's a clock. Let's act this story together, OK? (老狼小狼边唱边做动作，音乐剧形式) *What's the time, Mr. Wolf? It's 7 o'clock. Time to get up. I am so hungry.* *What's the time, Mr. Wolf? It's eight o'clock. Time for breakfast! I'm still hungry!* *What's the time, Mr. Wolf? It's nine o'clock. Time to brush my sharp, sharp teeth!* *What's the time, Mr. Wolf? It's ten o'clock. Time to get dressed! Look at me, I must eat more!* *What's the time, Mr. Wolf? It's eleven o'clock. Time for playschool! I'll pick you up for lunch. Yum, Yum !* *What's the time, Mr. Wolf? It's twelve o'clock. Time for lunch! But I'm still very, very hungry!* *What's the time, Mr. Wolf?* It's one o'clock. Time for a nap! Sweet dreams! What's the time, Mr. Wolf? *It's two o'clock. Time to read a book.* *What's the time, Mr. Wolf? It's three o'clock. Time to clean the dining-room!* *What's the time, Mr. Wolf? It's four o'clock. Time to fetch the table cloth!* *What's the time, Mr. Wolf? It's five o'clock. Time to set the table!* *What's the time, Mr. Wolf? It's dinner time!*
Singing and dancing (4mins)	Sing the story and dance together	T: Everybody, stand up. Let's sing and dance the story together. *What's the time, Mr. Wolf? It's seven o'clock. Time to get up!*
Game (5 mins)	Play a game	T: Do you want to play a game "What's the time, Mr. Wolf?" My assistants will show you how to play this game. Here is the start line. I'm Mr. Wolf. 1, 2, 3, go! Assistant: What's the time, Mr. Wolf? Teacher: It's 3 o'clock. Assistant: One o'clock, two o'clock, three o'clock.

续表

Game **(5 mins)**	Play a game	What's the time, Mr. Wolf? … Teacher: It's dinner time! T: Do you understand this game? Let's play! Team A, kids with the green name cards. Let's go to the start line. Are you ready? …. T: Time is up. Team A can have a rest. Team B, follow me. … (One player is the Wolf and he/she will stand with his/her back to the others about 5 meters away. The others call out, "What's the time Mr. Wolf?" and the Wolf turns to face the others and shouts out a time, eg. 3 o'clock. The others then take 3 steps toward the Wolf. The group will take the same steps toward the Wolf as the amount of hours, eg. 2 o'clock = 2 steps, 6 o'clock = 6 steps, etc. The wolf will then turn his back to the group again for them to yell, "What's the time, Mr. Wolf?" (He turns back to the group only when he answers the time.) When the group gets close to the Wolf, the group yells, "What's the time, Mr. Wolf?" the Wolf will say "DINNER TIME" and run after the group who are running back to the start line, and hopefully catch one of the group who will then be the next Wolf.)
Handwork **(8 mins)**	Make a time-table and clocks	T: What's this? S: It's a clock. T: What's the time? S: It's 7 o'clock. T: What's the time? S: It's 5 o'clock. T: What's the time? S: It's 2 o'clock. T: What's the time? S: It's 4 o'clock. T: Look! Let's make a timetable okay? (拿出海报小钟) What' s the time? S: It's 7 o'clock. T: What do you do at 7 o'clock? (问助教，拿出 3 张卡片) Choose one. Assistant: I get up. T: Time to get up, what's the time? Assistant: It's 7 o'clock. T: Very good. What's the time? (拿出第二个小钟) … T: Do you want to make a clock? Look at the picture. Step 1, you should write numbers from 1 to 12. Step 2, you should put the pointers on the nail, and then your own clock is finished. You have 5 minutes to make your clock.

续表

Say goodbye		The students show their clocks to the class. The teacher can ask them the time. **Little Wolf**: *What's the time, Mr. Wolf?* **Mr. Wolf**: *It's 4 o'clock. Time to say goodbye.* T: Let's sing *Goodbye Song*

绘本 3　*Guess How Much I Love You*《猜猜我有多爱你》

Picture Book: *Guess How Much I Love You*

绘本介绍

Guess How Much I Love You（《猜猜我有多爱你》）这本书描述的是爸爸和孩子之间对爱的表达，讲述了一只栗色小兔子和一只栗色大兔子之间爱的故事。爱，并不是很容易就能被正确表达出来。小兔子想对大兔子说：“猜猜我有多爱你?”然后，他穷尽力气，完成伸开双臂、双腿倒立、奋力跳高等肢体动作，引喻了山路溪流、静谧夜空的深远来表达自己深深的爱，但是，每次都被大兔子以更深沉的爱超过。当然，小兔子也是胜利者，它的天真可爱在这场爱的比拼中同样光彩四射。整本书故事情节很简单，却洋溢着满满的爱意和童趣，通过两只可爱兔子的比拼，将“爱”这个抽象概念变得可度量，非常有趣、深情地描述了亲子之情，带给人无限温馨和遐想——父母对孩子的

爱，永远道不尽。

教学设计

Picture Book：*Guess How Much I Love You*

Teaching aims：

The students can

（1） Comprehend the story and grasp the main idea;

（2） Understand the meaning of some words and sentences, i. e. nutbrown hare, hold on tight to, stretch out arms, reach, tumble upside down, swing up, hop, bounce up and down, as far as the river, over the hills, right up to the moon, etc.;

（3） Express their love to their parents by using some comparison.

Teaching steps

Greeting（3mins）	Ice-breaking game：Say hello one by one	T：Hello, everyone! Let's make a big big circle. Small small circle. Now sit down. Stand up! S：Hello, I am Bella. T：Say hello, Bella. Say hello to everyone.
Lead-in（3mins）	Lead-in	T：First, I will show you a picture. Look! There are 3 people. Guess who this baby is. Yes, it's me, Bella. So this one? Yes, he is my dad. This is my mom. I love them very much. Do you love your mom or dad? How much do you love your parents? This much?（展示葡萄图片）No, I love my parents this much（展示西瓜图片）I love them this much, this much.（伸开双手，边说边伸展越开） T：Very good. We know that you all love your parents very much. How do you love your parents? S：I help my mom clean the room. T：And you? S：… T：You are wonderful.
Read the story（20 mins）	Play the video and read the story	T：We all know that sometimes we love someone very very much, we want to find a way to express our love. Today we're going to learn more about how we express love to our parents through the story of two hares. Everybody look at this title. What's the name of the story? Can you read it? Have you read this book? T：It was written by Sam McBratney and illustrated by Anita Jeram. T：Look at these two animals. What color are these 2 animals? S：Brown. T：Look at their ears, they are so long. Can you guess what kind of animals they are? S：Rabbits.

续表

		T：（展示野兔子的图片）This is a hare. It is different from rabbit. The color of this hare is nutbrown. It has long ears. T：（此时展示两只家兔的图片）Look, these are rabbits. What color are they? S：White and black. T：Look at their ears. They are short. Rabbits have short ears. The color of rabbits are white and black. T：Look here. There are 2 hares. Can you guess which one is dad hare? This one? Yes. This big one is dad hare. His name is big nutbrown hare. Let's say hello to him. （"Hello, big nutbrown hare!"）This little one is baby hare. His name is little nutbrown hare. Let's say hello to him. What is little nutbrown hare doing? S：He is holding big nutbrown hare's ears. T：Maybe he's going to wisper to the big nutbrown hare. Let's see what he will say to dad. Please watch the video. T：（看完后问问题）What is this story about? What did they do?
Read the story (20 mins)	Play the video and read the story	**Page 1** T：Look, who is he? S：Big nutbrown hare. T：Where's the little hare? S：Here. Here is the little nutbrown hare. T：Great.（指着窝）What's this? S：它们的家，它们的窝. T：Yes. This is a bed. Little nutbrown hare who was going to bed, held on tight to big nutbrown hare's very long ears. Will they go to sleep? Can you guess what will happen next? S：Yes. /No, … **Page 2-3** T：Look at this picture. What is little nutbrown hare doing? S：小兔子抓住大兔子的耳朵，跟他说话. T：Very good. He wanted to be sure that big nutbrown hare was listening. "Guess how much I love you," he said. Big nutbrown hare said, "Oh, I don't think I could guess that." **Page 4-5** T：Look, what is little nutbrown hare doing? S：他伸开手，想抱爸爸. T：Very good. Little nutbrown hare is stretching out his arms.

续表

Read the story (20 mins)	Play the video and read the story	"I love you this much," said little nutbrown hare, stretching out his arms as wide as they could go. Big nutbrown hare had even longer arms. "But I love you this much," big nutbrown hare said. "Hmm, that is a lot," thought little nutbrown hare. **Page 5-6** T: Look! What is little nutbrown hare doing? S: 他站起来了. T: He is raising his arms. "I love you as high as I can reach," said little nutbrown hare. Big nutbrown hare said, "I love you as high as I can reach." "That is quite high," thought little nutbrown hare. "I wish I had arms like that." **Page 7-8** T: Look, What is baby hare doing? S: 倒立. T: Great! He is tumbling upside down. Then little nutbrown hare had a good idea. He tumbled upside down and reached up the tree trunk with his feet. "I love you all the way up to my toes," he said. Can you guess what big nutbrown hare will say to little nutbrown hare? T: Wow! What is big nutbrown hare doing? T: He is swinging little nutbrown hare up. "And I love you all the way up to your toes," said big nutbrown hare, swinging him up over his head. **Page 9-10** T: Look, what is little nutbrown hare doing? S: He is jumping. T: Yes, he is bouncing up and down. "I love you as high as I can hop." So what will big nutbrown hare say? T: Look! Where is big nutbrown hare? He is on a tree. Big nutbrown hare smiled. "But I love you as high as I can hop," he hopped so high that his ears touched the branches above. T: How does the little nutbrown hare feel at the moment? He is shocked. "That's good hopping!" thought little nutbrown hare, "I wish I could hop like that." **Page 11-12** T: Look, what is this? Trees, lane, river! The river is so far, and the hills. Little nutbrown hare cried, "I love you all the way down the lane as far as the river."

续表

Read the story (20 mins)	Play the video and read the story	Big nutbrown hare says, "I love you across the river and over the hills." "That's very far," thought little nutbrown hare. He was almost too sleepy to think any more. **Page 13-14** T: Look here! What is this? Moon. Then little nutbrown hare looked beyond the thorn bushes, out into the big dark night. Nothing could be further than the sky. "I love you right up to the moon," he said and closed his eyes. "Oh, that's far!" said big nutbrown hare. "That is very, very far." Big nutbrown hare settled little nutbrown hare into his bed of leaves. He leaned over and kissed him good night. Then he lay down close by and whispered with a smile. "I love you right up to the moon—and back." T:(绘本讲解结束，问小朋友问题) Do you remember how many ways are used in this story to express love? What did they do to express their love to each other? Let's review the six ways.(主讲站起来表演，边复习边表演) T: From this story we learn many ways to show our love to dad. What else can we learn from this story? No matter where we are and how old we are, mom and dad will always love us. Their love for us is immeasurable.(重要单词呈现在绘本解读中)
Demonstration (10 mins)	Act the story in pairs	学生两人一组，一组扮演一个情节，带头套，或者拿卡片表演，边说边演。表演完评最佳表演组、最佳发音组、最佳搭档组 (Best performance, Best Pronunciation, Best partnership) T: It' s time to act the story. I will divide you into 8 pairs. One is little nutbrown hare. The other one is big nutbrown hare. You should act and say. We have gifts for the best performance, the best pronunciation, the best partnership. Let's draw the number. You have 5 minutes to prepare.
Handwork	Make a Father's Day card	1. A: Guess how much I love you? I love you this much. B: But I love you this much. 2. A: Guess how much I love you? I love you as high as I can reach. B: I love you as high as I can reach. 3. A: Guess how much I love you? I love you all the way up to my toes. B: I love you all the way up to your toes. 4. A: Guess how much I love you? I love you as high as I can hop. B: But I love you as high as I can hop. 5. A: Guess how much I love you? I love you all the way down the lane as far as the river.

续表

		B：I love you across the river and over the hills. 6. A. Guess how much I love you? I love you right up to the moon. B：I love you right up to the moon and back.
Handwork	Make a Father's Day card	T：Let's make a mini book for our dad. Look, this is my mini book. Look at the cover "Happy Father's Day!" Open it! On this page, I drew my father's picture. And on the other pages I wrote down something I want to say to my dad. Let me tell you how to make a mini book. Everybody can get a piece of paper. Look here. Firstly, we fold it and fold it. Using scissor to cut it from this way to this line. Very good. Everybody has finished. Let's go to different places to make your mini books. You have 10 minutes to prepare. Go! (助教带小朋友去不同的地方做贺卡，每个助教负责自己的学生，分为3组，每组5人，做完了向其他小朋友展示自己的贺卡。贺卡上要用自己的画和语言表达对父母的爱。做完后回来轮流展示自己的贺卡。)

附录二　经典英文童话剧教学设计

经典童话剧一　丑小鸭　*The Ugly Duckling*

Reader's Theater：*Ugly Duckling*

活动主题：

1. 安徒生童话《丑小鸭》英文版 *The Ugly Duckling*。

2. 让小朋友们能够了解故事情节，理解故事所传达的道理，认识到不能以貌取人；能够在助教老师的帮助下以读者剧场的形式表演出故事。

活动对象：6~8 岁有一定英文基础的儿童

活动教材：Primary Reader's Level 1 *The Ugly Duckling*，M M Publication

Reader's Theater 1：*The Ugly Duckling*

Ⅰ. Teaching aims

The students can

(1) Comprehend the story and read the story out;
(2) Express and show the story out with the prepared script.
(3) Learn the main expressions in this story:
A. You're ugly.
B. Ugly duckling.
C. I'm not ugly.
D. The main words in the story: duck, duckling, ugly, beautiful...
(4) Be able to show the story out with the help of the teachers.

Ⅱ. Teaching steps

Greeting and lead-in (5 mins)	Ice-break, then say hello to the students	T: (Clap hands loudly) Pay attention! Everybody, stand up, sit down, stand up, sit down, wow, good performance. Now sing together! "If you're happy, happy, happy, clap your hands. If you're happy, happy, happy, clap your hands. If you're happy, happy, happy, clap your hands, clap your hands. If you're happy, happy, happy, clap your hands. If you're angry, angry, angry, stomp your feet. If you're angry, angry, angry, stomp your feet, stomp your feet. If you're angry, angry, angry, stomp your feet. If you're scared, scared, scared, say oh no. If you're scared, scared, scared, say oh no. If you' re scared, scared, scared, say oh no, say oh no. If you' re scared, scared, scared, say oh no. If you're sleepy, sleepy, sleepy, take a nap. If you're sleepy, sleepy, sleepy, take a nap. If you're sleepy, sleepy, sleepy, take a nap, take a nap. If you' re sleepy, sleepy, sleepy, take a nap. If you' re happy, happy, happy, clap your hands. If you're happy, happy, happy, clap, clap your hands. If you're happy, happy, happy, clap your hands. If you're happy, happy, happy, clap your hands." Wow, good performance. T: Are you happy today? Yes, you are happy. But, look, there is an animal. He is unhappy, he is so sad. Who is he? A duck or duckling? Look here, the duck is yellow and the duckling is grey. What's the color of the duck? Cool, do you know his name? Why is he so sad? What happened to him? Today, I will tell you a story about this little duckling. The story is written by a very famous fairy tale writer. Do you know his name? 你们知道这个故事的作者是谁吗? Yes, it's written by a Danish writer, Hans Christian Andersen. Could you name more stories written by Andersen? 安徒生还写过哪些童话故事呢? Who can tell me? Super.

续表

Greeting and lead-in (**5 mins**)	Ice-break, then say hello to the students	(《海的女儿》*The Little Sea Maid*,《皇帝的新装》*The Emperor*,《卖火柴的小女孩》*The Little Match Girl*, 《最后的一天》*On the Last Day*,《野天鹅》*The Wild Swans*...) T: Do you want to know what happened to the ugly duckling? Yes, do you want to watch a show? If you are ready, please stand up. If you are ready, please clap your hands. If you are ready, please jump up high. If you are ready, please sit down and be quiet. It's time for us to watch a show.
Story telling through acting (**20 mins**)	Act the story by the teaching assistants	Once upon a time, there was a duckling and he was so sad because he was called "ugly duckling". Let's find out what happened to him. **PART 1** Lights come up and Mother Duck is seen walking from upstage left (near the background with the painted pond) to center stage, followed by her chicks. There is a big white egg (with the student-duckling sitting behind it) near center stage left. The ugly duckling slowly comes out from behind the egg, as the chicks look on. **Narrator**: It's a beautiful day. Mother Duck is in the pond. **Mother Duck**: Are you out, children? **Ducklings**: Quack quack! **Narrator**: But look at that egg! It's very big. **Ugly duckling**: QUACK! **Duckling 1**: Look at him! Ha, ha! **Duckling 2**: Ew! He's ugly! **Mother Duck**: No, he isn't. He's beautiful. All my children are beautiful. The animals point their fingers at the ugly duckling and laugh at him. **Narrator**: The animals don't like the ugly duckling. **Hen**: Go away! Go away, you're ugly! **Frog**: Ugly duckling! **Duckling**: Ugly duckling! The ugly duckling slowly exits upstage right, looking distressed. **Narrator**: The ugly ducking is very sad. He cries. **Ugly Duckling**: Oh, I'm so ugly! All the animals hate me! **PART 2** The lights come up as the ugly duckling is walking from upstage right to center stage. Two wild ducks are sitting upstage left, near the background with the pond.

续表

Story telling through acting (20 mins)	Act the story by the teaching assistants	**Narrator:** The ugly duckling goes away. He sees two wild ducks. **Ugly duckling:** Can I come with you? **Wild duck 1:** You're so ugly! **Wild duck 2:** He's ugly, but that's OK. He can come with us. **Narrator:** But…Oh no! There's danger! **The dog:** Woof-woof! **Wild ducks:** Oh, no! Hunters with guns and dogs! Run, ugly duckling. **Narrator:** The ugly duckling is afraid. **The dog:** Woof-woof! **Ugly duckling:** Oh, no! Go away! **Narrator:** The dog goes away and the ugly duckling runs… **Ugly duckling:** Oh, a house! I can be safe there. **PART 3** The lights come up, and the background has changed once again. The interior of a house backdrop has been put in place, with a chair and a table. The ugly duckling enters, upstage left, and walks to the table and chair. **Narrator:** But a cat is in the house. And it's very hungry. **Cat:** Yummy! Duck for lunch. **Ugly duckling:** Help! **Narrator:** The ugly duckling runs fast. He finds a pond. **Ugly duckling:** This is a beautiful pond! I can swim here! I'm so happy! **Narrator:** It's winter now. There's ice and snow. **Ugly duckling:** Brr.. I'm so cold! **Narrator:** A farmer comes. **Farmer:** Poor duckling! Let's go home, it's warm there. **PART 4** The lights come up, and the ugly duckling enters, upstage left, followed, by the farmer's wife, who is chasing him with a broom. **Narrator:** The farmer's wife is angry. She doesn't want the ugly duckling. **Farmer's wife:** You're ugly! Shoo, ugly duckling, go away now! **Narrator:** The ugly duckling hides in the bushes. He's very sad, he cries loudly. **Ugly duckling:** Boo-hoo! I'm so ugly! **Narrator:** It's spring now. Three beautiful birds are in the pond. **Swan 1:** Hey, you! Don't be shy! Come out of the bushes. **Swan 2:** Yes, we can swim and fly together, brother!

续表

Story telling through acting (20 mins)	Act the story by the teaching assistants	**Ugly duckling:** Brother? But I am an ugly duckling and you are beautiful swans. **Swan 1:** No, you are one of us, look in the water! **Ugly duckling:** Oh, yes. I'm not ugly! I'm a beautiful swan! I'm so happy. T: Do you like the story? I guess you like it. Do you want to read the story with me? Are you ready? T: If you are ready, please stand up. If you are ready, please clap your hands. If you are ready, please jump up high. If you are ready, please sit down and be quiet. Look at this page, who is she? What does she say? Yes, she says, "Are you out, children?" Follow me, read this sentence together, "Are you out, children?" What can you see in this picture? We can see many ducklings. What color are they? Yes, most of them are yellow, but he is grey. Guess, what will happen to him? Yes, you are right. He is different from others and he is ugly. So others say, "He's ugly. " Follow me! Read this sentence together, "He's ugly." Look at this page, what are they doing? Yes, they are talking to the ugly duckling. What do they say? They say, "Go away, ugly duckling." So follow me, "Go away, ugly duckling." How does the ugly duckling feel? Happy or sad? Yes, he is sad. Look, he is crying, "I'm ugly. All the animals hate me." Any volunteers? Hands up. He is so sad, do you want to know what he will do? Let's find out together, be quiet. The ugly duckling is so lonely and he wants to find some friends. Does the ugly duckling find his friend in this page? Yes, he finds 2 wild ducks. What does he say to the wild ducks? He says, "Can I come with you?" How do the wild ducks answer him? One of the wild duck says, "You're ugly!" But the other says, "He's ugly, but that's OK. He can come with us." Is this wild duck kind or not? Let's read together. Can I come with you? You're ugly. He's ugly, but that's OK. He can come with us. Good job. What can you see in this picture? 2 dogs and 2 hunters. What's this? Yeah, it's a gun. Is it safe or not? Yes, it's not safe. What does the wild duck say? He says, "Run, ugly duckling." Read out together, "Run, ugly duckling." What is he doing? Yes, he is hiding in the bushes. Why does he hide in the bushes? Is he afraid? Yes, he is afraid. What does he think? He wants the dog go away— "Oh, no, go away." Read it together, "Oh, no, go away." Where is the ugly duckling? What can you see? A house, maybe he will live in the house.

续表

Story telling through acting (20 mins)	Act the story by the teaching assistants	What can you see? Yes, he sees a cat. How does the cat feel? He is hungry and he wants to eat the ugly duckling. So the cat says, "Yummy! Duck for lunch." The ugly duckling runs fast. He finds a pond. Is this pond beautiful? What does the ugly duckling want to do? He wants to swim in the pond. I can swim here! I'm so happy! Follow. What season is it? Yes, it's winter. How does he feel? He feels cold— "Brr... I'm so cold." Any volunteers? Who is he? Yes, he is a farmer. Is he kind? Listen. Look, who is she? How does she feel? She is the farmer's wife, and she is angry. Why does she feels angry? Because she doesn't want the ugly duckling. What does she say? She says, "You're ugly! Ugly duckling, go away!" How does the ugly duckling feel? He feels sad, so he hides in the bushes and cries loudly, "I'm so ugly!" Read together: "I'm so ugly!" Look, what season is it? What can you see from this picture? There are three birds. Are they beautiful or ugly? Yes, they are beautiful. What do they say to the ugly duckling? "Don't be shy! Come out of the bushes. We can swim and fly together, brother!" OK, read together. Good job! How does the ugly duckling feel? Yes, he may feel surprised. "Brother? But I'm an ugly duckling and you are beautiful swans." One swan says, "No, you are one of us! Look in the water." What will he do? He looks in the water and says, "I'm not ugly. I'm a beautiful swan. I'm so happy." So I have one question, how does the ugly duckling know that he has become a beautiful swan? Let's read together. "Brother? But I'm an ugly duckling and you are beautiful swans. No, you are one of us! Look in the water." "I'm not ugly, I'm a beautiful swan. I'm so happy." OK, do you like the story? What do you learn from the story? You can speak in English or Chinese. Any volunteers? Yes, cool, we can not judge others from their appearance. And we need to be confident. Very good.
Show time (30 mins)	Reader's Theater in 4 episodes	Are you happy today? Are you ready to act the story in the form of reader's theater? Look, I have some numbers and you have to choose one. OK, tell me your number from one to four. Number one come here, number two follow this teacher, number three here, number four there. And every one can get one script, practice by yourself and then show the story out. If you have any questions, please hands up. OK, time is up. Stand up. Please sit in the right place. Team one, it's you turn. Stand up. Others should be quiet and listen carefully... All of you did a good job.

续表

Dance together (5 mins)	Play the song: *It's a beautiful day* and dance together	Boys and girls, all of you did a good job. Now make a circle and dance together, OK?
Class is over: sing a goodbye song and take a photo together (5 mins)	Class is over, sing the goodbye song and take a photo together	Class is over, it's time to say goodbye. Let's sing a goodbye song together. OK, we can take a photo together. Please stay in two lines. Are you ready? Time is up, goodbye. You can tell this story to your parents.

Script of Reader's Theater: The Ugly Duckling

PART 1

Narrator: It's a beautiful day. Mother Duck is in the pond.
Mother Duck: Are you out, children?
Ducklings: Quack quack!
Narrator: But look at that egg! It's big.
Ugly duckling: QUACK!
Duckling 1: Look at him! Ha, ha!
Duckling 2: He's ugly!
Mother Duck: No, he isn't. He's beautiful. All my children are beautiful.
Narrator: The animals don't like the ugly duckling.
Hen: Go away! Go away, you're ugly!
Frog: Ugly duckling!
Duckling: Ugly duckling!
Narrator: The ugly ducking is sad. He cries.
Ugly Duckling: Oh, I'm so ugly! All the animals hate me!

PART 2

Narrator: The ugly duckling goes away. He sees two wild ducks.
Ugly duckling: Can I come with you?
Wild duck 1: You're so ugly!
Wild duck 2: He's ugly, but that's OK. He can come with us.
Narrator: But...Oh no! There's danger!

Dogs: Woof-woof!
Wild duck 2: Oh, no! Hunters with guns and dogs! Run, ugly duckling.
Narrator: The ugly duckling is afraid.
The dog: Woof-woof!
Ugly duckling: Oh, no! Go away!
Narrator: The dog goes away and the ugly duckling runs...
Ugly duckling: Oh, a house! I can be safe there.

PART 3

Narrator: But a cat is in the house. And it's very hungry.
Cat: Yummy! Duck for lunch.
Ugly duckling: Help!
Narrator: The ugly duckling runs fast. He finds a pond.
Ugly duckling: I can swim here! I'm so happy!
Narrator: It's winter now. There's ice and snow.
Ugly duckling: I'm so cold!
Narrator: A farmer comes.
Farmer: Poor duckling! Let's go home, it's warm there.

PART 4

Narrator: The farmer's wife is angry. She doesn't want the ugly duckling.
Farmer's wife: You're ugly! Ugly duckling, go away!
Narrator: The ugly duckling hides in the bushes. He's very sad, he cries loudly.
Ugly duckling: Boo-hoo! I'm so ugly!
Narrator: It's spring now. Three beautiful birds are in the pond.
Swan 1: Hey, you! Don't be shy! Come out of the bushes.
Swan 2: Yes, we can swim and fly together, brother!
Ugly duckling: Brother? But I am an ugly duckling and you are beautiful swans.
Swan 1: No, you are one of us, look in the water!
Ugly duckling: Oh, yes. I'm not ugly! I'm a beautiful swan! I'm so happy.

经典童话剧二　《青蛙王子》*The Princess and the Frog*

活动主题：

1. 品读格林童话《青蛙王子》英文版 *The Princess and the Frog*。

2. 让小朋友们能够了解故事情节，理解故事所传达的道理，认识到做人要诚实守信。能够在助教老师的帮助下以读者剧场的形式表演出故事。

活动对象：6~8 岁有一定英文基础的儿童

Reader's Theater: *The Princess and the Frog*

活动教材: Primary Readers Level 1 *The Princess and the Frog*, M M Publication

Reader's Theater 2: *The Princess and the Frog*

Teaching aims:

The students can

(1) Comprehend the story and read the story out;

(2) Express and show the story out with the prepared script;

(3) Show the story out with the help of the teachers;

(4) Know the importance of keeping promise.

Teaching steps

Greeting and warm-up (10 mins)	Say hello to the students	T: Everyone come here and make a circle. Listen to me carefully. Clap your hands as quickly as you can. Stamp your feet as slowly as you can. Touch your shoulders as quickly as you can. Touch you face as slowly as you can. Okay, everybody sit down please. Hello, everyone, welcome to dream theater. I'm your English teacher Crystal. Nice to meet you. Let's play game. Everyone come here and make a circle. I'll play music. When the music stop, you should stop too. Then I will say some sentences. You should make an action. Do you understand? Now, Let's go. Now, we are family. Now, we are doing sports. Now, we are animals. Now, we are at home and do housework. Everyone did a good job. Now everybody go back to your seat.

续表

Lead-in (1 min)	Introduce today's story: *The Princess and the Frog*	T: Look at the picture. What can you see in the picture? S: Frog, princess! T: Yes, very good. Today we will learn an interesting story *The Princess and the Frog*. Do you want to know what happened to the frog and the princess? S: Yes! T: Very good. Let's find it together.
Read the story together (25 mins)	Show the story out with simple sentences. Let students observe the expressions of characters, imitate the action of the characters and read out some key sentences with emotion	T: Look, who are they? S: Cat, dog! T: Who is she? S: Princess. T: What is she doing? S: She is playing the ball. T: It's interesting. Right? S: Yes. T: Wow, the princess has a gold ball. It's beautiful. What's this? It's a well. What happened? S: The ball is missing. T: Do you know where is the ball? S: It's in a well. T: The ball falls into a well. T: What is the princess doing? The princess is looking for her ball. T: The princess can't find her ball. Right? T: How does she feel? (She is very sad.) The princess can't find her ball. So she cries. T: Look, who's coming? S: Frog. T: Yes. A frog jumps out of the well. What does the frog say? Listen. "Don't cry, princess. I can help you." T: How? Let's continue our study. T: What does the frog say? Listen. The princess says, "Okay. I promise. Now find the ball." The frog says, "Here is your ball, princess!" T: Is she happy? S: Yes! T: She is very happy. She is smiling. T: Look! What is this? S: It's a palace. T: What is the princess doing? S: She is running.

续表

Read the story together (25 mins)	Show the story out with simple sentences. Let students observe the expressions of characters, imitate the action of the characters and read out some key sentences with emotion	T：Where is the princess running to? S：She is running to the palace. T：The princess takes the ball and runs to the palace. T：What is the frog doing? S：He is jumping. T：What does he say? S：Wait princess! Wait for me! T：But the princess runs away. Do you think the princess will wait for the frog? S：No! T：Where is the frog? S：The frog is outside the door. T：The frog comes to the palace. He says, "Princess, princess, open the door!" T：Is the princess happy? S：No. T：She is angry and says, "No, go away." Do you think the princess will open the door? S：No. /Yes. T：Maybe you are right. Who is coming? S：The king and queen come into the room. T：What does the king say? Listen, "Who's there princess?" T：The princess says, "It's only a frog. He wants to be my friend." T：The queen says, "Open the door, then." T：The frog comes into the room and tells his story. T：Look at the king's face. Is he happy? S：No! T：But he is very serious. Right? He says, "Keep your promise, princess." The queen says, "Yes, take the frog with you and let's have dinner." T：What are they doing? S：They are eating. T：Where is the frog? S：The frog is on the table. T：The frog sits next to the princess. How does the frog feel? S：He is happy. He is smiling. T：Is the princess happy or angry? S：She is angry. T：Why is the princess so angry?

续表

Read the story together (25 mins)	Show the story out with simple sentences. Let students observe the expressions of characters, imitate the action of the characters and read out some key sentences with emotion	S：She doesn't like the frog. T：The food is on the table. The frog is very hungry. He eats with princess. Yummy. But the princess doesn't like the frog, so she says "Yuk". T：Where is the frog? S：He is in the glass. T：He is very thirsty. So he drinks from the princess' s glass. How does he feel now? S：He feels tired. T：He feels tired. He wants to go to sleep. The princess doesn't like the frog. So she says, "Oh, no!" T：What does the king say? Listen. T：Where are they? S：They are in bed. T：What is the frog doing? S：He is crying. T：Why is he crying? S：Because the princess doesn't like him. T：What does he say? "I'm ugly and you don't like me. I'm so sad." The princess is sad, too. She says, "Please, don't cry, frog." She closes her eyes and kisses the frog. The princess opens her eyes. Oh, what happened? Who is he? S：Prince! T：Where is the frog? S：… T：What does the prince say? Listen. Do you know how the princess turned into a frog? S：Magic, witch… T：Yes, a witch came here and say, "Abracadabra. You are a frog now." But now he is a prince again. Right? S：Yes. T：The prince says, "I love you, princess." Do you know what the princess says? S：I love you too! T：The princess says, "I love you, too." Look. There is a big wedding. A beautiful princess and a handsome prince get married. Do you like the story? S：Yes. T：Let's review the story.

续表

Handwork (10 mins)	Divide the students into four groups	Do you like the story? Do you like the frog? Now, let's do the handwork. Each person will get a piece of paper and make a paper frog. I will show you how to make the paper frog. After you finish the frog, you should show your frog to the whole class and introduce it in English.
Watch the drama acted by the teacher and the teaching assistants (10 mins)	In this section, all the assistants have to cooperate with each other and act the story out	Today, we learned a story about the princess and the frog. And we made our own frog. Now, let's watch a drama.
Reader's theater (30 mins)	1. Show the story out in Reader's theater. 2. Adapt the story into the reader's theater in 4 scenes. 3. Divide the students into four groups by choosing sticks in the box. Every group will act one scene. Two assistants help one group to read the scrip. 4. Every group show the story out.	Do you like the drama? It's your turn to the show. Are you ready? Now come here get your number. If you get the number 1, you are in group 1. If you get the number 2. you are in group 2. If you get the number 3, you are in group 3. If you get the number 4, you are in group 4. Group 1 come here and make a line. … Are you ready to play the show? Welcome Group 1… Welcome Group 2… Welcome Group 3… Welcome Group 4… … I like your performance. You all did a good job.
Ending (5 mins)	Sing and dance together: *The Frog song*	T: I think everyone did a good job! Now, let's sing and dance together! …. Goodbye everyone!

Script of the Reader's Theater: *The Princess and the Frog*

ACT 1

Narrator: One sunny day, in the palace garden...

Cat: Oh, look, it's the princess.

Dog: She has a golden ball. It's beautiful!

Narrator: But the ball falls into the well.

Princess: Oh, no! Where is my golden ball?

Dog: Look, princess, there it is.

Cat: It's in the well.

Narrator: The princess is very sad. She cries. A frog jumps out of the well.

Frog: Don't cry, princess. I can help you.

Princess: How?

ACT 2

Frog: I want to come to the palace with you. I want to play with you.

Princess: OK. Now find my golden ball.

Narrator 1: The frog jumps into the well.

Frog: Here's your ball, princess.

Princess: Oh, I'm so happy!

Narrator 2: The princess takes the ball and runs to the palace.

Frog: Wait, princess! Wait for me!

Narrator 1: But the princess runs away.

ACT 3

Narrator: The next day, the frog comes to the palace.

Frog: Princess, princess, open the door!

Princess: No! Go away.

King: Who's there, princess?

Princess: Oh, it's only the frog. He wants to be my friend.

Queen: Open the door, princess.

Narrator: The frog tells his story.

King: Keep your promise, princess.

Queen: Yes, take the frog with you and let's have dinner.

Narrator: The food is on the table. He eats with the princess.

Frog: Yummy!

Princess: Yuk!

ACT 4

Frog: I am very tired now. Let's go to sleep.

Princess: Oh, no!

King: Princess, keep your promise. Take him to your room.

Princess: I don't like you, frog.

Frog: Boo - hoo - hoo !

Princess: What's the matter?

Frog: I'm ugly and you don't like me. I'm so sad!

Princess: Please, don't cry, frog.

Narrator: The princess kisses the frog.

Narrator: The princess opens her eyes and sees a prince!

Princess: Who are you? Where is the frog?

Prince: I am not a frog, I'm a prince.

Narrator: The prince tells his sad story.

Witch: Abracadabra... You're a frog now!

Prince: But now I'm a prince again. And I love you.

Princess: I love you, too.

Narrator: After the princess kisses the frog, the frog turns into a prince and they get married.

附录三　自然拼读教案——以 Go Go Phonics 为例

Phonics Level 1　Letter Sounds ABC

Teaching aims: 1. Students can know the letter name and the sound of A, B, C.
2. Students can distinguish the difference between letter name and letter sound.
3. Students can master 9 new words.
4. Students are able to use the phrase "on the".
5. Students are able to recite the whole story.

Teaching tools: Apples, bags, cups, cards, white board, toys, songs, PPT and props

Teaching steps

Greeting	Say hello one by one (5 mins)	T: Hello everyone, nice to meet you. I am your new teacher. My name is Flame. Say hello to me, okay? You should say "Hello Flame!" S: Hello Flame. T: Thank you. Now let's say hello to everyone! Hello Anna! Say hello to Anna, Anna, Anna! Say hello to Anna! Say hello!
Warming up	Review *ABC Song* and let students dance together (5 mins)	T: Now, do you still remember *ABC Song*? ABCDEFG … S: (Sing.) T: Yes, let's sing together, OK? Everybody, stand up. Come here and make a circle. T: Go back to your seats! Go back to your seats! Who can be the first one? T: ××× is the first one.
Main course	Review the class rules (3 mins)	T: Here are our class rules. First, looking eyes. T: Look at me. Yes, When I say "one two three, eyes on me", you should say "one two, eyes on you". Very good. One two three, eyes on me. S: One two, eyes on you. T: Great. Second, listening ears. Always listen to me carefully, OK? Third, quiet mouth. Do not talk in class. Fourth, helping hands. Remember to put up your hands before you do anything, OK? Finally, walking feet. Can you jump? No, you can't. Can you run? No, you can't. You can just walk. OK, let's review. First, looking eyes. Second, listening ears. Third, quiet mouth. Fourth, helping hands. And last one, walking feet. Yes, very good.

续表

Main course	Step 1 Listen and chant. Play the video. At the same time, the teacher does TPR to show the letter. Teach the sound of letter A with TPR (5 mins)	T: Today, we are going to learn the sounds of letters. Let's watch a video "*Old MacDonald Had a Farm*" first. What's this? Yes, it's a Pig. And what's the sound of pigs? "Oink...Oink...Oink...." Great, this is the sound of pig. Look, what's this? Yes, it's a cow. And what's the sound of cows? "Moo...Moo...Moo...." Excellent! This is the sound of cows. Next, what is this? It's a duck. And what's the sound of ducks? "Quake...Quake...Quake...." Super! This is the sound of ducks. So, each animal has not only a name but also its own sound. T: Today we will learn the sounds of some letters. Now, look at the screen! Let's listen to the chant, please listen carefully. OK, look, what's this letter? It's letter A. What is the sound of letter A? A says [æ], [æ] [æ] [æ], [æ] [æ] apple. Show me your fingers. When I say finger finger, you say here here, okay? Finger, finger. S: Here here. T: Put three fingers in front of your mouth. T: Very good. Say [æ] [æ] [æ]. [æ] [æ] apple. Now, if I say [æ] [æ] [æ] (in a loud voice), you should say [æ] [æ] [æ] (in a low voice). If I say [æ] [æ] [æ] (in a low voice), you should say [æ] [æ] [æ] (in a loud voice). Let my assistant show you how to play it. OK, let's play. [æ] [æ] [æ] (in a loud voice), [æ] [æ] [æ] (in a low voice). Very good. What is this letter? It's letter A. What is the sound of letter A? A says [æ] [æ] [æ].
	Step 2 Continue to play the hybrid CD. Teach the sound of letter B with TPR (5 mins)	T: Now, let's continue. What's this letter? S: B. T: Yes, it's letter B. What is the sound of letter B? B says [b], [b] [b] [b], [b] [b] baby. Very good. What is this letter? It's letter B. What is the sound of letter B? B says [b]. [b] [b] [b], [b] [b] baby. Now listen and point. Listen to me carefully, point at the right letter and say the sound. Are you ready? Let's go!

续表

	Step 3 Play the video, teach the letter C. Check their pronunciation. After that, review ABC with TPR, let students do all the actions with teacher (5 mins)	T: What is this letter? It's letter C. What is the sound of letter C? C says [c]. [c] [c] [c], [c] [c] cat. [c] [c] [c] (in a low voice). When I say [c] [c] [c] (in a low voice), you should say [c] [c] [c] (in a loud voice). T: Come here. Do with me. What's this letter? Good, it's letter A. So what is the sound of letter A? A says [æ]. Yes, A says [æ]. [æ] [æ] apple. What's this letter? It's letter B. What is the sound of letter B? B says [b], [b] [b] baby. Excellent! The last one, what's this letter? It's letter C. What is the sound of letter C? C says [c]. [c] [c] cat. Wow, very good. sit down, please. 用 TPR 演示字母名和字母声
	Break: 10 mins. Play one or two songs which students can dance with.	
Main course	Step 4 Review the sound of the letters. Do the actions (5 mins)	T: OK, time is up. Go back to your seats. One two. When I say one two, you should sit down quickly and do like this, okay? One two! Great! T: Very good. What's this letter? Good, it's letter A. So what is the sound of letter A? S: A says [æ]. T: Yes, A says [æ], [æ] [æ] apple. What's this letter? It's letter B. What is the sound of letter B? B says [b] [b] [b] baby. Excellent! The last one, what's this letter? It's letter C. What is the sound of letter C? C says [c]. [c] [c] cat. Wow, very good!
	Step 5 Play the video of the new words. Teach the new words, apple alligator and ant. Do the actions about the words. Use opposite tune and speed change to practice (5 mins)	T: Now let's learn some new words. What's this? Yes, it's an apple, an delicious apple. Read after me, apple, apple [æ] [æ] apple. Apple (in a low voice), yes very good, apple (in aloud voice). OK, next one, what's this? Yes, it's an alligator alligator. [æ] [æ] alligator. Now, if I say alligator (very fast), you should say alligator (very slow) and if I say alligator (very slow), you should say alligator (very fast). Let my assistant show how to play it. OK, let's play. Alligator (very slow), alligator (very fast). OK, what is this? It's an ant. [æ] [æ] ant. Read after me, ant, ant.)

续表

Main course	Step 6 Continue to play the video, teach the words of B part. (5 mins)	T: OK, let's continue. What's this? It's a baby. Baby (in a low voice). S: Baby (in a loud voice). T: Very good. What is this? It's a bag. [b] [b] bag. T: What's this? It's a bed. [b] [b] bed.
	Step 7 Continue to play the video, teach the words of C part. Use opposite tune and speed change to practice. (5 mins)	T: OK, let's continue. What's this? It's a cat. [c] [c] cat. T: OK, next one. What's this? It's a cup. [c] [c] cup. Cup (in a low voice). When I say cup, you should say cup, right? Cup (in a loud voice), cup (in a low voice), alligator (in a loud voice), alligator (in a low voice) T: What's this? It's a car, [c] [c] car.
	Step 8 Review all the words. Play a game "Little Train". After that, review all the words with the cards. (10 mins)	T: Now, let's play a game. Do you want to play a game? Say it loudly, say yes! OK, let's play a game. It's named "Little Train". How to play this game? First, let's stand in a line. When I ask "What's this?", the first student should say the word and then go to the end of line. After that, I will ask the second student until all of you are asked. If a student cannot say the word, he/she has to get off the train. The students who are on the train will get a sticker. Okay? Well done! Let's go ! … Now, let's come to the next part. Story Time!
	Step 9 Consolidate the sounds and words in a story. And let students come to the white board to practice one by one. (20 mins)	T: Look, what is this? Yes, it's an ant. Where is it? It's on the cup. The ant is on the cup. And where is the cat? Yes, here. What is this? It's a car. The cat is on the car. Where is the apple? Yes, here. What is this? It's a bag. The apple is on the bag. Where are they? They are all on the bed. Okay, anyone knows what does "on the" mean? Let's see, the ant is on the cup. The cat is on the car. The apple is on the bag. So, "on the" means (demonstrated with TPR and props). And do you know the opposite of "on"? Yes, It's "under". "Under" means... (demonstrated with TPR props). Okay, everybody read after me. (Then repeat the whole story twice). Then let all students recite the story by providing them with picture hints. Finally, pick one or two volunteers to have a try. All students should be able to recite the story after this part finished. **Homework**: Everybody please take out your workbook and finish the exercises in Unit One. I will check your work next class. OK?

续表

Main course	Step 10 End the class, count the stars and give the winner a crown. Say goodbye to everyone. (5 mins)	T: It's time to count stars. ××× can get one, two, three, four... ten stars! Well done, ××× got ten stars today. Please choose a gift. (Until all students get their own gift) T: Now, let's sing *Goodbye Song*. (Everybody dance with teacher) T: So much for today. Do you like English? (with Chinese again). Yes! Do you like me? (with Chinese again) Yes! Will you come next time to study English with me? (with Chinese again). Yes! [repeat the dialog for at least three times] T: Thank you! I really love you so much. Let's stand in line and walk out of the classroom one by one. Goodbye!

Phonics Level 2　"*un*" *and* "*ug*"

Teaching aims:

(1) Knowledge objectives:

a. Students can master the sound of "un" and "ug" and they can blend and spell CVC word;

b. Students can learn some words: bun, sun, fun, run, bug, hug, rug, mug;

c. Students can understand the story of *Buck and Luck are bugs*. (Sight words: and, two, eat);

(2) Ability objectives:

Students will improve their ability of blending and spelling.

(3) Emotional objectives:

a. Students will be more interested in learning English;

b. Students feel happy when they blend or spell a new word.

Teaching key / difficult points:

1. The blending and spelling of 8 CVC words;
2. Reading of the story.

Teaching tools:

Songs, PPT, phonic books, flashcards of the 8 words, letter cards, cards of the words

Teaching steps

Greeting:	Say hello one by one and emphasize the class rules. (5 mins)	T: Hello, boys and girls. S: Hello. T: Great. I am Yuki. Let's say "Hello, Yuki!" S: Hello, Yuki. T: Now, how do you feel today? Happy? Sad? Angry or so so? ... (Then say hello to each other) T: Let's review our class rules. The first, ...

续表

Lead in and warming up	Sing *Hello Song* (3 mins)	T：Now, everybody, stand up! Let's sing and dance *Hello Song*, OK? Let's make a circle. T：Go back to your seats! go back to your seats! Who is the first one? T：××× is the first one.
Main course	Step 1 A：Review some words that they learned last week. (Use flashcards) (5 mins) B：Listen and review the chant (twice) (5 mins) C：Listen and match D：Play the chant (Short vowel "u") and learn some new words of "un" (10 mins)	T：Do you remember the words we learned last week? Let's review those words. T：What's this? S：Fox. T：Correct! Fox. … T：Let's listen to the chant together, OK? S：OK. T：Now, let's listen and match. S：Who wants to try? (学生逐个听音完成小测试) T：Today we're going to learn some new words. Are you ready? S：Yes. T：Listen to the chant carefully. T：OK. Look! What's the letter? (U) (TPR) S：It's letter U. T：Yes, it is letter U, what's the sound of letter U? S：U says/ʌ//ʌ//ʌ/. T：Yes, very good. U says/ʌ//ʌ//ʌ/. What's this letter? (N) (TPR) S：It's letter N. T：So smart. T：OK, how to blend /ʌ/ and /n/? S：/ʌn/ … Bun (touch and say) Sun (jump and say) Fun (point and say) Run (do some actions) (游戏：Throw the ball) 用翻翻卡带领学生一起读，每个人点一遍；将四个单词的图片贴在黑板上，老师展示某单词卡片，学生们齐读相应的单词，一学生将玩具球抛出砸中该单词

续表

Main course	Step 2 Learn the new words "ug" (13 mins)	T：What's the letter?（U）（TPR） S：U. T：Yes，it's letter U. What's the sound of letter U? S：/ʌ/ … T：Very good. U says/ʌ//ʌ//ʌ/. What's the sound of /ʌ/ and /g/? S：/ʌg/? T：Great！/ʌg/. … Bug（touch and say） Hug（do the action） Rug（touch and say） Mug（jump and say） （Little teacher，翻翻卡） （游戏：扔骰子 Toss a dice 将这两次学的八个单词图片正面朝下反放在地上，学生在袋子中摸出一张带数字的卡片，学生应该快速地跳到相应的图片上，翻出卡片并将这个单词读出来）
	Step 3 Let's have fun (10 mins)	T：Now，let's have some fun! Who Wants to try?. … S：Teacher，teacher，let me try. … T：Good job！One star for everyone
	Break：10 mins（Watch the interesting video about *Hey Duggee.*）（导入，为下节课的 Story Time 做准备）	
	Step 4 Dance with music and review the words (5 mins)	T：Everybody，stand up，Let's dance with music. Are you ready? Let's make a circle.（热场/活动） T：OK，go back to your seats.. Dora is the first one. One star for Dora. T：Now，let's review the words. What's this? S：Bun. T：Correct! …（带领孩子边拼边读学过的新单词，简单的可以请 little teacher 上来拼读）

续表

Main course	Step 5 Word Blending (8 mins)	Game: Words Blending T: Now, let's play a game. I have four cards of "ug" and "un". And I also have some cards of letters. I will invite two students each time. When I say a word, you should find the correct cards and put it in the right order. Please blend the words fast and correctly, OK? S: Yes. T: Who wants to try? S: Teacher, teacher, let me try. T: OK, Sam and Linde come here. T: Listen to me carefully… T: So great! Linde is faster so she can get one star…
	Step 6 A: Watch the video (2 mins) B: Learn some content words and sight words (3 mins) C: Look at the picture (10 mins)	T: All right! Let's watch a video. T: Let's learn some new words. (bug, hug, chat, and, two, eat) T: OK. Let's go back to our story. All of you are good friends, right? Try to think what will you do with your friends? As for myself, I will chat, drink and eat with my friends. (用中文再讲一遍) There are two little bugs. This is the first one. What's his name? His name is Buck. This one, his name is Luck. These two bugs are friends. Let's see what will happen to the bugs.
	Step 7 Listen to the chant carefully (5 mins)	T: Let's listen to the chant carefully. Everybody claps your hands. (小朋友边拍手边跟读 chant)
	Step 8 Read the story together and choose the right picture (10 min)	T: Look at the picture. Buck and Luck are bugs. (第一遍老师带读，第二遍学生自己读，老师适当提示) … Let's read it together. OK! T: Look at the picture, when I say a sentence, you should choose the picture A, B, C or D. Who wants to try? S: Teacher, let me try.
	Step 9 Let's listen to the chant and play the game (15 min)	T: Let's listen to the chant and clap your hands, OK? S: OK. … (游戏：学生抽数字卡片，读相应的句子)

续表

Main course	Step 10 Do some handwork. Count the stars. Sing the *Goodbye Song* to everyone. (2 mins)	T: After the story, let's think. They are good friends. What else can they do together? (听孩子的回答然后把他们的答案用英文写在黑板上) Now, Let's draw a picture about these two bugs. OK? (The teacher asks each student to show his/her picture and introduces the picture with a sentence or several words.) T: So much for today. And let's sing *Goodbye Song* together!
Homework		1. Read the story and send the recording to the teacher. 2. Finish the exercises on the Workbook.

Phonics Level 3　i-e

Teaching aims:

(1) Knowledge objectives:

a. Students can master the spelling rules of i-e and they can blend and spell long vowel words;

b. Students can master some new words: kite, bite, five, dive, line, nine, bike, mike;

c. Students can understand the story of *A Camping Trip*. (Sight words: with, here, too, will)

(2) Ability objectives:

a. Students will improve their ability of blending and spelling;

b. Students will master the spelling rules of i-e.

(3) Emotional objectives:

a. Students will be more interested in learning English;

b. Students feel happy when they blend or spell a new word.

Teaching key / difficult points:

(1) Spelling rules of i-e and new words.

(2) Understanding and reading the story.

Teaching tools:

Songs, PPT, phonics book, flashcards of the 8 words, one magic stick, letter cards, a kite model, role headwear

Teaching steps

Greeting	Say hello one by one and emphasize the class rules. Hello song (4-5 mins)	T: Hello everyone! I am your new teacher Jane. Nice to see you. So, what's your name? S: My name is ... T: Hello, ×××. Give me five. T: What's your name? S: My name is ×××. T: Hello, ×××. Give me five. T: What's your name?

续表

Greeting	Say hello one by one and emphasize the class rules. Hello song (4-5 mins)	S: My name is ×××. (To know everyone's name and greet them) T: OK, there are some class rules, remember? First one is looking eyes. Second one is listening ear. And helping hands. The last one is walking feet. Good job. But today, I add a rule. Look at PPT. Today, you are two groups. Little fish, Summer and Phoebe, you are Group A. Mike, Dora, and Rosa, you are Group B. So now, if you answer more questions, your group will get more stars. T: Now, I have some questions for you. Look at my cloth. What color is it? S: Black. T: Yes, it's black. Do you like black? S: No. /Yes. T: So, what's your favorite color? Red? Orange? Yellow? ... (Use PPT) S: I like... T: Great. T: Now, stand up. Let's sing a song.
Main course	Step 1: Review the words of the last class (Use flashcards and Text) (5 mins)	T: Do you remember what we learned in the last class? Let's review some words. T: What's the letter? S: A. T: Yes, it's letter A. What's the sound of letter A? S: /eɪ/. T: Yes, very good. Look at this one. What's the letter? S: I. T: Yeah, so what's the sound of letter I? S: /aɪ/. T: Right. Now, how to read the two letters together? S: /eɪn/. T: Yeah, it's /eɪn/. T: So, this is? S: Rain. T: Yeah, read after me. Rain. S: Rain. T: Now, look! What's this? S: Chain. T: Yes, read after me. Chain. S: Chain. T: So, how to read "ay"? S: /ei/ T: Yes, /ei/. S: /ei/. T: What's this? S: Gray. (Review the words of the last class) T: OK, there is a test. Who wants to try? (Unit 2 Text) S: Teacher, teacher, let me try.

续表

Main course	Step 2 Learn the long vowel i-e (12-15 mins)	T: Today, we are going to learn some new words and a story. Let's watch a video. (watch the the long vowel i-e video) T: What's the letter? S: I T: Yes. This is letter I. S: I. T: What's the sound of letter I? S: /aɪ/ T: Yes, it's /aɪ/. Now look at this. How to read it? S: Kit. T: Yes, k k kit. S: K k kit. T: This one? S: Bit T: B b bit S: B b bit T: This one? S: Mik. T: M m mik. S: M m mik. T: Do you remember the magic "e"? T: See, this is i, if I add this magic e and it becomes i-e. Then how to read it? S: Don't know. T: i-e says i-e. Read after me, i-e. S: i-e, i-e, I-e. T: So kit adds e becomes kite. How to read it? S: Kite. T: Great. K k S: K k T: i-e S: i-e T: K k kite. S: K k kite. T: So what is kite? Look at this picture. This is kite... (Teach and recognize the eight new words over and over again) T: Let's watch a video. (Watch the words video) T: What's this? S: Five... (Random reading)

续表

Main course	Step 3 Game Time: You act, and I guess. Let's have fun (9-10 mins)	T: This game's name is "You act, I guess". Let me show you how to play this game. First, Team A stand here, Team B stand here. She stands behind you and show me the pictures. I stand here to see these pictures and act them. You need to guess what this is. Every time, each group chooses one student to guess, then change other students. You can't see her, only see me. If you see behind. This word is useless. OK? S: OK. (游戏说明：两组小朋友分别站两边，助教站在小朋友们身后展示图片，老师站在孩子前方看助教老师的图片去表演，然后两组小朋友各派一名出来猜，最先猜出和猜对的组给一颗星。每猜完一个就要换其他小朋友上场，依次轮流。如果有小朋友朝后偷看该单词，成绩作废并且小组少一颗星。) Let's have fun Part T: So there are some questions. What wants to try? S: Teacher, teacher, let me try....
	Break: 10 mins	
	Step 4 Game Time: Finding and matching (3-5 mins)	Teacher tells students the game's rule and show them the ten colorful word cards. (8 new words and 2 old words) Then, students close their eyes for ten seconds. Meanwhile, teacher hide the cards in the corner of the classroom. Moreover, teacher will put the eight picture on the blackboard. Students need to find out word cards and put on the corresponding pictures, then read out. (游戏说明：老师课间将图片贴到黑板上。上课后老师先给学生展示下彩色字母卡片（8 个新学单词以及 2 个之前学过的单词），然后说明游戏规则。之后让学生闭眼数到十秒，老师趁机将卡片藏好。学生分为 A，B 两组，需要找到单词卡片将其与黑板上的图片进行匹配并读出单词，每个学生只能拿一张卡片，多拿无效。最先找齐卡片并读对的小组即为获胜组。)
	Step 5 Learn and understand a new story. Master some new words. (15 mins)	T: Let's watch a video. (Watch the story) T: So, we can see this is a diary, right? I'm on a camping trip... (Perform) How many people are there in this picture? S: Three! T: Yes, and a dog, right? This is daddy. This is mommy, and this is baby, their son. The dog is their pet. The dog's name is Mike. So we can see there are three people and one dog. (Teacher and teacher assistants and students wear the headwear to act the story) T: I am on a camping trip with my family. See, I'm son. This is my daddy and this is my mommy. So, they are my family.... (Perform) T: OK, the story is over. Now, I have some questions. First one, what's the dog's name? Second, what did he ride today? The last one, what time did the little boy sleep? S: The dog's name is Mike... Chant two times with video. T: Now, there are some sentences with different color. You need to turn this colorful turntable. Then you read the sentence that you turn. Who wants to try? (Turn a colorful turntable) S: Teacher, teacher, let me try. T: Now, which group wants to challenge the whole sentences? S: Teacher, teacher, let me try....

续表

Main course	Step 6 Handwork (8-10 mins)	T: Now, it is time to do handwork. Today, you need to design a kite. You can draw any kite that you like and you want. Finally, write a English sentence to it.
	Step 7 Goodbye song (2 mins)	T: OK, stand up! Let's sing *Goodbye Song*.
Homework		1. Read the story and send the recording to the teacher. 2. Finish the exercises on the workbook.

附录四　儿童英语课堂用语

一、幼儿英语课堂用语

(一) 问候热身类

问候 (Greetings)

1. Hello/Hi, boys and girls.
2. Good morning /afternoon, class. /everyone. /everybody. /children.
3. How are you today?
4. Nice to meet you.
5. Long time no see, boys and girls.
6. How's everything?
7. How are you going?
8. Is everything going on well?
9. What's happening?
10. Is everybody here?
11. Shall we start?
12. I'm happy to see you again.
13. Welcome to my English class! Are you ready?
14. Hi, boys and girls! Are you having fun?
15. It's time for class.
16. What a nice day it is!
17. Let's begin our class.
18. Nice to see you.
19. You look beautiful today.
20. What's your name?

热身 (Warming-up)

1. One two three, eyes on me.
2. One two three, look at me.
3. Clap your hands, follow me.
4. Hands up, hands down.

5. Stand up, sit down.
6. Let's sing a song together.
7. Look at the blackboard.
8. What is it?
9. Stand up, please.
10. Hello, hello, how are you?
11. Everybody, jump, jump, jump.
12. Let's play a game.

（二）课堂活动类

做游戏（Playing games）

1. Let's move onto the next part.
2. Let's play a game.
3. Are you ready?
4. Who wants to be A/B.
5. Who wants to try?
6. Any volunteers?
7. Don't be shy, have a try.
8. One by one.
9. Line up, please.
10. Make a big circle.
11. When I say your name, please stand up.
12. I will divide you into groups.
13. Raise your hands.
14. Clap your hands.
15. Face to face.
16. Let's hold hands.
17. Follow me, please.
18. Congratulations.
19. Please go back to your seats.

学新课（Learning something new）

1. Now, we are going to learn something new.
2. Read after me.
3. Whose turn is it?
4. It is your turn.
5. Wait for your turn, please.
6. Try again, please.

7. Come on.
8. That's it, keep going.
9. Sit down, please.
10. Come and write it on the board.
11. One more time, please.
12. Open/Close your book, please.
13. Go on.
14. Answer my question.
15. Slow down.
16. Who is the first one?
17. Point to the cards, who can tell me?

（三）课堂控制类

鼓励（Giving encouragement）

1. Try your best.
2. You can do it.
3. Come on.
4. Do your best.
5. Take it easy.
6. Who wants to try?
7. Don't be shy.
8. Be active/brave.
9. It's okay.
10. Have a try.

指令（Issuing an instruction）

1. Follow me, please.
2. One more time, please.
3. Come here, please.
4. Please come to the front.
5. Please read after me.
6. Please open your book at page …
7. Go back to your seat.
8. Listen and repeat.
9. Stand up/sit down.
10. Look and listen.
11. Raise your hand, please.
12. Hands up.

13. Let's play a game.
14. Let's do it together.
15. Are you ready?
16. Can you guess what it is?
17. Try it again.

禁止和警告（Giving prohibition and warning）

1. Settle down.
2. Stop talking, please.
3. Stop it.
4. You could not shout!
5. Be quiet.

评价（Making evaluation）

1. Good job.
2. Wonderful.
3. Nice work.
4. Perfect.
5. Yes, you are right.
6. Well done.
7. Excellent.
8. That is right.
9. Great.
10. Brilliant.
11. I agree with you.
12. That is almost right.
13. A good try.
14. Much better.
15. Outstanding.
16. That is interesting.
17. Super!
18. Do not be shy.
19. Congratulations.
20. That's okay.
21. You are smart.
22. Beautiful work.
23. Do your best.
24. Much better.
25. You can speak English very well.

（四）课程结束类

布置作业（Setting homework）

1. Remember to do your homework, okay?
2. Listen to the tape.
3. Write the letters 3 times.
4. Please read the story after the class.
5. For today's homework ...
6. Please do your homework after the class.
7. Write each word twice, please.
8. Please do the exercise on page ...
9. Here's your homework for today.
10. Hand in your homework tomorrow.
11. Take out your homework, please.
12. Have you got it?
13. Read it to your mom.
14. Learn these words by heart.

下课（Dismissing the class）

1. Give me a hug and say goodbye.
2. Don't forget your bag. Goodbye.
3. Let's sing the goodbye song together.
4. It's time to say goodbye now. Goodbye!
5. That's all for today.
6. Have a nice day!
7. That's all the time we have.
8. See you next time.
9. Time is up. Please put away your things.
10. See you tomorrow.
11. Class is over. Goodbye, everyone.

二、小学英语课堂用语

（一）课堂问候热身类

问候（Greetings）

1. Hello! /Hi! Boys and girls.
2. Good morning/afternoon/evening.
3. How are you today?

4. It is time for class.
5. How do you do?
6. Nice to meet you.
7. Let's begin/start our class.
8. Are you ready to have class?
9. Shall we begin our lesson now?
10. I'm so happy to see you again.
11. You look so happy. Any good news?
12. Please look at me.
13. First, let's have a revision.
14. We are going to have a new lesson today.
15. May I know your name?
    That is a nice name.
16. Could you tell me your name, please?
    You've got a beautiful name. I really like it.

考勤 (Checking Attendance)

1. Who's on duty today?
2. Who's helping this morning?
3. Where is …?
4. What's the date today?
5. What's the weather like today?
6. Try to be on time.
7. Don't be late again, please.
8. Go back to your seat, please.
9. Is everybody here/present?
10. Is anybody away/absent?

热身 (Warming-up)

1. Let's play a game.
2. Are you ready for class?
3. Who is the first one?
4. Who is the winner?
5. Who wants to try?
6. It's your turn, please.
7. Please follow me.
8. Do you like it?
9. Do you understand?
10. I'll divide you into two groups.

11. Clap your hands.
    Stamp your feet.
    Raise your hands.
    Wave your arms.
    Show me your left hand.
12. When I say your name, please stand up.
13. Now, you are going to read one by one.
14. Now, let's sing the song together.
15. Look at the card! What do you see on this card?
16. Before the class, I would like to know what your favorite colors are.
17. Please read the sentence together. One, two, three, go!
18. Who can tell me what we learned in the last lesson/yesterday?
19. We have some new words/sentences.
20. Please look at the blackboard.

(二) 课堂活动类

课堂活动 (Classroom Activities)

1. Practice in groups of three .../pairs, please.
2. Get into groups of three/four.
3. Everybody, find a partner!
4. In pairs, please.
5. Let's make a circle.
6. Let's do it one by one.
7. Now it is your turn.
8. Next, please.
9. Now you do the same, please.
10. Let's act out.
11. Who wants to be A/B?
12. Let's practise the dialogue.
13. Let's make a sentence.
14. Practise the dialogue, please.
15. Whose turn is it?
16. Wait for your turn, please.
17. Line up, please.
18. One at a time, please.
19. Open your books, please.
20. Who can answer the question?

21. I will call your name one by one.
22. Have you got it?
23. Who can try?
24. Have you finished the homework?
25. You have 5 minutes to finish the exercise.
26. Write your answer on the blackboard. Any volunteers?
27. Listen and read each word.
28. Please write each word in your workbook.
29. Go back to your seats, please.
30. Pardon?
31. Try it again, please ./Once more, please.
32. Repeat after me.
33. Follow me.
34. Read slowly and clearly.
35. Now you are going to read one by one.
36. Please read it to the end.
37. Please get your things ready.
38. Is this right or wrong?
39. Please slow down.
40. Sit straight.

角色表演（Role-playing）

1. Let's act out the dialogue.
2. Let's do the dialogue.
3. Who wants to be A?
4. Now ××× will be A, and the other be B.
5. I'd like another group to act it.

游戏（Games）

1. Now we are going to play a game.
2. Let's play a guessing game.
3. Guess what/who/where it is.
4. Who's the first one/winner?
5. You will use these words to play the game.
6. You three play together. You will be first.
7. If you win the game, you may have some candies.
8. We'll score on the board and see which team wins.

（三）课堂控制类

引起注意（Getting Attention）

1. Be quiet, please.
2. Listen carefully.
3. Watch carefully.
4. Look at me, please.
5. Listen to me, please.
6. Attention, please!
7. Are you ready for the game?
8. Is that clear?
9. Would you like to have a try?
10. Please read the sentence together.
11. Now, I will read the sentence. Please follow me.
12. Shall we begin?
13. It is your turn.
14. Stop here, please.
15. Please listen to the tape.
16. Please look at the blackboard.
17. Who can answer my questions?
18. Read after me!
19. Pay attention to your spelling.
20. Raise your hands, please.

表扬、鼓励（Giving Praise and Encouragement）

1. Good! /Great! /Quite good!
2. Well done! /Wonderful!
3. You are very smart!
4. You did a good job!
5. Super! You're special!
6. Brilliant!
7. Fantastic!
8. Can you try?
9. Try again!
10. Try, please!
11. Take it easy!
12. Be brave/active/confident, please.
13. Come on! You can do it!

14. Take your time. Use your head!
15. Think it over and try again!
16. Believe yourself! You can do it!
17. Don't be shy/afraid!
18. Not bad! Thank you!
19. That's a good answer! Thank you!
    That's not quite right, any other answers?
20. What a bright idea!
21. Good point!
22. What an adorable baby!
23. You are such a smart boy/girl!
24. It doesn't matter. I'm sure you can do it better next time.
25. Come on! It's very close!

禁止和警告

(Giving Prohibition and Warning)

1. Stop talking now, please!
2. Don't talk!
3. Everybody quiet, please!
4. Settle down.
5. Don't eat food.
6. No more talking.
7. Stop turning around!
8. No writing while I'm talking!
9. You're doing it the wrong way.
10. Be careful.
11. Sit down straight!
12. Stop playing.
13. Please pay attention.
14. Listen carefully.
15. Don't copy others' homework!

(四) 课堂结束语

评价(Making Evaluation)

1. That is right. /Of course, you are right.
2. Good example!
3. You are brilliant/super/great/excellent/terrific/fantastic in writing/reading.
4. Do not be shy! You can do it /do your best.

5. I agree with your idea.
6. That's interesting.
7. Congratulations in...
8. That's okay.
9. Good try.
10. Good idea. That makes sense.
11. You are smart/clever/lovely, keep on!
12. You can do better next time.
13. I really appreciate your effort.
14. I am so proud of you.
15. You make a great progress.
16. I can't believe my eyes.

下课 (Dismissing the Class)

1. It's time to say goodbye now. Goodbye!
2. The bell is ringing.
3. There's the bell.
4. Let's stop here.
5. Let's have a break/rest.
6. Class is over. Goodbye everyone.
7. That's all the time we have. See you next time.
8. Time is up. Please put away your things.
9. That's all for today. Have a nice day!

布置作业 (Setting Homework)

1. Remember to do your homework, OK?
2. Listen to the tape carefully and imitate it, and I will check next time.
3. Please do your homework after the class.
4. Write the letters 5 times.
5. For today's homework...
6. Write each word twice, please.
7. Please read the story after the class.
8. Please do the exercise on page...
9. Here's your homework for today.
10. Hand in your homework tomorrow.
11. Take out your homework, please.
12. Please make a sentence with this word.
13. Learn these words by heart.

附录五　儿童英语课堂管理的法则——以快乐 ABC 剑桥英语为例

法则一：采取有效的教学策略

如果课堂上的内容涉及看、说、听以及肢体动作，学生便能够在情绪上投入其中，也就能专心致志地上课，让大脑同时执行不同的工作。那些不听话的学生没办法调皮捣蛋，因为他们的大脑都在忙着学习。遇到不听话的学生，可以尝试一些新的教学方法。

1. 计分激励法

竞争计分这一手段是最快捷、最具娱乐性的激励学生学习的教学方法。计分系统直接涉及大脑的情感中心，学生会产生细微的积极情绪或者消极情绪！考虑到反复的刺激行为易导致学生反应慢慢减弱，教师可以设计不同的等级的计分规则，就像电子游戏一样激励学生不断过关卡！

2. 手眼结合法

旨在让学生在课堂上集中注意力。用手眼结合法设计动静结合的课堂活动，能够让学生把视觉和听觉结合起来，立即安静下来，让学生将注意力放在课堂上。

3. 镜像模拟法

人类是通过模仿他人的动作和活动进行学习的。学生模仿老师的动作，或是在适当的时候重复老师说过的话，此时老师和学生的视觉皮层和运动皮层相互吸引，师生之间的学习纽带便产生了。

4. 趣味游戏法

在课堂上注入的趣味性越多，专注学习的学生就会越多，扰乱课堂秩序的行为出现的概率就会越小。当学生感受到了乐趣的时候他们的注意力是最集中的。游戏让学生注意不到在学习。学生会遵守我们指定的规则，因为这些规则遵守起来很有趣。

5. 变换声音法

老师可以通过不断变换声音来吸引学生的注意力。老师的嗓音可以高亢，也可以低沉；可以俏皮，也可以严肃；可以模仿机器人，也可以模仿青蛙；可以说得快，也可以说得慢，甚至可以假装生气。

法则二：让学生制订有效的课堂守则

和学生一起制订中英文课堂守则，并贴在教室里最显眼的地方。

每次上课前或课间休息时都要让学生背诵这些课堂守则。变化形式让过程变得有趣一些，比如变换嗓音，改变动作的幅度，有时也要让学生带领全班同学背诵。为每个守则配一个动作，可以激活学生大脑中最擅长制造并储存记忆的运动皮层。更重要的是，这些动作为记忆课堂守则增添了趣味性，学生练习起来会更加有趣，调动了学生的边缘系统。

法则三：计分激励学生专注地完成学习任务

计分板游戏：简单、有趣、高效、灵活！老师可以这样对学生说："现在，我们玩一种叫作计分板的游戏。有一件事你必须成功做到：让记分人高兴。我就是计分人。当你做的或者说的事情能让计分人高兴时，我会给你们增加一分钟的休息时间，并在笑脸下面放一个标记；当你做的或者说的事情让计分人不高兴时，我会减少一分钟的休息时间，并在哭脸下面放一个标记。如果你在课堂上努力，你就可以赢得更多的自由时间，因为你在学习我教授的内容方面做得很好；如果你在课堂上不努力，你确实需要更少的休息时间，因为你在学习我教授的内容方面做得不好！"

根据学生的喜好，笑脸和哭脸也可被宇宙女皇和地球人，船长和船员，更多休息时间和更少的休息时间，正分和负分等替代。通过变化计分板的标记方式以及奖励和惩罚，会有效地避免学生对计分板的激励感到习以为常而不认真对待的现象。

不要总是不停地转换上述游戏，仔细观察学生对游戏的参与度，适时地替换游戏。记住：不停地转换计分板游戏的玩法或者频繁使用计分板，会使学生降低对学习目标的关注，这样反而会影响学生的学习效率！不是每次学生遵从指令老师都给一个笑脸，或者每次学生不遵从指令都给一个哭脸。如果那样，游戏将控制老师，而不是控制学生。计分板的奥妙在于，永远记住，老师才是计分人，老师可以完全根据自己的决定来打分，而且如果一个学生抱怨他们应该得到一个笑脸，老师可以快速给一个哭脸！因为施压永远不会让计分人高兴！

法则四：用图表记录学生的课堂表现

1. 教师每周对自己的课堂管理进行回顾与评价

每周按照 1～10 分的标准给自己打分，自控能力和课堂管理两个分数相加就是教师每周自己的分数。只要每周自我评价分数达到了 16 分就是成功。

2. 记录学生每周的课堂表现

从课堂表现来看，一个好学生应该是：迅速按照指令做事；说话前先举手得到老师的同意；专注于老师布置的任务；作业工整。英语课堂上的学生表现可以大致分成以下几个组来统计。

● 尖子组：模范学生，说话前会举手，听到老师的指令会迅速行动，专注于学习任务。

● 听话组：学生会按照要求做但未必做得够好，说话前也会征求同意但也有例外；较专注于任务，作业工整。

● 骑墙生组：学生时好时坏，不太认真学习，不太按照老师的要求行事，不太按照要求交作业。

● 难管教的组：说话从来不举手，也不会按照老师的要求行事，该做的任务不做，交上的作业也不工整。

● 领导组：比尖子生更优秀的学生，具有领导力，能达到更难的目标。

老师每周记录学生的课堂表现，每周把所有学生的分数加在一起，然后除以班级学生人数，就是学生表现的平均分数。老师的首要目标是把尖子生变成领导者，把听话生变成尖子生，把骑墙生变成听话生，把难管理的学生变成骑墙生，每个月学生的分数平均分提高 0.1 分，那么一个学期下来学生就会在课堂表现上前进一个等级。

法则五：让学生当小老师

“让学生当老师”是比较难掌握的，它需要“老师”能够清楚、连贯、有逻辑地讲话。不仅如此，“老师”说的话要尽量简短，使内容不要超过学生能够记住并且向旁边的同学复述出来的长度。一定要做好示范，让学生知道要说什么，怎么说。当学生两两一组练习的时候，老师要帮助那些容易犯错误的学生，帮助他们纠正错误。通过“让学生当老师”的方法可以让老师更快速地调整教学进度和了解学生掌握知识的情况。限制自己说话的时间不超过 30 秒，让学生重复老师说的话，这样不仅不耽误进度反而能让学生讲出更多的东西。当习惯了“让学生当老师”后，教师只需要讲重点内容，让学生重复，在重复中再学习即可。

参考文献

[1] Aaron Shepard. Fluency: A Vital Key to Comprehension [J]. *Instructor*, 2004, 113 (05): 12-13.

[2] Adams, M. J. *Beginning to Read: Thinking and Learning about* [M]. Cambridge, MA: MIT Press, 1990.

[3] Abrahamsson, N., Hyhenstam, K. Age of Onset and Nativelikeness in a Second Language: Listener Perception Versus Linguistic Scrutiny [J]. *Language Learning*, 2009 (2).

[4] Albert J. Harris, Edward R. Sipay. *How to Teach Reading: a Competency-based Program* [M]. New York: Longman, 1979.

[5] Allington, R. *Fluency: A Vital Key to Comprehension* [M]. Print, Cambridge, MA: MIT Press, 2004.

[6] Barbara Budge Griffin. *Guidebook Storyteller Series* [M]. Medford: B. Griffin, 1986.

[7] Blau. Surefire Strategies for Developing Reading Fluency [J]. *Instructor*, 2001, 110 (7): 28-30

[8] Busching, B. A., Readers Theatre: An education for language and life [J]. *Language Arts*, 1981 (58): 330-338.

[9] Casey, S. & Chamberlain, R. Bringing Reading Alive through Readers Theatre [J]. *Illinois Reading Council Journal*, 2006 (39): 47-56.

[10] De Bot, K., W. Lowie & M. Verspoor. *Second Language Acquisition: An Advanced Resource Book* [M]. London: Routledge, 2005.

[11] De Bot, K., W. Lowie & M. Verspoor. Dynamic Systems Theory Approach to Second Language Acquisition [J]. *Bilingualism*, 2007, 10 (1).

[12] DeKeyser, R. Age Effects in Second Language Learning [A]. In: Gass, S. M., Mackey, A. (Eds.) *The Routledge Handbook of Second Language Acquisition* [C]. Oxon: Routledge, 2012.

[13] DeKeyser, R. The Robustness of Critical Period Effects in Second Language Acquisition [J]. *Studies in Second Language Acquisition*, 2000 (4).

[14] Furry, Mark. *Stories for Reading Circles* (Bookworms Club Bronze) [M]. Oxford: Oxford University Press, 2007.

[15] Harris, A. J. & Sipay, E. R. *How to Increase Reading Ability: A Guide to Developmental*

and Remedial Methods [M]. New York: Longman, 1990.

[16] Hedge, T. *Teaching and Learning in the Language Classroom* [M]. Oxford: Oxford University Press, 2000.

[17] Hirsh, K., C. M., Morrison, S. G, Carnicer, E. Age of Acquisition and Speech Production in L2 [J]. *Bilingualism: Language and Cognition*, 2003 (2).

[18] Horwitz, Michael B. & Cope, J., Foreign Language Classroom Anxiety [J]. *The Modern Language Journal*, 1986, 70 (2): 125-132.

[19] Huck, C. Literature as the content of reading [J]. *Theory Into Practice*, 1977, 16: 363-371.

[20] Hudson, R. F. Reading Fluency Assessment and Instruction: What, Why, and How [J]. *The Reading Teacher*, 2005, 58 (8): 702-714.

[21] Koda, K. *Insights into Second Language Reading: A Cross-linguistic Approach* [M]. Beijing: World Publishing Corporation, 2007.

[22] Krashen, S. D. *The Power of Reading: Insights from the Research* [M]. (2nd ed.) CA: Libraries Unlimited, 2004.

[23] Larsen-Freeman, D. Chaos/Complexity science and second language acquisition [J]. *Applied Linguistics*, 1997 (18).

[24] Lenneberg, E. H. *Biological Foundations of Language* [M]. New York: Wiley, 1967.

[25] Lois, Walker. *How to Beat the Bully: Readers Theater Script* [M]. West Vancouver Scripts for Schools, 2010.

[26] Lois Walker. *Readers Theatre: Effective and Fun* [M]. English Works, Taiwan: East & West Book Co. Ltd., 2005.

[27] Lois Walker. *Readers Theater in the Elementary Classroom* [M]. East & West Book Co. Ltd., 2005.

[28] Marjolijn, H., M. Verspoor, K. de Bot & W. Lowie. *A Dynamic Approach to Second Language Development—Methods and Techniques* [M]. Amsterdam: John Benjamins Publishing Company, 2011.

[29] Martin E. P. Seligman, Mihalyi Csikszentmihaly. Postitive Psychology: An Introduction [J]. *American Psychologist*, 2000, 55 (1): 5-14.

[30] Martinez, M. Rose, N. L. I Never Thought I Could Be a Star—A Readers Theatre Ticket to Fluency [J]. *The Reading Teacher*, 1999, 52 (04): 326-331.

[31] McDonald, J. L. Beyond the Critical Period: Processing-based Explanations for Poor Grammaticality Judgment Performance by Late Second Language Learners [J]. Journal of Memory and Language, 2006 (3).

[32] Neil J. Anderson. *Exploring Second Language Reading: Issues and Strategies* [M]. Cengagelearning, 2009.

[33] Nunan D. *Designing Tasks for the Communicative Classroom* [M]. 北京：人民教育出版社，2000.

[34] Pesola, C. A. & Torgesen, J. K. Repeated Reading and Reading Fluency in Leaning Disabled Children [J]. *Reading Research Quarterly*, 1985, 20 (2): 180-188.

[35] Phillips, E. M., The Effects of Language Anxiety on Students' Oral Test Performance and Attitudes [J]. *The Modern Language Journal*, 1992, 76 (4): 14-22.

[36] Pinter, A. *Children Learning Second Languages* [M]. Basingstoke: Palgrave Macmillan, 2011.

[37] Richards, J. C. *Approaches and Methods in Language Teaching* [M]. Beijing: Foreign Language Teaching and Research Press, 2010.

[38] Samuel, S. J. *The Method of Repeated Reading* [J]. The Reading Teacher, 1997, (50): 376-381.

[39] Susan M. Gass, Larry Selinker. *Second Language Acquisition: An Introductory Course* (3rd ed.) [M]. New York: Routledge, 2008.

[40] Tyler, B. & Chard, D, J. Using Readers Theatre to Foster Fluency in Struggling Readers: A Twist on the Repeated Reading Strategy [J]. *Reading & Writing Quarterly*, 2000 (16): 163-168.

[41] Van Lier, L. The Ecology of Language Learning and Sociocultural Theory [A]. In: Creese, A., Martin, P. A., Hornberger, N. (Eds.), *Encyclopedia of Language and Education: Ecology of Language* [C]. New York: Springer Verlag, 2007.

[42] Van Lier, L. *The Ecology and Semiotics of Language Learning: A Scociocultural Perspective* [M]. Dordrecht: Klumwer Academic Publishers, 2004.

[43] Worthy, J. & Prater, K. "I thought about it all night": Readers Theatre for reading fluency and motivation [J]. *The Reading Teacher*, 2002, 56 (3): 294-297.

[44] Worthy, J. & Prater, K. I Thought about It All Night: Reader's Theatre for Reading Fluency and Motivation [J]. *The Reading Teacher*, 2002 (56): 294-297.

[45] 曹文．英语阅读是金 [M]. 北京：外语教学与研究出版社，2014.

[46] 曹文．英语，孩子这样学！[M]. 北京：外语教学与研究出版社，2013.

[47] 陈虹．PEP 小学英语教材自然拼读融入教学模式探究 [J]. 基础外语教育，2018，20 (5): 62-67.

[48] 沈蓉蓉．读者剧场在儿童英语教学中的应用 [J]. 英语广场，2018，89 (5): 167-168.

[49] 陈琦等．当代教育心理学 [M]. 北京：北京师范大学出版社，1997：297.

[50] 曹强．构建小学英语“高效课堂”教学模式的探讨 [J]. 教育教学论坛，2011 (15): 172-173.

[51] 曹艳敬．小学英语教学评价方式的应用研究 [D]. 天津师范大学硕士学位论文，2016.

[52] 董桂娟等．英语阅读流畅性教学的有效开展［J］. 中国教育学刊，2013（7）：55-58.
[53] 董晖．游戏教学法在幼儿英语教学中的应用研究［J］. 三峡大学学报（人文社会科学版），2017，39（S2）.
[54] 冯克诚，刘以林．愉快教育教学的基本理论［M］. 北京：中国少年儿童出版社，1996.
[55] 弗．鲍良克著，叶澜译．教学论［M］. 福州：福建人民出版社，1981.
[56] 高胜男．打开英语阅读的大门——用 Phonics 和 Sight words 发展学生阅读能力的文献综述［J］. 小学教学研究，2018（9）：8-11.
[57] 付立平．培养孩子成为终身阅读者［N］. 中国新闻出版广电报（全民阅读专版），2019-5-10（008）.
[58] 关玲．小学英语快乐教学法研究［D］. 辽宁师范大学硕士学位论文，2012.
[59] 顾吉．小学英语快乐教学的实践与研究［D］. 华东师范大学硕士学位论文，2010.
[60] 胡雪飞．英语教学法［M］. 武汉：武汉大学出版社，2016.
[61] 侯晶晶，朱小蔓．诺丁斯以关怀为核心的道德教育理论及其启示［J］. 教育研究，2004（03）.
[62] 教育大词典编撰委员会编．教育大词典（第二卷）［M］. 上海：上海教育出版社，1990.
[63] 江桂英，李成陈．积极心理学视角下的二语习得研究述评与展望［J］. 外语界，2017（5）.
[64] 贾继南．"快乐英语" 理念下的英语教学生活化探究［J］. 教学与管理，2016（2）.
[65] 李兰霞．动态系统理论与第二语言发展［J］. 外语教学与研究，2011（5）.
[66] 鲁子问，康淑敏．英语教学方法与策略［M］. 上海：华东师范大学出版社，2008.
[67] 鲁子问．英语教学论［M］. 上海：华东师范大学出版社，2012.
[68] 鲁子问．小学英语教育学［M］. 北京：中国电力出版社，2004.
[69] 鲁子问．小学英语教学游戏理论与实践案例［M］. 北京：中国电力出版社，2005.
[70] 李劲松．有效的课堂管理［M］. 长春：东北师范大学出版社，2006.
[71] 李光泽．英语阅读流利性研究的现状与展望［J］. 语文学刊（外语教育与教学），2011（12）：78-80.
[72] 李静．读者剧场在小学英语教学中的运用研究［D］. 山东师范大学硕士学位论文，2015.
[73] 李佳微．幼儿园英语游戏教学中的问题及对策研究［D］. 河北师范大学硕士学位论文，2018.
[74] 李春琳．人工智能在外语教学中的应用及研究热点［J］. 中国教育信息化，2019（6）.
[75] 兰良平，韩刚．英语写作教学［M］. 北京：外语教学与研究出版社，2014.
[76] 刘宝胤．英语爱"拼" 才会赢［M］. 北京：外语教学与研究出版社，2015.

［77］罗少茜．英语课堂教学形成性评价［M］．北京：外语教学与研究出版社，2003.
［78］刘菊．基于认知神经科学的儿童二语习得关键期研究［J］．外国语文，2013（6）.
［79］梅明玉．戏剧技巧在英语教学中的运用——基于读者剧场［J］．唐山师范学院学报，2007，29（6）：136-138.
［80］［美］诺丁斯．学会关心［M］．北京：教育科学出版社，2003：28.
［81］［美］努南（David Nunan）实用英语教学法：语法篇［M］．北京：清华大学出版社，2013.
［82］潘玉峰，赵蕴华．课堂管理的艺术［M］．合肥：安徽人民出版社，2012.
［83］潘虹．关于游戏在小学英语教学中的运用［J］．职教论坛，2012（17）.
［84］潘洁．国际音标与自然拼读法在小学英语语音教学中的应用［D］．上海师范大学出版社，2017.
［85］任俊．积极心理学［M］．北京：开明出版社，2012.
［86］石中英，余清臣．关怀教育：超越与界限——诺丁斯关怀教育理论述评［J］．教育研究与实验，2005（4）.
［87］盛慧．基于核心素养培养的儿童教学策略研究［J］．兰州教育学院学报，2018，12（34）：162-163.
［88］施良方．教学理论：课堂教学的原理、策略与研究［M］．上海：华东师范大学出版社，1999.
［89］泰勒著，施良方译：课程与教学的基本原理［M］．北京：人民教育出版社，1994.
［90］王英杰．小学英语课堂教学评价体系研究［D］．东北师范大学硕士学位论文，2011.
［91］吴晓如，王政．人工智能教育应用的发展趋势与实 践案例［J］．现代教育技术，2018，28（2）.
［92］王蔷，陈则航．中国中小学生英语分级阅读标准（实验稿）［M］．北京：外语教学与研究出版社，2016.
［93］王蔷，敖娜仁图雅等．小学英语分级阅读教学：意义、内涵与途径［M］．北京：外语教学与研究出版社，2017.
［94］王蔷．英语教学法教学［M］．北京：高等教育出版社，2006.
［95］王泉根．儿童阅读与儿童分级阅读［N］．人民政协报，2019-06-03（010）学术．深度.
［96］王蔷．英语教学法教程（第二版）［M］．北京：高等教学出版社，2006.
［97］吴婷婷．交互式电子白板在小学英语教学中的应用研究［D］．上海师范大学硕士学位论文，2018.
［98］徐锦芬，雷鹏飞．基于动态系统理论的课堂二语习得研究：理论框架与研究方法［J］．外语教学理论与实践，2017（1）.
［99］徐锦芬．现代外语教学的理论与实践［M］．武汉：华中科技大学出版社，2006.

[100] 徐昉. 英语写作教学与研究 [M]. 北京：外语教学与研究出版社，2012.
[101] 吴国树. 小学英语教学中存在的问题及对策探讨 [J]. 课程教育研究，2013 (9).
[102] 肖礼全. 英语教学方法论 [M]. 北京：外语教学与研究出版社，2006.
[103] 杨莉芳. 儿童二语习得个体差异影响因素研究：发现与启示 [J]. 外语研究，2017 (6).
[104] 于海. 课堂管理的策略 [M]. 呼和浩特：远方出版社，2005：256.
[105] 易瑾. 小学高年级学生英语课堂学习焦虑与教学策略研究 [D]. 长沙：湖南师范大学，2015.
[106] 张文龙. 读者剧场的诞生与发展 [J]. 英文工厂，2005 (19)：23-28.
[107] 张翠云. 小学英语教学游戏的功能、实施与分类 [J]. 外语艺术教育研究，2006 (9).
[108] 张湘君. 英文绘本创意教学 [M]. 北京：北京联合出版公司，2017.
[109] 中华人民共和国教育部. 教育部关于全面深化课程改革落实立德树人根本任务的意见 [EB/OL]，2014-03-30.
[110] 邹文丽. 创意无限的读者剧场 [J]. 英文工厂，2005 (19)：23-28.
[111] 中华人民共和国教育部. 义务教育英语课程标准（2011 年版）[M]. 北京：北京师范大学出版社，2012.
[112] Harmer, J. 邹为诚 译. 如何教学写作 [M]. 北京：人民邮电出版社，2011.
[113] 仲阳. 小学英语游戏教学设计应用研究——以银川市西夏区第二小学为例 [D]. 宁夏大学硕士论文，2013.
[114] 朱晓娜. 英语教育类 APP 在儿童学习中的应用研究 [D]. 华东科技大学硕士学位论文，2018.